大學用書

新編中國哲學史(二)

勞思光　著

三民書局

國家圖書館出版品預行編目資料

新編中國哲學史／勞思光著.——四版八刷.——臺北市：三民，2024
面；　公分

ISBN 978-957-14-5661-4（第二冊:平裝）
1. 中國哲學史

120.9　　99002992

新編中國哲學史（二）

作　　者｜勞思光
創 辦 人｜劉振強
發 行 人｜劉仲傑
出 版 者｜三民書局股份有限公司（成立於 1953 年）

三民網路書店
https://www.sanmin.com.tw

地　　址｜臺北市復興北路 386 號　（復北門市）(02)2500-6600
臺北市重慶南路一段 61 號（重南門市）(02)2361-7511

出版日期｜初版一刷 1981 年 1 月
⋮
重印三版五刷 2010 年 10 月
四版一刷 2012 年 10 月
四版八刷 2024 年 10 月
書籍編號｜S120070
I S B N｜978-957-14-5661-4

新編中國哲學史㈡　目次

導言：總論中國哲學之中期
——附論漢唐文化問題

壹　釋「中期」之意義

本書第一卷論述先秦時期之古代中國思想。此時期即可稱為中國哲學思想之「初期」。本卷則論述由兩漢至隋唐之哲學思想；此時期即稱為「中期」；至於宋代至明清則為「晚期」，屬本書第三卷。

中國哲學史成立較晚，不似西方哲學史所採分期標準，大抵有成例可循；於是，哲學史作者只能依一定理據，自提分期之標準。就多年來已刊行之中國哲學史著作而論，馮友蘭氏之書，獨以「子學」及「經學」為區分，於是中國哲學史只劃為兩個時代。其理據不過以「開創」與「發揚」對分而已。如此分期，似嫌過簡；且對於中國佛教思想之特性，漢宋儒學之不同，皆全無照顧，未為妥善。胡適之氏雖首倡中國哲學史之研究，然其書僅有上卷，續文未成，因此其分期標準如何，殊難測知。此外，如范壽康所刊印之講義，則純以朝代為區分標準，嚴格言之，非分期之法。此外，又有依學派而劃分者，即將中國哲學思想分為「先秦諸子」、「兩漢儒學」、「魏晉玄學」、「隋唐佛學」、「宋明理學」等。此似較為妥善。然魏晉玄學與早期之中國佛教思想同時，而中國之佛教思想，亦不始於隋唐；畢竟哲學史之分期，與學說之分派不能全同；蓋分期不能不重視時間意義，同時之學派只能歸於同一時期也。因此，本書雖在論述學派思想時亦採用類似之劃分，然另提三期之標準。

此一劃分之理據，在於此三時期中國之哲學思想基本情況不同。就初期而論，此時期乃中國哲學思想之「發生期」。各家思想承古文化傳統，兼受當時歷史因素之影響，紛紛出現。就地區而言，有南北古文化傳統之異，於是儒學興於北，道家興於南，就社會而言，則墨子之說，針對下層民眾之需求；韓非之說，純謀統治者之利益。其間變化分合及理論得失，皆在第一卷中論之。

中期包括兩漢至於唐代。此時期中，一面有古學失傳之問題。偽書迭出，讖緯風行；儒道之言，皆喪失本來面目。另一面又有外來思想侵入之問題。佛教各宗教義先後傳來；中國哲學思想，一時皆受其支配。此時期可稱為中國哲學之「衰亂期」，亦即本卷論述之對象也。

至於宋代以後，則儒學力圖重振，一面抗拒佛教之影響，一面擺脫漢儒傳統之糾纏，遂有宋明之新儒學出現，然此一思潮至清代而大衰。中國哲學思想又呈僵化之象。故「晚期」乃一由振興而轉入僵化之時代。此中演變甚為繁曲，未易以簡語形容之。本書亦直稱為「晚期」而已。

以上略說三時期中之中國哲學思想之大致情況，其特點甚為凸顯，則本書所用之分期理據可明，而所謂「中期」之意義亦可知矣。

以下當先對本期中國哲學思想之演變歷程作一概述，然後再附論漢唐文化問題以作補充，而結束此導言。

貳　本期中國哲學之演變歷程

自兩漢至隋唐，其間各種哲學問題之起伏變化，頗為複雜；本卷各章當分別析論之。但此一時期作為整體而言，又有「衰亂期」之特色；其所以如此，則與此時期中哲學思想之大趨向有關。本節概述中國哲學思想在「中期」階段之演變過程，目的即在於對此種大趨向作一說明，而不涉及特殊哲學問題之討論。

戰國末年，法家之說通過秦政權而實現。於是，在政治上，有秦帝國之統一局面；在哲學思想上，先秦諸家爭鳴之局亦告結束。秦之施政以防止舊勢力復活為主，故極力破壞已有之文化傳統，以求鞏固自身之統治。此中實無正面理想可言。然以鞏固政權為最高目的，亦正是韓非思想之特色；則秦政權以法家思想為指導原則，實不待辯也。

在如此政權下，學術思想之衰落，勢所必然。秦火劫後，講學挾書之禁，人所熟知。及至秦漢之際，咸陽被焚；官府藏書，亦遭毀壞。於是，漢興之時，先秦學統大致已絕。新學統更無由突然建立。中國之學術思想遂進入一大混亂時代，而中國哲學之衰落亦於此時開始。

此種衰落乃一大趨勢；就不同階段著眼，則每一階段中又各有特色可說。

先就漢代而論，漢代哲學思想之衰亂，有兩大特徵。其一為「混淆」，其二為「偽作」。

漢初，高祖呂后皆不解學術思想；而其時世亂未止，亦無發展學術思想之良好環境。文帝以後，天下粗安；政府廣置博士，以治經學。自表面言之，似是一學術昌盛之局面。然揆其實，則各經師之學，已大失孔孟本旨。蓋戰國以來，古文化傳統早有交流混合之勢。秦漢之際，古學既漸失傳，思想之混亂尤甚。南方道家之形上旨趣，燕齊五行迂怪之說，甚至苗蠻神話，原始信仰等等，皆滲入儒學。以致兩漢期間，支配儒生思想者，非孔孟心性之義，而為混合各種玄虛荒誕因素之宇宙論。等而下之，更有讖緯妖言，流行一時。觀董仲舒之倡「天人相應」，盛談符瑞災異，以及夏侯氏據《尚書・洪範》以作預言，可知其大略矣。

思想混雜之結果，使中國哲學思想退入「宇宙論中心之哲學」之幼稚階段。另一面「偽作」叢出，又益使先秦思想真義不傳。漢代初期，以書簡流傳絕少，漢廷乃徵求遺書。因之，遂有造偽書以上獻之惡劣風氣。其中影響最大者，乃取某種文件資料，偽託為聖哲之著作。如《爾雅》託於周公，《易・十翼》託於孔子，《禮記》中〈大學〉一篇託於曾子，〈中庸〉一篇託於子思，皆其最著者也。此類文件所偽託之作者，皆儒家最具權威地位之聖賢人物，於是俗儒樂道其書，學者亦尊信成習。其影響直至唐宋而不改。而孔孟心性之義，成德之學，反為此一套偽作文件所掩。此中國哲學史一大關目，固不僅為中期之大事也。

由於漢代儒者，以言儒學為名，而以倡混雜之思想為實，所據經籍，又常真偽不分，故心性成德之學大衰。至東漢時，中國心靈已極度空虛。印度佛教入侵，中國思想界遂無抗拒之力。

與漢代相比，南北朝及隋唐時代中國哲學思想之衰落，則以受外來思想支配為特徵。然自東漢末年至於魏晉，又別有談玄之風。此即所謂「魏晉清談」或「玄學」。此種玄學或玄談，既與漢代經生之傳統思想不同，又與外來之佛教思想迴異。其流行在魏末晉初最盛，至南北朝而漸衰。其立說則表面以老莊為依歸，實則先與儒學相混，後乃轉為佛教徒所利用。本身固是一最雜亂之思想傳統，其所以興起，實作為中國哲學衰落之副產物而已。

顧此副產物亦有其歷史意義，即代表某種「過渡期」是也。兩漢思想之粗陋，不能引導哲學思考之進展，亦不能滿足價值意識之要求；然終非受外來思想支配者。南北朝以降，以佛教理論為主之思辯，遠較兩漢之說為精；但基本上受此印度傳來之思想支配。而魏晉玄談則欲補兩漢思想之闕失而未得其道，但仍能不依託外來思想或理論，故恰代表一「過渡期」。

魏晉玄談涉及老莊之詮釋，《易經》之論述，以及才性問題之探討等。大致言之，理論成就甚少。其主要人物之言論皆在後章另有析論。此處但點明其歷史意義，以清眉目。

晉室南渡，所謂「南北朝」時代即開始。而佛教支配中國思想之形勢亦逐漸形成。佛教雖在兩漢間已逐漸傳入中國，其初固未能影響中國哲學思想。至東漢末年，國人猶以佛教與禱祀之事並論；所謂「浮屠」之教，蓋視為神仙方術一流，未嘗深究其教義及理論。三國西晉，譯經稍多；始漸有理論研究之傾向。南北朝時期，道安、鳩摩羅什等人先後興起，影響所及，遂使佛教教義講論日盛，流傳日廣，終成為哲學思想之主流。此趨勢至中國佛教三宗於隋唐間先後成立時，遂達高峰。而自秦漢以來，中國哲學思想之衰落，至此亦可謂告一段落。本書所涉之「中期」階段，即以隋唐時代為終點，蓋衰亂後之重振，已屬「晚期」之事矣。

若以南北朝與唐代相較，則大同之中又有小異。蓋佛教乘中國心性論之衰而得佔據中國思想之主壇，由於其教義強點之得發揮；然佛教雖能立「主體性」，因而能建立獨特之心性理論，其說又別有一限制。當佛教在中國流行既久，此種限制遂日漸顯出，於是，其教義之弱點亦不可掩。結果導生唐代反佛教之思潮。此又是唐代哲學思想之一小潮流，為南北朝所無者也。

此所謂佛教教義之限制或弱點，簡言之，即其「否定世界」之精神方向。佛教教義之能透顯「主體自由」，固無可疑，然其「自由」，僅屬一種「靜斂」之自由；故對世界取捨離態度。自小乘諸說至大乘之真常教義，雖似步步建立不捨眾生之說，然彼岸為覺，此岸為迷；此中界限絕無可除之理。世界為無明所生，眾生為業識所縛；一切說法修持，總以渡往彼岸為究竟宗旨。「不捨眾生」只就渡化而言，非謂此岸本身有何價值也。此義就佛教內部而言，亦不引生理論矛盾；然面對文化生活而言，則其為一大否定，則無可辯。蓋世界之「有」，本身既視為一迷妄活動之結果，則此世界中之眾生，唯一大事即離迷妄之此岸而歸向彼岸；在此世界中絕無可實現之價值。於是，佛教徒面對此世界，除念念求捨離外，只能隨世法而方便應付，不能亦不願在此世界中有任何建立。所謂「否定世界」，即取此義。

佛教發展至隋唐，已佔據中國思想界之主壇；而其影響所及，遂使人對現前世界一切問題均不重視。而就文化生活一面看，制度風氣等等文化問題，均無人以嚴肅態度探求。進而言之，佛教勢力本身在此世界中之存在（不論其教義所指向之境界如何），亦轉而引生種種社會問題。此種情況至唐中葉後而益顯。於是「否定世界」之精神方向或態度，本身遂成為一種病源（此「病」自指文化生活中之病言）；關心此類問題者，遂不能不由反對此種「否定世界」之態度，進而反佛教矣。

唐末思想界已有韓愈、李翺等人先後排佛教，其流風至北宋而大盛。日後宋儒之反佛教，大抵皆以「否定世界」一點為抨擊對象。此固與佛教教義本身之限制有關，非偶然之事也。

宋儒之學說，屬於本書第三卷範圍，不在中期思想之列。然佛教發展之結果，使此種趨勢醞釀日熟，則在本卷析論佛教教義時已露端倪。而此一思想趨勢，因起於唐代，故順及之。

總觀本期中國哲學思想之演變歷程，其大致脈絡亦甚明顯。最初有漢代儒道思想之變質變形，其後內有清談之興起，外有佛教之入侵；最後，佛教佔一時優勢，而其教義之限制亦喚起自然應有之抗拒思潮。而中國哲學之衰亂期亦至此為極。迨宋儒興起，中國哲學重振其活力，則已非本期之範圍。

演變歷程既如上述。以下，當附論漢唐文化之某種特色，以作補充。

參　漢唐文化對士人心態之影響

上文專就哲學思想本身著眼，故判定漢至隋唐為「衰亂期」。若就制度風氣其他層面著眼，則漢唐文化自各有其特色，且影響中國知識分子之心態至大。故於此節擇要論之。

漢代乃中國正式建立中央政府並推行統一制度之時代，論漢代文化之特色，亦當以此為重點。但在論述漢代制度之前，又有須稍加說明者，即思想與制度之發展次序問題（或先後問題）。

一時代之思想，可影響後一時代之制度，但多不能影響當時之制度；反言之，一時代之制度特色，亦大抵皆來自前一時之思想，而不必關涉同時之思想。此理至為淺顯，蓋思想影響制度，例必經一醞釀過程；當某種思想表現為一新制度時，後起之思想可能另有新轉向。因此，一時代之思想與制度間，儘可呈現種種歧異衝突，並非必然互相配合。此點亦治哲學史及思想史者所宜留意。

就漢代而論，政治制度之設計，最合先秦儒家之思想；而漢代之思想則適表現儒道二家之沒落。此即上文所謂歧異衝突之實例也。

漢代之政治制度，可視為中國傳統政治制度中最具代表性者；蓋漢承秦後，其時古代封建制度業已崩壞，而秦祚甚短，所遺制度僅具規模而未詳密，於是，漢統一後，所立制度實為一大設計。此中特色，細言之則甚多；然就其最重要者論之，則有以下二項：

第一為內朝與外朝之劃分，亦即「君權」與「相權」之設計。

上古君主之權，原無限制；孔孟立說，始漸以立德得民諸義限制君主之行為，故不為當權者所喜。近世論儒學之政治思想者，每謂儒學擁護君權，實則未審儒學興起之政治環境與歷史階段，未得古史之真象也。周人之封土建君，在古代政治史上固為一大進步，然對於天子諸侯之權力，固未嘗依法制予以限定。孔孟提出理論性之規範以限定「君」之理分，在當時即屬於最早之限制君權之理論。此種理論以孔子「正名」之說為觀念基礎，而以孟子之「民本」說為主要內容；其精神方向甚為明顯。然孔孟皆未能用世，亦未嘗實際設計政治制度以限君權。此種制度之正式設計，即見於漢初，亦即本節所論內朝外朝之分劃是也。

所謂「內朝」，指皇室及宮廷而言，所謂「外朝」，即指政府而言。天子在理論上為全國之業主，但其管理權則僅及於「內朝」。「外朝」之首領為丞相。丞相主持國政，管理「外朝」。天子有置相易相或罷相之權，但不能直接管理「外朝」。此是中國獨有之制度設計，亦是漢代文化之重大成績。

在此制度下，天子譬如商業機構之董事長，而丞相乃管理一切事務之總經理。所不同者，商業機構之董事長甚至重要董事，可以自兼總經理職務，而依內外朝之制度，則天子不能自兼丞相。故產權與管理權明確劃分。而天子與丞相之權力，互有制衡作用，即不能有絕對專制。

此種制度，雖非「虛君制度」，亦可稱為「半虛君制度」。倘能嚴守不渝，則君主專制之惡果，可以大半避免。然漢代雖立此制度，其實行則為期甚短。武帝之後，君主即逐漸擴充內朝勢力，以奪丞相之權。雖在法制上，丞相地位並未喪失，事實上則君權日大。故就實際政治言之，君權之為害，實屬中國政治上之大病；然其所以如此，非由於未能設計限制君權之制度，或全無限制君權之思想，乃由於此種制度雖已設計，並已實行，而國人未嘗嚴守法制而已。此中問題界限，不可混淆。

倘論中國政府組織之演變，則相權之衰落亦可作為一主要線索。蓋君權既侵相權，即逐步以內朝官吏管理政事。後世掌政務之官職，如「尚書」之類，考其始皆屬內朝。內朝官吏日益重要，即君權日益擴大之後果也。

相權之演變問題，乃研究中國傳統政治時必須注意之關鍵問題。本書非考論政治制度之作，但以論漢代文化之特色，略及數語，不再詳說。

漢代哲學思想雖衰，然而承前代思想設計之政治制度，仍有重大意義。故本節首先述及。

第二為漢代之選舉制度，亦即溝通政府與社會之制度。

古代之部落社會，統治全憑強力；自無選才制度可言。且古代掌統治權之貴族同時亦壟斷知識，社會中難有人才之培養。即以周代而論，雖有學校制度，並無一定選拔人才之軌道。漢代初興，用人偏重軍功，亦不可謂得掄才之道。但其後建立選舉制度，遂建立一法定程序，使社會中之人才可以進入政府。此種制度日後發展為中國科舉制度，對後世社會及知識分子心態影響至大。

以考試及薦舉選拔人才，使政府與社會有一恆常之溝通途徑，乃科舉制度之特色。而漢代之選舉，即此種制度最早之形態。與唐以後之科舉相較，漢代之選舉仍以地方長官之推薦為主；人才獲得推薦，始能接受朝廷之考選（即所謂「對策」）。其影響所及，遂使士人視薦主如君上。而後世門閥之風由此開端。另一面，士人既以受舉薦而登朝為正途，遂產生一種「助手心態」，以輔佐他人為政治生活之常軌。此點對中國傳統知識分子對政治問題之基本態度，實有決定性作用。學者不可不正視此一事實也。

但一制度本身之意義，與其推行中所生出之流弊，又不可混。專就考試制度本身言之，其觀念基礎實出於儒家選賢與能之說。蓋中國傳統中政權之建立大致皆恃武力，故開國君主例重軍人，而所謂有「佐命」之功者，大抵皆以征戰之士為主。然治國屬建設之事，與征戰之事迥異，故「馬上得天下」雖可，「馬上治天下」則不可。此義在漢初即為人點破。而欲得才以治天下，便不能不求之於軍人功臣之外；於是，如何建立軌道，使天下之賢能皆可進入政府，成為一重大問題。漢代之選舉，即考試制度之初步設計，而考試制度又即是針對此大問題所提之解答也。

總之，就考試制度本身而言，實代表中國古代政治之一大進步；亦是漢代文化之另一重要成果。至其演變及流弊則另是一事。

漢代立內外朝之分，以限制君權，立意雖善，實行則未能長久；變質過速，其效不彰；以致後世論中國政治傳統者，每對此重大觀念全無了解。而考試制度則情況不同。漢之選舉僅為考試制度之初期形態。其後，發展為唐之科舉，直貫宋及明清諸代，成為中國之獨特制度；故論史者多能言之。茲即以此點為線索，引至對唐代文化特色之討論。其間變化，亦可順陳數語。

唐代與漢代間，中隔三國、兩晉及南北朝。就考試制度而言，可謂一度中衰，至唐方轉盛。而此制度之功能，亦自唐代以後方漸得發揮。

東漢表彰氣節，極重輿論；此種風氣下遂產生一種社會勢力，影響政治。此種勢力其始固以知識分子為主，但發展既久，遂先有朋黨，繼有門閥。至曹魏時，立「九品中正」之制，人才之進退基本上受門閥勢力之支配；薦舉考試之功能殊不能發揮。由兩晉至南朝，此種社會形勢無大改變。而另一面，兩漢選舉制度，本有促成薦主與士人間私立門戶之弊；此弊轉歸門閥之潮流中，其勢亦甚為自然。終致「上品無寒門，下品無世族」。此種社會情勢下之考選，殆徒具虛名矣。

若論門閥勢力之正式崩潰，則須遲至晚唐；然唐代之考試制度，在早期已開始發揮效力。其關鍵在於投牒自試，不待薦舉。

士人讀書，可以自行參加考試，此即所謂「科舉」。唐代既許投牒自試，薦主遂不復關重要。而如此推行考試制度，其開放性方正式建立。故無論就世族之社會影響言，士人如何受此種風氣之限制，就制度本身言，考試制度至唐代可謂業已長成。

唐代之公開考試制度，可視為唐代文化之一大特色。而其對知識分子心態之影響，則尤堪注意。欲對此問題作一疏理，則首須回溯知識分子生活方式之演變。

古代知識分子與貴族為一事；平民大抵不得受教育之機會，亦不甚渴求知識。周末始有民間之學，所謂「王官失守，學在四方」是也。然即以戰國而論，其時有土之貴族即為知識分子之供養者；士人倘不出仕，大抵即恃貴族供養以為活。墨子譏儒者不治生產，當亦屬實情。而孟子固亦謂「惟士無田」也。此種貴族養士之風，至秦漢而變。如漢初淮南王之聚門客，固猶是古代諸侯遺風，然就大形勢而言，則一面有博士官學及博士弟子入仕之法，另一面又有選舉之制，皆使知識分子之生活方式漸有變化。此種變化，約言之，即由作貴族門客轉而作政府官吏是也。

兩漢士人，固多躬耕自食者；然當此時，此類士人實只是從事農人工作以自活。作為知識分子而言，其發展固皆寄於出仕一途，其所學亦皆供出仕之用；未有真以其所學寄於農事者也。士人之偶從事他業者，亦皆類是。

兩晉及南朝之世族，本身大抵屬知識分子；而其力量足以影響政府。人才之選用既為世族所左右，士人之依託世族而謀生者，固仍是出仕而已。

唐代考試制度確立，就政府言，乃一大進步。然就知識分子而言，則益使士人以仕宦為主要生活方式。其後直至明清，基本上無大改變。

此處有一問題，在思想史上至關重要。此即：知識分子既以出仕為謀生之常道，則其從政並不須有任何政治理想或主張。而由此之故，知識分子雖經常參與政治，但對政治制度之種種基本問題，皆常不予注意。結果則使中國士人對政治理論貢獻特少。反之，治學有得者，大抵以不積極從事政治為清高。此點在宋代尤為明顯。宋儒立說，可謂代表中國哲學之極盛時期；然獨於政治制度理論毫無建立。倘不知此與傳統心態有關，則必覺其難解矣。

唐代知識分子，就思想言，除佛教人物外，其餘殊不足論，然其心態則影響後世至鉅。中國政治哲學之不發達，實受此種心態影響。故本書於此略論之。至於唐代文學藝術之盛美，則與本書無關，不能論及。

× × × × ×

上節論漢唐文化之特色，只偏重政治思想一面，蓋就哲學思想本身言，下文另有論述。而政治思想問題，在下文無單獨析論之機會，故乘總論中國哲學中期之便，略作陳述，作為附論，以供學者參考。

本卷導言即在此結束。以下各章分論自漢至唐之中國哲學思想。

第一章　漢代哲學

本卷所討論之中國哲學之中期，開始於漢代。兩漢四百餘年，雖無大哲學家出現，然此一階段中，學統大亂，偽書曲說疊出；思想及學術風氣均陷入極端失常之狀態中。就中國哲學史言，此時期實是一大變化發生之時期，故學者雖可不重視此時期之種種理論，然對此一階段本身則不能不有確定了解。

以下當分數步，析論漢代哲學思想。

第一步先作一「外緣觀察」，即對漢代之歷史環境作一描述：蓋漢承秦火之後，歷史環境至為特殊，本書雖非純史學著述，然對有關哲學思想盛衰之歷史條件，亦不能完全置而不論。因此種描述與哲學內部問題無干，故稱為「外緣觀察」。

第二步當對漢代之思想趨勢作「內在解析」，此指析論先秦哲學思想在漢代如何演變而言。漢代之儒者，理論立場與先秦孔孟相去甚遠，然仍自命承孔子之學。漢代人對道家之了解，亦與先秦老莊之說大異。此種變化本身自亦有理路可尋。「內在解析」即是就哲學問題及理論本身說明此種演變。

第三步，當分別討論儒道二家變化之實際情形；如漢代儒者與陰陽家之關係，及道家如何分為三支等等。此即下文之參、肆二節。

其下則分論董仲舒之思想，《禮記》一書所包含之幾種有關哲學之文件，《易傳》之思想，以及《淮南子》、揚雄與王充等人之思想。

此中，《禮記》及《易傳》之問題尤為重要。《禮記》本西漢儒生編纂之書，其中資料來源極雜，時代亦有早有晚；然當時人皆視之為先秦文獻。其中〈大學〉、〈中庸〉二篇，舊說竟以為一出於曾子，一出於子思，皆在孟子之前；對於書中顯屬晚出之證據，視而不見。此種奇怪看法，至朱熹而益甚。朱熹作「四書」之注釋，不唯認定〈大學〉出於曾子而〈中庸〉出於子思，且分「經」分「傳」，任意顛倒次序，以求合於己見。此後，所謂儒生竟懵懵然奉為定論；雖偶有辯爭者，朱說仍不失其勢力。於是，〈大學〉、〈中庸〉等屬《禮記》雜收之作者，乃被人看作儒家典籍，與《論語》、《孟子》並列。實可笑可怪之事。

《易傳》之作，雖非一時之事，然其不與《易》本文（卦爻辭）同源，亦甚顯然。而後世儒生，動引《十翼》之言，視之為《易》，已屬荒唐。且或指《十翼》中之〈繫辭〉為「孔子所作」，全從漢儒之臆說，則荒唐中之尤荒唐者。

宋儒昧於古史，又不通訓詁；對書籍之真偽先後，全無判斷能力；而其立說，又特喜依附《易傳》及〈學〉、〈庸〉等。於是，自北宋至朱熹時，諸家之說，竟使本屬偽託之書，愈來愈重要。今日吾人明知北宋諸人談《易》，乃有根本錯誤者；然亦不能盡廢其書；只能指出彼等誤以偽託於孔子者為真而已；蓋以訛傳訛，久而難返於實也。

本書在第一卷中，已對孔孟之「心性論」有一描述；本卷中對漢代託名孔子或先秦儒者之作，則皆略作辯析，以期學者不再將「心性論」與「形上學」，甚至「宇宙論」之說相混。此實有關於學者對孔孟思想之真方向之了解，非小事也。

此外，本書論及《淮南王書》（《淮南子》）者，乃因此書代表漢代人心目中之道家——即「雜家化之道家」。又論及揚雄，則因揚雄半儒半道，亦為一典型之人物；非謂《法言》、《太玄》於理有何可取也。換言之，揚雄之有重要性，乃從哲學史觀點看時之判斷。至於王充，則《論衡》一書，雖屬淺薄，然代表反陰陽五行之東漢思想，亦有哲學史之意義。若王充本人思想之欠一致性，則書中另有論述。以上為概說。

壹　漢代哲學之外緣觀察

漢政權之成立，在秦亡及楚漢相爭之後。秦始皇用李斯之言，廢除百家之學，令民「以吏為師」；其時除卜筮醫藥種樹之書外，其餘簡策皆禁止人民藏有；凡人民所藏之書，皆勒令交官吏焚毀，此即所謂「秦火之禍」。《史記・秦始皇本紀》中記始皇三十年發生此事之經過云：

始皇置酒咸陽宮，博士七十人前為壽。僕射周青臣進頌曰：他時秦地不過千里，賴陛下神靈明聖，平定海內，放逐蠻夷。日月所照，莫不賓服；以諸侯為郡縣，人人自安樂，無戰爭之患；傳之萬世，自上古不及陛下威德。始皇悅。博士齊人淳于越進曰：臣聞殷周之王千餘歲；封子弟功臣自為枝輔。今陛下有海內，而子弟為匹夫；卒有田常六卿之臣，無輔拂，何以相救哉？事不師古，而能長久者，非所聞也。今青臣又面諛以重陛下之過，非忠臣。始皇下其議。

依此可知，最初之爭端原為封建當廢不當廢之問題，淳于越不過建議始皇行周之封建制而已。始皇所以「下其議」者，當亦欲察群臣之趨向以定取捨；不意李斯乘此時機，竟倡焚書之議。李斯之言曰：

……異時諸侯並爭，原始游學。今天下已定，法令出一；百姓當家則力農工，士則學習法令，辟禁。今諸生不師今而學古，以非當世，惑亂黔首。

此見李斯深惡儒生法古之論，且加以「惑亂黔首」之罪名，論者遂成為思想罪犯矣。而李斯意不止此，進一步即主張焚書，故謂：

古者天下散亂，莫之能一；是以諸侯並作，語皆道古以害今，飾虛言以亂實；人善其所私學，以非上之所建立。今皇帝并有天下，別黑白而定一尊。私學而相與非法教。人聞令下，則各以其學議之。入則心非，出則巷議。夸主以為名，異取以為高，率群下以造謗。如此弗禁，則主勢降乎上，黨與成乎下，禁之便。

至此，李斯之意甚為明顯，其主要觀念即在於「法教」與「私學」之對舉，蓋李斯以為思想言論應服從法教，而不應循私學。換言之，一切官方決定，便是永不錯誤之標準規範；不屬官方決定之思想主張，皆為「私學」，而應禁止。

此說之不通，甚為易見；蓋用天下人之智能，必勝於用少數人之智能；乃不待辯之理。李斯欲禁「私學」，其實思想學術本身，不能不為私人所發所立；禁「私學」實即消滅一切思想學術。而官家所能有者不過少數統治集團之思想見解；其為貧乏愚闇，實屬當然。然李斯此論又有兩種依據；其一為歷史之依據；蓋周以前之社會，統治者壟斷知識，故有所謂「學在官守」之情況。李斯雖反「道古」，其實自己之主張正是退向「學在官守」之階段（清人有謂「以吏為師」乃合於「古制」者，即就此而言）。其二為法家思想之依據。李斯所恐懼者，為「主勢降乎上，黨與成乎下」，此即韓非子論人主之權時之主旨所在。李斯所要求者，非一國家之文化思想之發展，而僅為統治者之便利。此亦韓非思想之基本立場。故合而言之，李斯焚書之議，全屬法家思想之產物。此本秦政權之特性所在，而「秦火」事件之思想背景，亦在此矣。

李斯主張禁「私學」，其具體方法則為焚書籍。故其言曰：

臣論史官，非秦紀皆燒之。非博士官所職，天下敢有藏《詩》《書》百家語者，悉詣守尉雜燒之。有敢偶語《詩》《書》，棄市。以古非今者族。吏見知不舉者，與同罪。令下三十日，不燒，黥為城旦。所不去者，醫藥、卜筮、種樹之書；若欲有學法令，以吏為師。

始皇接納李斯之議，於是民間挾書成為犯禁；縱有未焚之簡策，亦散落不可復得。然此時，秦宮官藏之圖籍當尚能保存。及至楚人入關，咸陽焦土；秦宮官藏之書亦遂無餘。漢高祖滅項氏，稱皇帝，雖有叔孫通之流頒定禮儀，然思想學術，已瀕中斷。高祖本人亦未留意於此。

孝惠以後，挾書之禁始除，其後文景以至於武帝，皆極力重整經籍，於是獻書解經，蔚而成風。故《漢書‧藝文志》乃有以下之記載：

……戰國從橫，真僞分爭，諸子之言紛然殽亂。至秦患之，乃燔滅文章，以愚黔首。漢興，改秦之政；大收篇籍，廣開獻書之路。迄孝武世，書缺簡脫，禮壞樂崩。聖上喟然而稱曰：「朕甚閔焉」。於是，建藏書之策，置寫書之官，下及諸子傳說，皆充祕府。

此記漢代官方對搜求經籍一事之扶植。文景之世，即有一經專門之學；武帝更置五經博士，在此種影響下，經學遂興。蓋因客觀之需要，不得不如此也。

漢代經學初僅以求佚書，作訓詁為重。其後又有種種古文經籍出現。魯恭王壞壁所得，真僞雖不可定，人多喜執以為詞。於是又有今古文之爭。「今文」即漢代所用文字；「古文」則指蝌蚪文字。漢初，求遺經者，所據之經皆由老儒口誦而錄之；故皆用當時文字。所謂「今文」之經是也。「古文」之經，則為殘存簡策，故不用漢代通用文字。此二者之所以分。然各經今古文殊多舛異。於是經學之士又分派別；或依於今，或據於古；爭論不息。此種情況下，知識分子之精力遂大半為訓詁所吸引。

總之，由於秦用法家之言，統一思想，焚燒典籍，故漢自初興，即面臨一文化真空之環境。在此環境中，注經成為客觀需要；故經學應客觀需要而生。而又由於所據材料之不同，經學中再分今古文二派，於是，注經之問題益多。學者皆白首窮經，不再能從事精嚴廣大之思想工作。此為漢代哲學之外緣條件之一。

其次，戰國末年，陰陽五行之說已盛；漸與卜筮合流。至秦焚書，又不去卜筮所用。故在此期間，陰陽五行之說大盛；而又適儒學中斷，諸子散佚。陰陽家言乃漸漸成為士人共同之觀念基礎。故漢代哲學思想，乃處於陰陽五行觀念包圍之中，由此，儒經立為專門之學時，說經者皆已有陰陽五行之色彩。社會風氣亦然。此則漢代哲學之第二外緣條件。

在此種外緣條件下，漢代哲學思想乃有兩種特色；第一、士人多事訓詁，思考轉歸膚淺，儒學與其他諸子之言，雖興衰不同，然皆由精返粗，不唯無所推進，且呈日退之象。第二、陰陽五行之說，經秦火而獨存；遂成為一普遍勢力。儒學陷於此中，不能自拔；於是漢代哲學思想日漸墮落。讖緯妖言横行天下，而中國哲學自此沒落。其重興已在千年後矣。

貳 漢代哲學之內在解析

漢代哲學思想陷入衰亂，上文已屢言之；茲再就哲學問題之變化，作一解析，以說明先秦諸家之重要思想如何在漢代被歪曲。此專就哲學問題本身而言，故稱之為「內在解析」。

此一解析可分為兩方面進行；一為儒學問題之變化，一為道家問題之變化。蓋先秦諸家，以儒、道、墨為最重要；墨家在戰國末年，已漸漸化入游俠生活；故韓非子稱「儒墨」為顯學，而又以「儒」與「俠」並稱而譏之。至兩漢之時，儒道並存之趨勢極為彰著。墨家之言已漸不重於當世；故在漢代哲學思想史中，墨家無重要地位，可不置論。但能說明儒道兩家問題之變化，則漢代思想之大脈絡即明。

但此所謂「變化」，乃指根本問題而言；其變化之曲折詳況，則在下文分論之；本節只涉及最基本之變化。

茲先論儒學問題之基本變化。

儒學起於對生活秩序之要求；觀孔子崇周文而言禮，即可知之。但孔子立說，自「禮」而返溯至「仁」與「義」。於是「仁、義、禮」三觀念匯為一系；外在之生活秩序源於內在之德性自覺；故其基本方向為一「心性論中心之哲學」。及孟子言性善，言擴充四端；於是點破德性自覺（或對「應然」之自覺能力）為人之"Essence"駁告子「自然之性」之觀念；此一心性論中心之哲學，遂有初步之成熟。

荀子言自然之性，而不解自覺之性；孔孟之學說遂更無發展。然其真面目固在，未嘗為人所歪曲。入漢，則說經諸儒生，多受陰陽家之影響（見下節）；董仲舒所倡天人相應之說，實此一普遍風氣之特殊表現，並非董氏之獨創。天人相應之說既興；價值根源遂歸於一「天」；德性標準不在於自覺內部，而寄於天道；以人合天，乃為有德。於是，儒學被改塑為一「宇宙論中心之哲學」。心性之精義不傳；而宇宙論之觀念，悉屬幼稚無稽之猜想。儒學有此一變，沒落之勢不可救矣。此中尤嚴重者，為此諸人立說之依託問題。曩之反孔孟者，不假孔孟之言；墨翟非儒，即譏孔丘；荀卿言性惡，即攻孟子。今漢儒則不然；明以陰陽五行之宇宙論觀念為據，而故意以此解《春秋》，解《書經》；不謂此乃自己之所見，而必謂此乃儒學經典之本意。如此，歪曲遂成，而兩漢間以儒自命之士人，遂日悖於孔孟心性論而不自知；甚至一言儒學儒術，輒及陰陽災異，似孔孟之學不過由此類妄言構成；誠千古一大可痛亦可笑之事也。

關於變化詳情，下節當一一論之。此處所點明者，只為「心性論中心之哲學」被「宇宙論中心之哲學」所取代。此為儒學入漢代後最基本之變化，亦儒學衰微與中國文化精神衰亂之樞紐所在。

其次，論道家問題之基本變化。

道家之基本意向，原在於豁現「情意我」之自由。故對外以冷智靜觀；對內以清虛自守。漢室初興，本無一定之文化意識。文帝以後，則朝中重「黃老」，似宗道家之言；其實道家之說亦已遭受一大歪曲，此即「情意我之境界」為「形軀生活之作用（或功能）」所取代。老子有「無為而無不為」之語，其言本旨在於顯現自我無執無拘之意境；然以言「智」故，時有權術之言，莊子有「逍遙遊」及不死不生之說，皆以狀自我之不為形軀事象所封鎖，然以喜作寓言故，時以不老及無苦為喻。

漢初時先秦舊學既斷其傳；言道家者，皆不解老莊所肯定之「自我」何在；而只截取其皮毛譬喻，以為即道家之學。於是，或視道家之說為權術，於是以法家之純機詐之心靈，運用道家之冷智，以為能通「黃老」；或視道家之說為求長生，於是日用心於守尸之術。二者一在朝，一在野；在朝者為偽託黃老之權術思想；在野者則漸轉而為「道教」，亦偽託黃老之宗教也。偽託之所以為偽託，乃因無「情意我」之基本體悟。權術所爭者為政治利害；長生術所求者為形軀之生存。此二者皆形軀生活中事。持此態度以論道家，道家之學乃被歪曲為一求形軀生活中某種功效之學；豈非大謬？然此乃漢代知識分子對道家之共同誤解。故吾人可說，入漢代後，道家所言之「情意我」已不復為人所知。在一般觀念中，道家則變為一逐逐於形軀生活中之效果者。此一改變，即是一大歪曲；此歪曲對道家影響之大，亦不下於陰陽五行觀念對儒學之影響。

由於儒道兩家思想，在漢人心目中，均已受如此之歪曲，故不唯終漢之世，二家學說之真相不明；且至於五代宋初，言儒者仍談五行；言道者仍談神仙。思想歪曲之為害，豈不可畏乎？

此處所言僅為根本之變化。以「宇宙論中心」代「心性論中心」，導致儒學之沒落；以「形軀我之功效」代「情意我之境界」，導致道家之沒落，此為漢代思想問題兩大主脈，以下再分論儒道學說演變之情況。

參　漢儒之沒落

「漢儒」指漢代以「儒」自稱之學者。儒學入漢代而喪失原有精神，遭受歪曲，已如上節所言，則漢儒本身即代表中國文化一大沒落，自屬顯然無疑。本節再作進一步之展示。

一、心性論問題之分裂

孔孟儒學，原以心性為主。此一心性論問題，可用孟子之「性善」二字標示之。此問題本含有兩部分；一部分涉及價值與德性之解釋，另一部分則涉及人性之了解。孟子將價值德性之源，安立於主體之自覺上，故「善」源於人之自覺性，即傳世之「性善論」是也。漢儒昧於心靈之自覺義，只在一粗陋宇宙論架構中，處理哲學問題；故心性論問題在漢儒手中遂裂為兩問題，而各有一極為可笑之處理。

心性論所涉及之價值問題，在漢儒學說中，化為「天人相應」之問題。持此說者，固以董仲舒為主要代表；然此種觀念亦散見於其他經生之言論中，固不止治春秋學之董仲舒一人；以下論宇宙論哲學一段中，當再分述之。

「天人相應」即以「天」之規律及意志為價值根源；此說中重天之意志一部分，與原始思想有關；其歸趨亦相似。至於重規律一部分，則主要出於卜筮傳統及戰國陰陽五行之說；略有形上學意味。天人相應之說，則半涉及「天」之意志，半涉及「天」之規律。以此作為價值德性之根源，孔孟原意湮沒不見。而混雜宇宙論及形上學觀點之德性理論，遂漸漸出現。

心性論所涉之人性問題，在孟子學說中，已確定為人之獨有之「性」——即與西方古代哲學中之“Essence”相當。但至漢代，所謂儒者既不解自覺心之義，對「性」之本義亦不能解；於是董仲舒以「性」為「自然之資」；劉向以「性」為「生而然者」，揚雄以為「人之性也善惡混」；東漢王充則竟將「性」分為「上、中、下」。總之，皆就告子荀子一系所持之「自然之性」而立說；對孟子本義，則茫然無知。

但由此一趨勢，論「性」之說亦有一變化。蓋就「自然之性」而言，則人之材質自有差異；於是，由漢至魏晉乃有喜談「才性」一派人士；此種「才性」問題，實為心性論問題分裂後之產物。清談之士言「才性」者固無嚴格理論，但其問題根源則仍在於此。

儒學之中心理論，既不為漢儒所解；漢儒所談之主要問題，遂與儒學原有之問題不同。然「不同」並非「全無關係」。學者若能深察哲學問題之變化脈絡，則可知漢儒之「天人問題」乃從心性論中之價值根源問題演變而生；而材質意義之「性」問題，亦是由心性論中之本性問題演變而生。若以為漢儒之說與孔孟之說為一事，固是大謬；然若以為漢儒所說之問題皆屬自創，亦欠真確。蓋漢儒乃歪曲儒學問題者，並非另立一說以與孔孟相別；不過，由於漢儒所持之宇宙論架構與心性論迥殊，故一切儒學問題在漢儒手中均被歪曲而已。

此點既說明，則吾人應進一步追問：漢儒所持之宇宙論觀念，何由而來？此即涉及陰陽五行之言與漢儒之關係。

二、陰陽五行說與漢儒之關係

漢儒思想，以陰陽五行為基本觀念，乃人所熟知；本書亦屢屢提及。然畢竟陰陽五行之觀念如何能成為漢儒思想之基礎，則尚為一待討論之問題。

舊說以為陰陽五行亦儒學中原有之觀念。此由不辨孔孟理論之真面目所致。「陰陽」之觀念，最初應由《易》之筮法而生。即以「一」表陽，以「--」表陰。此屬原始思想。正式見於文字者，則如〈乾〉象辭中有「潛龍勿用，陽氣潛藏」之語；〈坤〉初六象辭亦有「履霜堅冰，陰始凝也」之語；皆以陽指乾，以陰指坤；至於〈繫辭〉、〈說卦〉等則更屢言「陰陽」。然此等作品均屬晚出，不能用為漢儒以前儒學本言「陰陽」之證。

且孔子極少言及《易》；孟子則從不言《易》。《論語》及《孟子》書中更未道陰陽之事。真以「陰陽」為一重要原理而立說者，乃戰國之騶衍。《史記》中謂孟子之後有騶子之屬；而述騶衍之說云：

> 騶衍睹有國者益淫侈，不能尚德，若大雅整之於身，施及黎庶矣；乃深觀陰陽消息，而作怪迂之變，終始大聖之篇十餘萬言。……稱引天地剖判以來，五德轉移，治各有宜，而符應著茲；以為儒者所謂中國者，於天下乃八十一分居其一分耳。❶

依此可知，騶衍乃以「陰陽」立說者，又談「五德轉移」。五德即五行之德；以此論政權之變化，亦始於騶衍。此蓋最早言「陰陽五行」說者。

騶衍附於孟子之後，人或疑其說仍屬於儒學，但觀騶衍論世界，「以為儒者所謂中國者」云云，則可知騶衍自己並非儒者，而至《漢書・藝文志》中，則列「《鄒子》四十九篇」及「《鄒子終始》五十六篇」於「陰陽家」

---

❶《史記・孟子荀卿列傳》

著作中。故騶衍為陰陽五行之說之代表人，實不成問題。

騶衍之後有騶奭，〈藝文志〉亦有「《鄒奭子》十二篇」；蓋承騶衍之說者。然此派思想之著作，傳世者殊少。吾人但知齊之諸騶為談「陰陽」及「五德終始」之創始者而已。

但《漢書・藝文志》中，於陰陽家著作外，又另錄五行之書；書名中有《泰一陰陽》、《黃帝陰陽》、《黃帝諸子論陰陽》等；此蓋真為漢儒災異之說所從出者。〈藝文志〉曰：

五行者，五常之刑氣也。《書》云：「初一，曰五行；次二，曰羞用五事」（案《書經》原文為「敬用五事」），言進用五事以順五行也。貌、言、視、聽、思，心失而五行之序亂，五星之變作，皆出於律歷之數，而分為一者也。其法亦起五德終始，推其極則無不至，而小數家因此以為吉凶，而行於世，寖以相亂。

此所謂「五行」，即指災異而言；所謂「五行之序亂」及「五星之變作」，皆漢代言災異者慣用之說法。大抵此類言論，又晚於騶衍。言陰陽五行以釋人事吉凶者，應是此類術士思想。此種思想承騶氏之說，而益之以星相之觀點，遂成為一樸素型之「天人關係論」，日後遂影響漢儒。

「五行」觀念，本可視為對宇宙萬物之元素之解釋。此種幼稚簡陋之宇宙論觀念，在西方及印度古代均有之，不足為奇，亦不足為病。但因加入一「天人關係」之觀念，一切人事均以「五行」為符號而論其盛衰演變，且引生預言吉凶之說，遂與古代卜筮合流；此則為擾亂思想界之大事。

要言之，戰國騶衍，首倡陰陽五德之言；其後漸變而為談災異吉凶之「陰陽五行說」。〈藝文志〉中另錄五行之書，然明言「其法亦起五德終始」，則其演變之跡可見矣。

但此種思想與儒學相距本甚遠。何以能支配漢儒思想，此則為中期中國哲學演變史中一大問題。此問題應由兩方面解釋。

第一、就理論原因或內在因素講，則儒學自始即為一「生活之哲學」；由孔孟之努力，此「生活之哲學」逐漸進展而成為「德性之哲學」；其系統甚大，造境甚高，然獨缺一宇宙論。嚴格言之，「宇宙論」本為一種幼稚哲學思想；儒學最初無宇宙論，並非一缺點，實為一優點；蓋正因無此種幼稚思想，儒學始能直見自覺心之大本，德性之真源。然而，人類心靈之幼稚傾向，亦為不可免者；故在荀子之後，心性之本義不明；從事儒學者各入歧途。其中遂有尋求宇宙論者，而陰陽五行之說遂漸漸侵入此類儒生心念中。及至另有歷史機緣相助，此種對宇宙論之尋求，遂乘勢而以儒學正統面目自居，此所以漢儒背孔孟心性之精義，而取陰陽五行之妄言也。

第二、就歷史原因或外在因素論之，則秦火一劫，經籍散佚。挾書之禁又獨寬卜筮之書；故《易經》之傳獨盛。而說《易》者又有孟喜之徒，多用陰陽災變之說，故陰陽五行之觀念，乃首先通過《易經》而侵入儒學。此點有關史實，雖無充足證據可用，然《漢書》中頗有可供參考之材料。

《漢書・儒林傳》述《易》之傳授云：

> 及秦禁學，《易》為筮卜之書，獨不禁，故傳受者不絕也。

此足見《易》之流傳，有特殊有利之時代因素。

其次，《易》本為占卜之書，自與陰陽五行之說極近；田何主要弟子有王同（子中）、周王孫、丁寬、服生四人；王同、周王孫及服生學，似皆不盛；唯丁寬授田王孫，田王孫又授施讎、孟喜、梁丘賀等；此中孟喜最喜言陰陽災變，日後傳焦延壽，再傳至京房，遂有以災異為主之說《易》者。

故漢儒中說《易》而特重陰陽災變者，實為孟喜至京房一系。然孟喜之思想固非解《易》之正宗，而實易受當時陰陽災變說之影響者。《漢書・儒林傳》云：

孟喜，字長卿，東海蘭陵人也。父號孟卿。……孟卿以《禮經》多，《春秋》煩雜；乃使喜從田王孫受《易》。喜好自稱譽，得易家候陰陽災變書，詐言師田生且死時，枕喜膝，獨傳喜。諸儒以此耀之。

由此可知，孟喜另得陰陽災變之書，而偽託田生所傳，且編造故事，謂田生彌留之際，獨傳彼此種祕奧之學。其行為固可笑；然諸儒反以為榮，則此種以偽亂真之思想，固從此下種。後孟喜同門梁丘賀責孟喜妄言，然孟喜之說已行於世矣。

孟喜之後，趙賓又立詭異之說，自承為孟喜所傳；孟喜亦承認。〈儒林傳〉曰：

又蜀人趙賓，好小數書，後為易飾《易》文……賓持論巧慧，易家不能難，皆曰：非古法也。云受孟喜，喜為名之。

趙賓說《易》，故作妄解，世之易家認為「非古法」，而趙賓乃謂受此學於孟喜；則可知孟喜一派所說，皆「非古法」；「非古法」即非正宗解《易》之說；所以非正宗者，即因孟喜竊取陰陽災變之言也。

觀此可知，《易經》之傳授至孟喜而生別解；孟喜自身思想，則以陰陽災變說為主；故後之學者受此影響，遂以種種妖言說《易》。而《易經》又為秦火獨存之書，影響最大，於是孟喜之易學乃成為漢儒陰陽五行說之根源之一。

漢儒解經，受陰陽五行說影響，固不獨於《易經》為然。解《書經》及《春秋》者，亦皆受此種思想之影響，但其傳承間之演變，殊無充足材料可作推證。所可知者只是漢代經生之言論本身。此類言論本身充滿陰陽五行觀念，則處處可見。

例如《書經》本為古代歷史文件之彙編，但漢之經生解《書經》者最喜談〈洪範〉；且據〈洪範〉之文而說五行災異之事。治《書經》者原宗伏生。伏生傳張生及歐陽生。張生一系後有夏侯都尉、夏侯始昌，遞傳至夏侯勝及夏侯建；即所謂「大小夏侯之學」也。夏侯勝及夏侯建皆喜據《書經》以言災異。

《漢書・夏侯勝傳》云：

勝少孤，好學，從始昌受《尚書》及〈洪範〉五行傳，說災異，後事簡卿……。會昭帝崩，昌邑王嗣立，數出，勝當乘輿前諫曰：天久陰不雨，臣下有謀上者，陛下出欲何之？王怒，謂勝為妖言，縛以屬吏。吏白大將軍霍光，光不舉法。是時，光與車騎將軍張安世謀，欲廢昌邑王。光讓安世，以為泄語。安世實不言。迺召問勝。勝對言在〈洪範〉傳曰：「皇之不極，厥罰常陰。」時則下人有伐上者；故云臣下有謀。光安世大驚，以此益重經術。

夏侯勝據〈洪範〉以預言政治方面之變化；此已足見經生實以占卜之心情說經；而霍光與張安世因其預言之準確，乃「益重經術」，更可見當時人士心目中之「經術」已成為此種占卜之說矣。

夏侯勝之學，傳自夏侯始昌；始昌固是言陰陽災異者。《漢書》云：

始昌明於陰陽，先言柏梁臺災日，至期果災。❷

始昌通五經，然以說齊《詩》及《尚書》為主；則以陰陽災異解《尚書》，自始昌即然。

伏生傳張生及歐陽生；張生本人立說，是否雜取陰陽五行之言，則不可考。夏侯氏之學出自張生，盛言災異，則史有明證。歐陽生傳兒寬；二人傳中均不見說陰陽五行之證據。則以陰陽五行解《尚書》，可能為夏侯氏所提倡。此又為漢儒陰陽五行說之另一根源。

但陰陽五行之說侵入儒學，尚有另一重要通路，此即所謂「讖緯」。

「讖」指預言性之圖讖而言。早期社會均有圖讖一類之預言。中國古代自不能免。但由於陰陽五行之說為

❷《漢書・夏侯始昌傳》

一切預言立一理論基礎，故言圖讖者必接受陰陽五行之說。漢代經生對預言特別重視，因此無不喜言圖讖。陰陽五行之說遂通過圖讖而深入人心。

較「讖」更為重要者為「緯書」。「緯書」之起源已不可考，但流傳甚久；《隋書・經籍志》中尚載其詳目。緯書之內容皆為陰陽五行之說，而其名則分配諸經，如《易緯》、《春秋緯》之類。漢儒說經大半喜宗緯書之言，此所以漢之經生皆接受陰陽五行之說。

緯書本身於何時代成書，固不可考；然先秦著作中未見提及緯書者，漢代人則常引用緯書之語；以此度之，緯書可能初成書於秦漢之際，逐步增多；蓋因秦設挾書之禁時，此種著作混於卜筮之書中，不致犯禁，故人樂道之。至其內容，則必起源於陰陽五行家言。緯書思想至為荒謬；而漢儒據此以說經者甚眾，此亦漢儒陰陽五行說之另一根源。

以上論儒學在漢代之沒落，為漢代哲學之一面；另一面則為道家思想在漢代之變化。

肆　道家思想之肢解

道家思想在漢代亦有惡劣之變化，此在前文業已述及。此處再作較詳細之展示。

儒學在漢代之沒落，主要由於心性論被陰陽五行家之宇宙論所取代；道家思想在漢代之沒落，則由於道家之「情意我」為常識中之「形軀我」所取代；此為中心變換之問題。在作漢代哲學問題之內在解析時，俱已論及，但儒學及道家思想雖同在漢代人手中遭受歪曲，因而變質；其詳況又互不相同。儒學在漢代被人假冒，道家思想則在漢代遭受肢解。

宗陰陽五行之說，倡天人關係之論，而落實於災異讖緯之妄言者，強稱為儒，實不承孔孟之要旨；故為假冒之儒學。但此種漢儒既假冒為孔孟之徒，遂不得不襲取其外貌。故漢儒在基本問題上（如價值問題及心性問題）固作妖妄幼稚之說，大悖孔孟原意，而成為思想上一大沒落；然在行事及實踐一面，則大體尚與儒家本來之主張相近。如政治方面之強調教化；生活態度方面之鄙視功利；在董仲舒及其他經生均視為通義。而此種種實為孔孟之主張。故漢代經生實有儒家之外表，而內藏陰陽五行之思想。其趨向大體一致。道家思想之演變則不然。漢代人對道家思想常只截取其一部分，而另配以粗陋之常識觀念。於是，不唯道家之真精神，在漢代急劇變質；甚至道家生活之面目，亦隨之改變。而更嚴重之問題則為：老莊及其從者之生活詳況，記載本已不多。秦火劫後，道家之典籍亦復佚散，於是真道家之生活究為如何，世人大半不解。而漢代之假道家人士所取之生活態度，遂以假代真，成為一般人所了解之道家態度。因此，嚴格言之，道家思想在漢代所受之歪曲，實較儒學所受者尤重。

道家思想至漢以後分裂為三部分：第一為其尋求超越之思想；此一部分遭受歪曲，而成為求「長生」之道教。第二為其否定禮制之思想；此一部分被人襲取其皮相，而逐漸形成漢末魏初之放誕思想，其後遂發展而成為魏晉清談。第三為其「守柔」之技術觀念；此一部分成為政治上之權術思想。

茲分別一論其大略。

一、「超越我」之形軀化——道教

老莊之學，原以情意我之肯定為中心；故對德性、認知及形軀意義之我，均排斥不取。此義在本書述老莊之學時早已闡明。但老莊皆未有精確之詞語以描述此「情意我」；而喜用「生」字以標指此種情意我之境趣。

莊子及其後學，皆常言「養生」及「全生」。此所謂「生」，自非指形軀而言。然超越形軀之純「生」觀念，本為常識中人所難了解；故此種思想逐漸被人誤會，而引出專求形軀不死之說。

《莊子》內篇中描繪自我之超越性，常就自我之不受物質勢力影響立說：如「入水不濡，入火不熱」（〈大宗師〉）及「不死不生」（同）之類；《老子》亦有「陸行不避兕虎，入軍不被甲兵」等語，其本意原是說，自我超越形軀，故不受經驗界之一切影響；然此義固非世俗所解。僅就表面觀之，極易引生一「神祕力量」之意象。漢代印度佛教開始入侵；其間不乏「神通」之說。道家之自我既經誤解為具有「神祕力量」者，又有新流入中國之印度思想提供神通觀念，於是遂有神仙法術之說。

「不死」與「神通」合而為道教之基本觀念。張道陵以後，老子及莊周皆被託為神仙之祖；道家所講之超越自我，遂變為「長生不老」及「呼風喚雨」之神仙。此道家思想遭受歪曲之一。

「不死」乃指形軀而言；「神通」亦就經驗世界中之支配力而說。二者落於形軀我之領域中，故道教之說既行於世，道家之「情意我」觀念遂湮沒不彰。蓋道家所肯定之超越自我，已被化為形軀我矣。

二、文化否定論之孤立化——放誕之風

其次，老子與莊子皆輕視「德性我」及「認知我」，故《道德經》中貶斥仁義；《南華》內外篇亦否定德智及一切文化成績。此種否定，本係依其「情意我之肯定」而立者。然漢代以後，喜言老莊者，輒將此否定論孤立而擴展之。由此，老莊所肯定之超越自我，不為後人所解，而其否定德智之態度，乃為後人所襲取。否定德性，故反對一切價值規範；否定智性，故不求學問；而終日耽於縱欲行樂之放誕生活。此種生活就其所否定或突破之一面看，似與莊子態度極相近，然就所肯定一面看，則莊子肯定者乃超越形軀之「情意我」，故歸宿於冷

智觀賞之境界中；此輩放誕之人，則事實上只肯定一形軀我之情緒要求（此種「情緒」乃源自生理者，非超越形軀之「情意」），故皆墮落於極無聊之物欲及意氣中。二者之別實不可掩。問題在於人能不能察見本源而已。

此種放誕生活，在漢末魏初方漸露端倪，大盛則在魏晉；然其發源實始自漢人。蓋漢人既將道家思想肢解而利用之，則文化否定論一部分，自不得不孤立；此一部分思想既已孤立，則何時被人所用，只是機緣問題。就理論本身言之，文化否定論一被孤立，則放誕生活之產生已有確定根源。此種生活之盛行，固因外在機緣而延至魏晉，然此種生活之理論根源，則不能謂不起於漢代，故放誕生活仍應視為漢代道家思想被肢解後之產品。

此種放誕生活，每依其不守禮法一點，而自擬為老莊之生活態度。後世習以為常，道家生活在一般人心目中亦遂成為縱情行樂，無所信守之生活，此種影響至今猶存。

中國後世一般人所了解之「道家」，大體均受漢代人之影響。假道家除放誕生活一特徵外，尚有另一特徵，即有陰謀意味之政治手段及處世態度。下節論之。

三、「守柔」與「無為」之技術化——黃老之術

老子曾言守柔與無為之義，其說固有技術與原則兩面意義；但自韓非以後，人即常截取其技術意義，而建立一套純權術之原則，至漢初時此風尤盛。所謂言「黃老」或習「黃老之術」者，莫不與刑法之說相表裡；實即假道家所持之權術原則，以配合其支配事物之要求。司馬遷作《史記》時，即處處將道家與法家混為一事；不唯「老莊申韓」合傳，且時時有「黃老刑名之術」一語見於各傳之中。蓋其時一般觀念以為此權術原則是道家思想之代表，故亦認為與法家實無差別矣。

然則此權術原則之內容如何？此點雖無一定之文獻可據以解說，但綜觀漢人在此一方面之言論，可知其內

容實亦甚簡；不外以下兩點：

第一為虛靜自養之原則。人欲支配外界，必須時時保有一冷靜之觀照能力；為養成此能力，必須心思不繫於一定之觀念或要求，故用「無為」以成心靈之虛靜；由虛靜而成明察之能力。如此，則不自蔽亦不為人所蔽，不為外界所制而能制外界。

第二為肆應外界時之守柔原則。老子原以水為喻，說明「天下之至柔」可支配一切堅強之物，此原與形上觀念有關。言權術者由此遂引出一守柔之原則。此原則即俗語所謂「以柔克剛」、「以靜制動」是也。此原則殊無嚴格之理據，大體上可視為一利用機遇及外在條件之主張。蓋柔和之道所以能制剛強，乃因剛強之力有窮。用剛強者即屬不斷發揮其力而必至於窮者；用柔和之道，則待敵力之窮而制之，當敵力未盡時則不與爭。所謂「柔和」即落在此「不爭」上。然僅僅「不爭」，並不能制剛強之對方；必須待敵力之窮，然後能利用時機以制之；則守柔本身僅為一過程中之條件，制剛強者固非柔和本身。推而言之，一切制勝之道皆決於力量之大小；但用剛強者不斷用其有窮之力，故久必挫敗；用柔以制剛者，則藏力不用，待敵力真窮時方用之，故能制勝耳。依此，則以守柔為主之權術原則，主要內容不過在於不濫用力量，又能把握時機利用其他力量，以攻對方之弱點而已。

虛靜原則與守柔原則，在漢初一度成為政治上之原則。其具體表現則為休養政策；因虛靜與守柔排斥「強為」之事，故由「不強為」之要求，遂生出一休養觀念。虛靜以養智，守柔以養力，而漢代用「黃老之術」為政治原則者，則主張政簡刑清以養人民之實力。此乃權術原則之正面作用。至其負面作用，則在於導生陰謀及殘忍之觀念。此種觀念在漢代當政者事跡中在在表露，不待詳引。

權術本非始自道家，但自《韓非子》〈解老〉、〈喻老〉以後，已有假道家以言權術者。漢代則「黃老之術」

已與統治之權術不可分。此後，權術陰謀亦成為所謂「道家思想」之特徵，而老莊原旨轉不為人所知矣。

總之，道家思想入漢代即遭肢解。此後作道家言者，或歸於長生法術之妖妄，或歸於縱情肆欲之放誕，或歸於陰謀詭詐之權術；獨無真肯定「情意我」境界者。就此論之，道家思想在表面上雖為漢初之顯學，實則亡於漢代。此為漢代中國哲學衰落之另一面。

× × × × ×

上節已論儒學及道家思想在漢代之衰落。先秦諸家中，墨家之傳至秦已絕；儒道兩大勢力又皆有如此之變化，故漢代中國哲學實已衰極。此後流行於中國之主要哲學思想遂非中國自有之學說，而為自印度東來之佛教教義。但在兩漢數百年中，亦有頗具影響力之學說及人物。漢儒所編之《禮記》與在此時代中成立之《易傳》，尤為重要。就哲學史之要求看，吾人須注意此等著作而予以簡要敘述。因此，以下節將略述董仲舒、《淮南王書》、揚雄與王充等之言論，此外並整理《禮記》及《易傳》之理論。

伍　董仲舒與「天人相應」之觀念

談陰陽五行，雖以說《易》說《書經》者為多，但真正代表漢儒之理論者，非說《易》說《書經》諸人，而為治春秋公羊學之董仲舒。

董仲舒所倡「天人相應」之說，實為漢儒之「宇宙論中心思想」之總樞。故觀漢儒思想，必當自董說下手展示。本節專述董仲舒之思想，以說明漢儒思想內部之真相。

如上文所述，漢儒思想受陰陽五行說之支配，實為一普遍趨勢；並非始自董仲舒。陰陽五行之說，本非儒學所有，而漢儒取此種立場以解經，亦非一人一派之事。然董仲舒論「天人相應」特詳，且以此作為儒學之精義；又倡罷黜百家之議，由此，使中國思想界在一段極長時間中，受偽託儒學之災異妄言所支配；實為影響至大之經生。故應特述其思想。

董仲舒之思想，主要見於其對策之文，與所著《春秋繁露》一書中。漢武帝即位，舉賢良文學之士甚多。董仲舒以賢良對策。武帝所問為治亂盛衰之理，董仲舒對以「天人相應」之說，凡三問三對，故稱〈天人三策〉。問答之文皆甚長，茲擇其要述之如下。第一策所問為：

> 三代受命，其符安在？災異之變，何緣而起？❸

此種說法，因可見當政者心思中已充滿陰陽五行及災異圖讖之信仰。而董仲舒之對則更大談「天人相應」。其言曰：

> 臣謹案《春秋》之中，視前世已行之事，以觀天人相與之際，甚可畏也。國家將有失道之敗，而天迺先出災害以譴告之；不知自省，又出怪異以警懼之，尚不知變，而傷敗乃至。❹

董氏蓋以為，《春秋》之史料足以證明有此種天人關係；政治不佳，即有災異。且解釋災異為天之示警。此中竟含有「人格化」之「天」之信仰。

董氏文中續論盛衰在人之理。危亂由於任非其人，而不由於道本身之亡。故說：

> 道者，所繇適於治之路也。❺

❸ 《漢書・董仲舒傳》
❹ 同上
❺ 同上

又謂：

夫周道衰於幽厲，非道亡也，幽厲不繇也。❻

此種觀點含有對一不變不亡之道之肯定；以為人君能努力繇道而行，則治。此本不悖儒學之義。但人君究應如何繇道而致治？董氏之答覆則歸於「天」與「陰陽」之觀念。

其言曰：

然則王者欲有所為，宜求其端於天。天道之大者在陰陽。陽為德，陰為刑。刑主殺而德主生。是故，陽常居大夏，而以生育養長為事；陰常居大冬，而積於空虛不用之處，以此見天之任德不任刑也。……王者承天意以從事，故任德教而不任刑。❼

董氏之主張，本是儒家之一貫主張；即以教化為政治之本。但董氏之解說，則以「天意」為規範。任德不任刑，原有種種理由可以成立。董氏卻以「陰陽」配「刑德」，再以重陽輕陰為天道，由此以肯定人道之應重德輕刑，此即「宇宙論中心之思想」之顯著表現也。

第二策論養士尊賢，涉及天人陰陽者甚少。第三策則專論「天人相應」。原問：「蓋聞善言天者，必有徵於人；善言古者，必有驗於今。故朕垂問虖天人之應」。此承第一策所問而言；蓋第三策所問，不過欲對策者作詳切解釋而已。於是董仲舒更暢說天人之關係云：

臣聞，天者，群物之祖也。……故聖人法天而立道，亦溥愛而亡私。……春者，天之所以生也；仁者，君之所以愛也；夏者，天之所以長也；德者，君之所以養也；霜者，天之所以殺也；刑者，君之所以罰

---

❻《漢書・董仲舒傳》

❼ 同上

> 也。繇此言之，天人之徵，古今之道也。❽

而且董仲舒進一步將此一觀念歸於孔子，並依此以解《春秋》，故云：

> 孔子作《春秋》，上揆之天道，下質諸人情，參之於古，攷之於今；故《春秋》之所譏，災害之所加也，《春秋》之所惡，怪異之所施也。書邦家之過，兼災害之變，以此見人之所為，其美惡之極乃與天地流通而往來相應，此亦言天之一端也。❾

如此，言災異竟成為孔子之思想，與《春秋》一書之意義所在。儒學被曲解至如此程度，董氏立論之惡劣影響已可推見矣。

其下，董氏論順天、教民及防欲之義，大體與儒學之原意相去不遠。後又議政治之得失，皆可不論，唯最末建議罷黜百家，則為一大可注意之事。其言曰：

> 春秋大一統者，天地之常經，古今之通誼也。今師異道，人異論，百家殊方，指意不同；是以上亡以持一統。法制數變，下不知所守。臣愚以為諸不在六藝之科，孔子之術者，皆絕其道，勿使並進。邪辟之說滅息，然後統紀可一，而法度可明。民知所從矣。❿

此即後世所言獨崇儒術之議。此議雖為漢武帝所接受，然儒學此時本已勢力日大，並非全仗此議而得勢。此點與本章無關，姑不詳論。應注意者是：漢儒思想本身為一種違背心性論傳統之混亂思想；以此而冒稱孔子之學，實是一偽儒學。然此種儒學之「偽」，不為漢代人所了解。漢人一般觀念，皆以為說陰陽、談災異即是「儒學」

---

❽《漢書・董仲舒傳》

❾同上

❿同上

或「經術」，因遂以偽作真。今董仲舒又假借政治力量以提倡此種「天人相應」之說；於是作為陰陽五行家與儒家之混血兒之漢儒思想，竟一度僭據中國哲學「正統」之「寶座」。自漢以後，除言佛老者以外，知識分子莫不受此種荒謬思想之籠罩。直至宋代二程立說，心性論方日漸重振。此則董仲舒等人不能辭其咎也。

董仲舒此種天人關係論，亦表現於《春秋繁露》一書中。因董仲舒之基本價值觀念為：「以人應天」；故認為人之身體，亦與天象相應；人間之制度（如官制）亦須應天象之數；政權之得失由於天意；天意又表現於災異祥瑞之中。此種幼稚思想，在《春秋繁露》中發揮甚詳。其主要綱領仍不外以上各點，但有一須加注意之處，《春秋繁露》中對「性」之善惡問題之處理。

漢儒雖多採陰陽五行之說以解經，因而皆走入「宇宙論中心之哲學」之歧途；但用此思想架構回頭解說「心性」，則以董仲舒為代表。

《春秋繁露》中董之說云：

> 仁貪之氣，兩在於身。身之名取諸天。天兩有陰陽之施；身亦兩有貪仁之性。⓫

此處所謂「貪」與「仁」，即表價值意義之「正」與「反」。董仲舒認為天有陰陽，而人象天而生，故人亦有善惡。此本屬常識之浮談。但由此可見董仲舒乃直接以宇宙論意義之規律作為價值標準者。關於自覺心之本性，董氏根本不解。而如此立說後，心性之善惡問題本身亦由自覺根源問題變為材質問題，孔孟心性論之精義全亡矣。

由於董氏此種理論態度，在中國哲學史上有極大之影響，故應作以下之論析：

第一、儒學心性論之基源問題，原為：「德性如何可能？」故必須深究所謂「善」之本義——亦即「德性

⓫《春秋繁露・深察名號篇》

價值」之本義。而此一問題即與描述任何「存有」之問題，不同類屬。蓋無論取經驗意義或形上意義，「存有」問題總與價值問題本性不同。譬如某一經驗事象或「有」或「無」，本身無所謂「應該」或「不應該」；某一形上之理之「有」或「無」，本身亦無所謂「應該」或「不應該」。此義極明，不待辯說。

「應該」或「不應該」之問題，本身另有一領域；此領域必成立於一自覺基礎上。因必有自覺之活動，方有如理或不如理之問題；離開自覺，專就「存有」講，則無所謂「應該」或「不應該」。因無論「有」或「無」，皆是一「實然問題」，非「應然問題」。

董仲舒所言之「天道」與「天象」，或為形上意義之規律，或為經驗意義之事實；本身不能涉及價值問題。但董仲舒則將「應天」當作最高價值原則，此乃思想上一大混亂。

批評此類說法，至為容易。吾人可設想有一套屬於天象之事實，然後比較此類事實與人事間之相似關係。但無論此種相似關係是否存在，均非一價值問題，吾人不能謂人事與天象應該相似，或不應該相似。蓋天象是一套事實，人事是另一套事實；二者是否相似，亦只是一事實問題。此中不可能涉及價值。

由於「相似」只是一事實關係，故亦無必然性。董氏由天之有陰陽，推人心之有「貪仁」，乃一全無根據之類比，實無任何論證力量。董氏所以如此立論者，乃因董氏與其他漢儒皆在心思中有一根本假定；此即：「人」為「天」之模本。董氏〈賢良對策〉中謂：「人受命於天」，亦是承此觀念而來。

據此種「相似關係」或「模本觀念」而立價值論，乃董仲舒一流之理論立場。此一立場大致可與希臘柏拉圖之理念說相比。董氏之「天」，相當於柏拉圖之「理念世界」；「人副天數」之觀念相當於柏拉圖所謂「事物模倣理念」；而「以人應天」作為價值標準，更與「由事物分有理念之多少以定價值高低」之說極為相似。

然此非謂董氏之思想全部與柏拉圖相似。以上所舉之類似，僅在處理價值問題一方面可以成立。若就形上學之組織著眼，則董仲舒之理論與柏拉圖之理論殊異甚明。柏拉圖以為每一事物皆屬於某一理念；董氏則以陰陽、五行及數三原則，解釋天人關係，而未肯定具體之理。此即最大差異所在。

但如僅就價值論言之，則柏拉圖價值論之缺點，在於以「存有」釋「價值」；董氏之說亦然。此種類似處正學者所宜注意者。

因董仲舒以為人為天之模本，故由天之有陰陽以推人之有貪仁二性。此說即將價值與德性認作「實然之屬性」，其病甚明。且陰陽僅為形式意義之符號，就此種符號以釋「貪仁」，亦不能肯定德性之為德性。儒學心性論之基源問題，至此遂被隔斷於漢儒思想之外。而價值問題亦化為宇宙論問題。此董氏思想所以代表儒學一大沒落也。

第二、儒學中孟子「性善」之論，本就「根源義」講。故孟子立「四端」之說，精義在於展示「價值基於自覺」，孟子言四端，固非謂德性之完成不待努力；僅謂德性之根源不在「客體」而在自覺之「主體」而已。就「完成義」言之，則孟子亦有「擴而充之」之說，其旨固甚明也。然董氏不知「根源義」與「完成義」之差別；且不解「根源問題為第一重要問題」，而徒絮絮以說「完成問題」；遂陷於常識淺見之中而不能自拔。《春秋繁露》中，董仲舒云：

> 卵待覆二十日而後能為雛；繭待繅以綰湯而後能絲；性待漸於教訓而後能為善。善，教訓之所然也；非質樸之所能至也。⑫

董氏之意，不過謂：人之成德，須有一工夫過程；此何待辯？真正重要問題，實在於「為善之可能基礎何在」；即德性根源何在之問題。此不僅是儒學之大問題，亦一切哲學系統涉及德性價值時所必須注意之問題。孟子苦

⑫《春秋繁露．實性篇》

心點明「德性源於主體之自覺」一義，即是為此大問題提一解答。而董仲舒以儒者自居，對於此種大關目竟懵懵然不解其意義！亦可笑可歎矣。

凡「根源」不明時，談「完成」之過程，即全無意義。譬如，今問：「真命題如何可能？」學者必就思考活動本身展示其形式規律，然後方能闡明如何為「真」。倘若只能就求知過程著眼，而謂：「真命題由逐漸試驗而獲得」，則是不明「根源問題」，而誤以涉及「完成」問題之觀點，用於「根源問題」；乃成一大謬誤；蓋如此說後，仍不知「真」是何義，亦不知何謂「真命題」也。「根源問題」與「完成問題」本各屬於不同領域，其解答亦不能互代。儒學之「心性論」言德性價值時，必須先自「德性如何可能」著眼，方能見「根源」所在；「根源」既明，然後方能論「完成過程」。此所以孟子必立「四端」「性善」諸義，然後才能論及成德性工夫也。荀卿已不解「德性根源」之義，故有「師法」之說。而董氏所謂「教訓」，即荀卿所謂「師法」也。其蔽既同，立說之病亦同。所不同者則是：荀卿尚無意走「宇宙論中心哲學」之路，故其德性根源或價值根源乃無所歸。董氏則取陰陽五行之幼稚思想為基礎，遂有「天人」關係之謬說，而將價值及德性根源歸於一宇宙論意義之「天」矣。荀卿學無所歸，董氏之學則歸於邪妄也。

董氏在〈實性〉及〈深察名號〉各篇中，力攻孟子之說；大意不過謂，心性中有善端並非善之「完成」。其實，孟子既言「擴充」及「養氣」，顯然亦不認為德性「完成」不待工夫，故董氏之批評，實由不解孟子之說而來，殊無可取。但最嚴重之問題則在於董氏不解「德性根源問題」本身之重要。董氏立說，實以為德性問題僅是一「完成問題」，而不知最根本處尚有一「根源問題」存在，於是全不能接觸儒學心性論之本義，而其影響則使儒學中最重要之成績遂至漢而中斷。此則是中國哲學史中一大事件，學者不可不深察之。

總之，董氏論「性」，為漢儒惡劣思想之代表。天人之說既盛，德性根源之精義，遂不為當時人所解。而董氏又以儒者自命，其說遂又以偽亂真。由此，使儒學在漢代之沒落成為定局。董氏倡議罷黜百家，然究其實則董氏及當時儒生皆為陰陽五行觀念所惑，不能承儒學真精神；於是罷黜百家之結果，僅為偽儒學之得勢。孔孟之學，反長期湮沒不彰。此亦董氏在哲學史上之影響也。

陸 《禮記》之思想

在論漢代儒者思想時，尚有一須加說明之問題，即《禮記》一書是。《禮記》、《周禮》及《儀禮》三書，世稱為「三禮」；但就哲學史立場言，則唯《禮記》一書應加注意。尤其《禮記》中〈大學〉及〈中庸〉二篇，影響日後宋代理學甚大；益須在此先作討論。

《禮記》思想所以在此處討論者，乃因此書內容時代難定，然編輯成書則在漢時；以下當再闡述。茲即分節說《禮記》一書之特色，以及其中之主要理論。

一、《禮記》一書之特色

所謂《禮記》，本漢代儒生纂輯舊資料而成之書，其中有屬漢儒所作者，如〈王制〉、〈樂記〉等篇是。餘篇作者不可考，但大抵皆不早於戰國末年。俗傳〈月令〉為周公所作，〈大學〉為曾子所作，〈中庸〉為子思所作，皆屬偽託，前人考之已詳。至此書篇數，亦多有改變。茲舉其要者略為說明。

《漢書・藝文志》載有：「《記》，百三十一篇」。其下注云：「七十子後學者所記也」。此所謂「百三十一篇」，當指河間獻王所得之《禮記》而言。尚非傳世之大戴小戴之學也。

東漢鄭玄〈六藝論〉（見孔穎達《禮記正義》所引）則謂：

> 今禮行於世者，戴德戴聖之學也。戴德傳《記》八十五篇，則《大戴禮》是也。戴聖傳《禮》四十九篇，則此《禮記》是也。

蓋戴聖所編之《禮記》，係刪節戴德所編者而成，而戴德又由舊傳之百三十一篇中選輯而成所謂《大戴禮記》。「行於世」者，即此二戴之書。若考其傳，則戴德受學於后倉，后倉於漢宣帝時說禮於曲臺殿。可知《禮記》一書傳世之晚矣。

《隋書・經籍志》中記所謂《禮記》之源流云：

> 漢初河間獻王又得仲尼弟子及後學者所記一百三十一篇，獻之。時亦無傳之者。

此可與班固之言印證，知所謂《禮記》最初出於河間獻王。

其下續云：

> 至劉向考校經籍，檢得一百三十篇，向因第而敘之；而又得《明堂陰陽記》三十三篇，《孔子三朝記》七篇，《王氏史記》二十一篇，《樂記》二十三篇，凡五種，合二百十四篇。戴德刪其煩重，合而記之為八十五篇，謂之《大戴記》；而戴聖又刪大戴之書為四十六篇，謂之《小戴記》。漢末馬融遂傳小戴之學。融又足〈月令〉一篇，〈明堂位〉一篇，〈樂記〉一篇，合四十九篇，而鄭玄受業於馬融，又為之注。

此段記述，對今傳之四十九篇《禮記》之形成，所說甚明。唯漏出后倉一節。觀〈藝文志〉所謂：

> 漢興，魯高堂生傳《士禮》十七篇。訖孝宣世，后倉最明。戴德，戴聖，慶普皆其弟子，三家立於學官。

可知漢初唯高堂生傳《士禮》，后倉承其學；另一面河間獻王曾獻《禮記》百三十一篇。二戴乃后倉弟子，然所編《禮記》乃取百三十一篇為基本資料，又參以劉向所敘者，刪選而成。總之，今本《禮記》之形成過程，大要如下：

第一、河間獻王得「《記》百三十一篇」，獻於朝廷。

第二、劉向編定次第時，其記亡失一篇，故得百三十篇。但劉向另搜集八十四篇資料，故合二百十四篇。此中當頗有重複者。

第三、戴德據此資料，編成八十五篇之《大戴記》；然其書今已不存（今之《大戴禮記》，又後人所輯）。

第四、戴聖再刪大戴之書，取四十六篇編成《小戴禮記》；其後馬融再補三篇，遂成今本四十九篇之書矣。

今本《禮記》形成之經過如此。由此可知《禮記》一書有二特色：

首先，所謂《禮記》根本為編輯資料而成之書，其資料來源先後不一；其時代則最早在河間獻王時，最晚在馬融時，究竟河間獻王所獻之《禮記》，乃何時期之作品，亦不能定。至二戴編選、馬融補足等過程中，保有舊記若干，尤不能知；是否摻雜編補者自作之文，亦未可定。故《禮記》乃不能代表先秦儒學之書。此是一特色。

其次，《禮記》傳世如此之晚，內容如此雜亂，本不應為世所重。但隋唐以下，皆視為孔門弟子所記之文。甚至對偽託之各篇作者——如周公作〈月令〉，曾子作〈大學〉，子思作〈中庸〉，公孫尼子作〈緇衣〉等等，皆以為確然。於是不僅孔穎達尊此書為經，且宋代諸大儒亦竟取記中〈大學〉及〈中庸〉二篇，作為研究孔孟學說之根據。至朱熹遂有「四書」之名，而二篇之時代問題，幾置之不問。迨及近代，學者猶有以〈大學〉、〈中庸〉二書作為先秦儒學之重要典籍者。於是本屬戰國秦漢階段之雜著，竟久被尊為儒學要典。此又是一特色。

本書不在論析先秦儒學時涉及《禮記》，即因《禮記》僅能視為漢儒編纂之書，應在論漢代哲學時涉及之。以上為對《禮記》一書之說明。

《禮記》內容甚雜；其中富有思想價值者，自以〈大學〉、〈中庸〉為主；其次則〈學記〉、〈樂記〉諸篇，亦應注意。此外則其中討論生活中之儀文之理論根據者，亦可視為漢儒思想之一部。此中〈學記〉可與〈大學〉參看，〈樂記〉、〈中庸〉則有獨立論題。討論儀文之作，又以涉及祭祀及喪禮者為重要。以下各節分論之。

二、〈大學〉與〈學記〉

〈學記〉應與〈大學〉合論，因二者均以「學」或「教育」為課題，且其觀念之同異，頗有應加注意之處。茲先就「學」觀念本身之發展，作一陳述，然後再分觀二篇之內容。

(一)「學」之意義之演變

孔子論「學」，自以德性意義為主；稱顏回之「好學」是取此一意義；言「為己」之學亦是此一意義。但如就「學」一詞之用法講，則孔子言論中之「學」字，常取廣泛意義，指求進步而已，蓋孔子心目中雖重「成德之學」，尚未將「學」之詞義予以劃定也。孟子是「性善」及「四端」之說，力倡成德之學；而謂：

學問之道無他，求其放心而已矣。⑬

「求其放心」，與知識非一事；且據四端及擴充之義言之，則此種努力基本上乃就其本有之自覺能力發揮擴張，並不涉及外在之標準，亦不依賴外在之力量，故孟子又謂：

人之所不學而能者，其良能也；所不慮而知者，其良知也。⑭

此皆就內在本有之自覺能力說。而既以「不學而能」者為「成德」之根本動力，則孟子之輕視外在意義之「學」，

⑬《孟子・告子上》

⑭《孟子・盡心上》

亦可知矣。

但「學」一詞之詞義，仍未在孟子學說中有所決定。蓋孔孟學說中之主要論點，均不在「學」字上。特別重視「學」觀念者實為後起之荀子。

荀子有〈勸學〉之篇，暢言「學」之重要；而荀子所謂「學」者，乃與其「師法」之觀念相配。故荀子言「學」，其目的雖亦在於「為聖人」，似與孔孟成德之學無殊，然所謂「學」之內容，則依外在標準而立，是外在改造之義，非內在擴充之義也。

關於荀子師法教化之論，本書第一卷中已詳說，此處不贅。學者所須留意者，只是：真正以「學」為一主要觀念，始自荀子，且荀子用「學」字，皆取外在改造之義，與孟子之特重內在自覺能力有異。

故先秦儒家之「學」觀念，原有二種；孟子重內在自覺之擴充，荀子重外在師法之範鑄，正與兩種價值觀念或兩種心性論相應。今欲評定《禮記》中之「學」觀念，即須就此種背景觀之，始能見其特性。

如以先秦之二種「學」觀念為模型以評定〈學記〉及〈大學〉之理論立場，則吾人可說：〈學記〉與〈大學〉均是以揉合先秦二說為宗旨者；但若細分之，則〈學記〉為初步揉合，〈大學〉則為進一步之工作；蓋〈學記〉基本上取荀子立場，〈大學〉則分取孟荀兩家之說；其揉合較為成功也。

下節分論〈學記〉及〈大學〉，學者根據原文觀其宗旨後，自可知「學」觀念演變至此時具何內容，而「大學」之時代問題亦可由之而得一解答矣。

(二)〈學記〉之要旨

〈學記〉之文頗為散漫，並無體系性理論；然觀其大意，亦可知此中之「學」觀念之內容。

〈學記〉論「學」，基本上取荀子立場，如曰：

> 玉不琢，不成器；人不學，不知理。

此即明白強調「外在改造」之義，與「木受繩則直」之說全同。

其論「大學」則謂：

> 古之教者，家有塾，黨有庠，術有序，國有學。比年入學，中年考校；一年視離經辨志，三年視敬業樂群，五年視博習親師，七年視論學取友，謂之小成；九年知類通達，強立而不反，謂之大成。夫然後足以化民易俗，近者說服而遠者懷之。此大學之道也。⑮

此種涉及學制之敘述，自未必全與史實相合；但其所舉之各項為學要點，則足以表明述者所持之觀念。所謂「中年考校」，即每隔一年作一考試，故一、三、五、七、九各年共有五次考試，而每次所考校之項目，即表示施教之要點所在，合而觀之，亦可見全部教育計畫之內容，及其各階段之進程。

「離經辨志」乃確立志向之事；「敬業樂群」乃養成興趣之事；「博習親師」與「論學取友」則是指知識之學習研討以及結交師友之事；至此即可謂「小成」，蓋已具備知識分子之基本條件矣。然後再求「知類通達，強立而不反」，則指獨立及成熟之階段，故謂之「大成」。

然則此五階段之總和畢竟能造成何種教育結果？顯然其結果不外治學興趣之養成，師友關係之建立，知識之獲得而已。此中全無涉及「德性」觀念，不唯與孟子所講之「成德之學」大異，且亦與〈大學〉一篇之內容不同。蓋此種「學」大體上皆屬荀子所講之「學」也。

又〈學記〉中涉及人之材質問題時，則認為，人之材質不同，各有長短；故曰：

> 學者有四失，教者必知之。人之學也，或失則多，或失則寡，或失則易，或失則止。此四者，心之莫同

---

⑮《禮記・學記》

也；知其心，然後能救其失也。教也者，長善而救其失也。

此所謂「失」，粗略觀之，或誤以為學者在某階段中已得之知識而言，實則皆指心思傾向說。觀「心之莫同」及「知其心」二語可知。蓋此節主旨在說人之心態各有不同，在為學上所表現之心意要求不同；而此各種要求，皆有其「失」，端賴教者「救」之。但另一面，亦各有其「善」，教者又當助其「善」之發展。此所謂「長善而救其失」也。

然則此「善」是本有者抑或是學習而得者？觀「心之莫同」一語，則各種差異既源於「心」，先於「學」與「教」而有，「善」與「失」皆應就「學」以前之「材質」或「心態」言。依此，〈學記〉中對人之「性」與「才」雖無確切主張，其所預認者則是：人在為學之前，即有正反各種傾向，存於「心」中；心既彼此不同，其進學之途徑亦不同。此既非荀卿性惡之論，亦非孟子性善之說；而所謂「心」，意義含混，皆表示〈學記〉作者之態度，在依違兩可之間，於孟荀之說，皆以模糊態度截取之而已。

最後，〈學記〉中又提出一「本」字，而謂：

大德不官，大道不器，大信不約，大時不齊。察於此四者，可以有志於本矣。

此處前四句，皆是說本源與枝節之別，重本者不拘於枝節之事。所謂「大」即指高一層次之本源講。「德」雖常表現為功能（「官」），但在本源上，「德」不受「功能」之限制。「道」雖常表現於器用，然在本源上，「道」亦不必為「器」。「信」在表現上為有所拘守（約），但「信」在本源上亦不必是「拘守」。唯「大時不齊」一語，稍有訓法問題。

蓋此處「時」字，舊注以為指「天時」，顯不可用，蓋在語脈意義(Contextual meaning)上不合。故「時」字之訓，即成問題。今案《禮記．祭統篇》中，有以「時」與「齊」並舉之文。其言曰：

及時將祭，君子乃齊；齊之為言，齊也。齊不齊以致齊者也。

此則以「時」指「時祭」，「齊」則指「齋」。其下則以「齊」釋「齋」。如用此義，則所謂「大時不齊」者，可視為指「時祭」與「齋」而言。通常有時祭則「齋」；但「齋」畢竟是一枝節或表現；「祭」並不拘於有「齋」。亦與「大信不約」相類。

另一可能之訓解，則可依「時」字之另一用法而提出。案戰國至秦漢間，「時」字常有用以指一德性者，即「時中」之意。如孟子謂「孔子，聖之時者也」，與「聖之任者也」、「聖之清者也」、「聖之和者也」並列：「任」、「清」、「和」等既皆指德性而言，「時」自亦指「德性」而言。而秦漢之際至漢初時成書之《易傳》中，更常有「……之時義大矣哉」之文。其所謂「時」皆須「依時得正」而言。取「時」字此一意義，則「大時不齊」，即謂「得正」之德，在枝節表現上雖常應有「齊一」之義；但「時」之德在本源上不必受「齊一」性之拘束。此說亦可用。惟以「時」為德性之文，未見有涉及「齊」字者，是此一訓解之缺點耳。

不論如何訓「時」字及「齊」字，此文本旨在說明本源與枝節之別，又強調本源不受枝節表現之拘束，則無可疑。此即〈學記〉思想中另一觀念。而此觀念顯然遠離荀子立場；蓋一分本末，則不能不反溯至「心性」或「天道」一類觀念，即非荀子之說所能安頓者矣。

總之，〈學記〉思想有三要點：

第一、〈學記〉重外在改造之「學」，無強調「成德」工夫之說。此見〈學記〉思想大致接近荀子。

第二、〈學記〉認為人之「心」皆有特殊傾向，教與學須針對心態而進行；此乃徘徊於孟荀之間之觀念。

第三、〈學記〉中稍辨「本末」之義，此則近於孟而遠於荀。

最後一點，大可注意。蓋〈大學〉一篇中之思想，主旨即在於論「本末」；此可視作〈學記〉思想之發展或變化。蓋〈大學〉詳論「本末」而以心意為主時，愈接近孟子，而去荀日遠，乃此種揉合孟荀之說較成熟之型態也。

(三)〈大學〉之理論

〈大學〉一篇，自宋程朱特別推重，選入「四書」之列後，遂成為宋明儒最重視之典籍之一。諸儒立說，每作依附。其實，宋明儒者所談論之〈大學〉，皆遠離原文之旨趣。〈大學〉原文，作為《禮記》之一篇，其完成當在戰國至秦漢一階段中，所依據之思想，亦斷非日後宋明儒學之思想也。學者於此等問題，應以嚴加辨別為先，然後施以客觀解析，即不致有混同之弊。

《禮記》中之〈大學〉，自指貴族之學而言，觀全文主旨歸於「治國」及「平天下」可知；故日後朱子解為「大人之學」，亦無大誤。但此篇所包含之理論及所代表之思想立場，則與宋明諸儒所說頗為不同。茲逐步作一析論。

第一、〈大學〉之主旨，在於建立一明確理論，說明「政治生活受德性決定」之主張。此一主張之得失如何，當俟後文評論。此處所須先指出者，是此一主張乃揉合孟荀之說而成，而又有強調心性之傾向。

孟子曾謂：

> 天下之本在國，國之本在家，家之本在身。[16]

此即謂政治之成功須以領導者之德性完成為基礎也。荀子亦謂：

> 聞修身，未嘗聞為國也。君者，儀也；儀正而景正。君者，槃也；槃圓而水圓。君者，盂也；盂方而水方。[17]

---

[16]《孟子・離婁上》

此亦是說，人君或領導者自身之行為即為決定政治秩序成敗之條件。此二說表面視之，似無大異。然若自孟荀二人之全面理論著眼，則其間仍有一分別。蓋孟子謂「身」為天下，國，家之「本」時，乃就德性著眼；其意即與「先王有不忍人之心，斯有不忍人之政矣」⑱一說相連。其根據於肯定一價值自覺。換言之，人人皆有某種價值自覺。此種自覺一經發揮，即能建立一切外在秩序。領導者所以能建立秩序或制度，即由於能擴充此價值自覺。此是孟子思想之主要立場。再進一步說，孟子言「身」為天下及國家之「本」時，其所肯定者乃領導者之「價值自覺」與其在政治生活中之「行為」間之關係；意即由「仁心」（即「不忍人之心」）生「仁政」（「不忍人之政」），而不在於領導者與其他個人間之關係。荀子之意則不然。荀子論「君」，原重在一權威標準之建立，故說「身」之重要時，則強調在下之群眾必模效領導者。其所肯定者乃「領導者之行為」與「被治者之行為」間之關係。

但此種分別不甚顯著。〈大學〉作者取兩說而揉合之，於是提出「本末」及「先後」之論，又特別強調有關德性之「心、意」等等問題，於是〈大學〉之思想遂表現為一專講「德性決定政治」之理論。舊說以為〈大學〉乃荀子一派之理論，雖非盡妄，然若就理論之成分言，則〈大學〉之強調心性問題，遠勝於〈學記〉；其取於孟子者甚多，實可視為後儒取孟說以改荀說時所造成之新說也。

第二、觀〈大學〉本文，其主旨甚明。〈大學〉曰：

> 大學之道，在明明德，在親民，在止於至善。知止而后有定，定而后能靜，靜而后能安，安而后能慮，慮而后能得。物有本末，事有終始；知所先後，則近道矣。

---

⑰《荀子・君道》

⑱《孟子・公孫丑上》

此中「本末」，「終始」，「先後」即全文之主旨所在。其下反覆列舉「物格，知致，意誠，心正，身修，家齊，國治，天下平」之語，人所熟知，茲不贅引；然既列舉八項說明「先後」，其下遂言：

自天子至於庶人，壹是皆以修身為本。其本亂而末治者，否矣。其所厚者薄，而其所薄者厚，未之有也。此謂知本，此謂知之至也。

以「厚薄」二字說「分」之差異，不見於《論》、《孟》之文；蓋是後人之說法，然其本意則承孟子而來；此即明說「本末」之辨之重要性。且將儒學中一有關德性實踐之重要觀念引入；此即「由近及遠之實踐程序」，亦即後世所言之「理分」。蓋所謂「厚薄」即指「分」之差異說。認為在近處不能盡分，則在遠處亦不能盡分，故說「其所厚者薄，而其所薄者厚，未之有也」。

朱熹所謂「三綱領」、「八條目」，自非〈大學〉本意有不符處。然〈大學〉所舉八項，確代表八個步驟；唯「三綱領」乃後人杜撰耳。何以謂之「杜撰」？蓋〈大學〉所謂「明明德」及「親民」，即指「平天下」而言，故說「古之欲明明德於天下者，必先治其國」；依此語脈與下文對照，可知「明明德於天下」即「平天下」，並非在此一「條目」之外作為「綱領」。至於「止於至善」，則不過標指一「目的」觀念，與「明明德」及「親民」之語義，亦不是並列者。實無所謂「三綱領」也。

然則〈大學〉思想之綱領何在？吾人據原文可說：全文之綱領即在於「知所先後」一語。「本末」與「終始」分就「物」及「事」而言，皆表「先後」；而「先後」之意義又依於「理分」觀念而言，故釋之以「厚薄」也。

明儒王艮，釋〈大學〉「格物」之義，謂「天下，國，家……」等為「物」；而「平，治，齊……」等為「事」；而特別強調「修身」為中心關鍵。大意與〈大學〉近。然學者不可不察者，是王艮之說乃心性論高度發展後之產物，其旨趣或注意力基本上落在德性上。〈大學〉則原以政治旨趣為主，不過建立一「德性決定政治」之主張。此中又有幾微之別⑲。

今以嚴格理論眼光觀察〈大學〉本文，則吾人應指出〈大學〉所列八項，自修身以前，皆屬德性範圍；齊家以後，則表示德性自我之展開過程。故「八條目」實應分為兩部討論。以下先論「德性」部分，再論其「展開過程」。

第三、〈大學〉論「德性」，提出「修身、正心、誠意、致知、格物」五項。但此五項皆是「成德進程」中之工夫；在此類過程之先，必須有關於「德性」自身之概念，故〈大學〉於此提出一「止」字。「止」本身指「目的」或「歸宿」；而其內涵，則〈大學〉即以「理分」釋之，故曰：

《詩》曰：「穆穆文王，於緝熙敬止。」為人君，止於仁；為人臣，止於敬；為人子，止於孝；為人父，止於慈；與國人交，止於信。⑳

此即〈大學〉中之「理分」觀念，亦即其對「德性」自身之解說。在每一種人事中，皆有應完成之「目的」或「理分」，即以「止」字標指之。此處前文另引《詩經》及孔子語，皆表示「歸宿」問題之重要，不待多論。但「於緝熙敬止」一語，引於此處，分明將原詩中之「止」字視作與〈大學〉所論之「止」相同者。此顯與《詩經》原句之意不符。原句之「止」字，當是一虛字，不似有「歸宿」之意。此種用法，亦是戰國末期至漢初之著作常見者，亦可作為〈大學〉時代問題之旁證也。

〈大學〉改以「止」字表德性之本義，於是論五項成德工夫之說，即可視為在不同層次上所提示之要點。

⑲ 參閱《明儒學案・泰州學案》
⑳ 《禮記・大學》

論「修身」云：

所謂齊其家在修其身者：人之其所親愛而辟焉，之其所賤惡而辟焉，之其所畏敬而辟焉，之其所哀矜而辟焉，之其所敖惰而辟焉。故好而知其惡，惡而知其美者，天下鮮矣。[21]

案此節雖是將「齊家」與「修身」連講，但所謂「修身」之主旨亦已表明；即「不以私情破壞客觀是非標準」而已。人在家族中最易受私意之影響，故此種工夫對於「齊家」之重要性最為明顯。但「好而知其惡，惡而知其美」則是一有獨立性之工夫，固不僅對「齊家」成立也。

「修身」之要點在於不受私意之影響，「正心」則以不受情緒之影響為主。故〈大學〉論「正心」云：

所謂修身在正其心者，身有所忿懥，則不得其正；有所恐懼，則不得其正；有所好樂，則不得其正；有所憂患，則不得其正。

此則就妨害「得正」之條件言；而所舉種種，皆指情緒說。蓋〈大學〉論旨，以為「心念」能循理即為「正」，受情緒影響即不能循理，故即「不得其正」。此中「正」字並未另作解釋，則因〈大學〉並無深究心性或價值根源問題之理論，只有實踐過程之說法。又此處仍以「修身」與「正心」連說。

其論「誠意」，則謂：

所謂誠其意者，毋自欺也。如惡惡臭，如好好色，此之謂自謙（慊）。故君子必慎其獨也。小人閒居為不善，無所不至；見君子而後厭然，揜其不善，而著其善。人之視己，如見其肺肝然，則何益矣？此謂誠於中，形於外，故君子必慎其獨也。[22]

---

[21]《禮記．大學》

[22] 同上

此節最可注意者，是文中專論「誠意」，並未與「正心」連說；文例與「所謂……在……者」之說法不同，蓋原作者在前文雖似以八項並列，然「正心」、「誠意」，及「致知」、「格物」實乃互相影響之工夫，故不依層層連說之例，而於「誠意」處即專就此一工夫解釋，而對「格物」、「致知」則根本無此種解說語。觀此可知朱子補傳之誤矣㉓。

其次，此節論「誠意」，雖仍只是說工夫，而所涉問題則較深一層，因所謂「誠意」乃指「意志之純化」而言，故即以「毋自欺」一語解之。而描述意志之功能，即以生理上之迎拒為喻。而意志之所以必須「純化」，則因不「純化」時即使自我內部斷裂衝突。所舉「小人」一段，即指此病而言。德性之實踐不在於造成他人之印象或求外在之表現，故強調「慎獨」。意志如純化，則只有一方向；反之，則意志內部裂為二方向，即俗語所謂「作偽」。「毋自欺」即指不作偽言。如此，所謂「誠意」之工夫，主旨在於意志之純化或統一，此已涉及德性自覺之培養關鍵，較「正心」「修身」之工夫深祕多多矣。

「致知」之要點，則在於「知本」，亦即「知」一切理分之存在及次序，亦即「知所先後」；「格物」實與「致知」不可分。不過「格物」所強調者在於對遠近事物之分別，「致知」所強調者在於對先後工夫之分別；故「物有本末，事有終始，知所先後，則近道矣」乃「致知」及「格物」之本旨。然〈大學〉本文中固未細說。日後宋明諸儒解此二義時之種種爭執，又皆是借題發揮。所說者固非〈大學〉之義，而乃各自所立之學說矣。

〈大學〉論「德性」之說如此。對心性根源皆視為已知已定，故所說者只是工夫。

至於論「展開過程」，則其旨益簡，於下節論之。

第四、〈大學〉論德性之展開時，提出「齊家」、「治國」、「平天下」三階段，自仍是由近及遠之意。但此處

㉓ 參閱《大學章句》

有須辨明者，即〈大學〉中所論及之德性之展開，並非真對「客觀化」問題有明晰觀念；反之，當〈大學〉言「修身」為「齊」、「治」、「平」之本時，只是立標準之意。換言之，其論德性與家、國及天下之關係時，只將個人對家、國及天下之影響視為道德生活之延長，並未形成一「政治秩序」之獨立觀念。此觀點原文則甚明顯。

〈大學〉論家與國之關係時，謂：

> 所謂治國必先齊其家者，其家不可教而能教人者無之；故君子不出家而成教於國。孝者，所以事君也；弟者，所以事長也；慈者，所以使眾也。……一家仁，一國興仁；一家讓，一國興讓；一人貪戾，一國作亂。其機如此。此謂一言僨事，一人定國。堯舜率天下以仁，而民從之。桀紂率天下以暴，而民從之。其所令反其所好，而民不從。是故君子有諸己而後求諸人，無諸己而後非諸人。所藏乎身不恕，而能喻諸人者，未之有也。[24]

以上一大段文字，顯然將「治國」問題完全視為德性問題、施教問題，而其中心觀念則是：個人及家族之德性若足以為表率，則國人自將聞風而從之，如此即可達成「治國」之目的。至於獨立意義之「政治秩序觀念」，以及一切政治生活本身之問題，則悉不能涉及。蓋〈大學〉中並無真政治理論，但有一將政治生活視為道德生活之附屬品之理論假定而已。

其下論「平天下」時，所提出之論點，如「絜矩之道」，「得眾則得國，失眾則失國」，以及「君子先慎乎德……」一段，皆不外強調「德性為政治秩序之本」。〈大學〉此段文字雜冗，與以上各段有異；未必如朱熹所說，全為釋「平天下」之說；但〈大學〉中論「平天下」之說法，不能多於此段，則無問題。依此，吾人可斷言，全部〈大學〉中所涉及之政治思想，皆不外視政治秩序為個人道德之延長。自另一面言之，所謂治國平天下之

[24] 參閱《大學章句》

問題，則僅看作德性之展開過程而已。由於〈大學〉論政治生活及政治秩序時只視為德性之直接展開，故〈大學〉確未能肯定政治生活之獨立境域；因之，政治生活與個人生活，共同事務與個人事務間之區劃，以及由此必須涉及之「權力問題」，亦皆未在〈大學〉中出現。日後儒者論政治秩序，只知說「理想人格」（即「聖君賢相」之類），而不知注目於「理想制度」，亦即承受此種思想方向也。

觀以上所論，可知〈大學〉基本上仍是一講論德性生活之作品。其中涉及德性之展開，故有治平諸觀念；而治平等等與其前種種工夫，實合成一「由近及遠」或「由本至末」之系列；故雖涉及政治生活，但並未探究政治生活之特性，而只視為此大系列中之一環。依此，學者當知，〈大學〉一方面僅是一討論德性之作，而並非嚴格政治理論；另一面則所論之德性問題又只限於實踐程序，故主旨在論本末先後諸點。至於德性根源問題，則亦未加析論。蓋此書雖論德性，又非一心性論之基本著作，而乃發揮或承繼已有之心性論者。觀此書兼承孟荀之論，而不加檢別，無所評論，可知此書之作，必在此二說皆大盛之後。以荀卿立說之時代考之，又可知此書之時代不能出於秦初至漢初一段時間矣。

以上已論〈大學〉主旨，以下再論〈中庸〉。

三、〈中庸〉之時代及其理論

〈中庸〉作為《禮記》之一篇，其時代及作者亦均不可確定。但非子思所作，則可斷言。以下先論〈中庸〉之時代問題，再論其內容之要旨。

(一)〈中庸〉之時代

〈中庸〉列為「四書」雖由宋人，然此書之真偽問題，宋人如歐陽修、呂東萊等人皆已論及。顧歐陽修僅注意思想內容，以為〈中庸〉多虛言高論，與孔子不合。此雖非全無意義，然畢竟難作考證之據。呂東萊則駁子思作〈中庸〉之說，謂《孔叢子》所載「子思年十六」而作〈中庸〉四十九篇，乃不合事理者。但此僅能證《孔叢子》之偽，未能有補於〈中庸〉時代之考定也。清人崔東壁之徒，對〈中庸〉亦有所論辯，然大旨不過斷〈中庸〉非子思所作而已。究竟此書之時代如何，亦無確見。茲分三點對此問題作一處理。

1. 就文體而論之

〈中庸〉文體，頗為混亂。自文首「天命之謂性」至「萬物育焉」一段，及文末自「王天下有三重焉」至連引《詩經》結束全文一段，皆是論說體；其中論「誠」與「明」一段亦是論說體。此外則皆雜引孔子之語，冠以「子曰」或「仲尼曰」，應屬記言之體。就記言部分觀之，與今本《禮記》中〈坊記〉、〈表記〉、〈緇衣〉等篇相類。而〈中庸〉原列於〈坊記〉之後，〈表記〉之前，蓋其來源皆相近也。此種文體大抵是編《禮記》時所采之材料之一類。所記孔子之言，亦出傳聞，皆漢代儒生所為也。至其中論說部分，則文句組織甚為嚴整，而其用語亦多與漢初習慣相符（見下節），殊無早出之跡象。

2. 就文中詞語論之

〈中庸〉全文雖雜，但其用字造語，無一處可證其早於戰國末期者；另一面可證其為晚出者則甚多。茲列舉如下：

朱訂第二十八章曰：

> 子曰，愚而好自用，賤而好自專。生乎今之世，反古之道。如此者，裁及其身者也。㉕

此乃力反「復古」之言。孔子及其門人，包括後代之孟子在內，皆喜言尊古；與此段主張相反。此已足見此文

㉕《中庸章句》

[illegible]之世」，顯指一大變革之局面而言，案若在春秋戰國階段，則儒者例皆主張法古，無謂「今[illegible]不能「反古之道」者；而此文所以如此說法，蓋所指之「今之世」乃大變革以後之時代也。觀下文則此所謂「今之世」何指，乃益明顯。

同章又曰：

今天下車同軌，書同文，行同倫。㉖

此顯指秦統一天下之時期而言，蓋統一度量衡、統一文字之事，僅在秦統一天下時有之，而此文謂「今天下車同軌……」云云，可知所謂「今之世」即指秦統一天下之時。則此文成於秦始皇時可以斷定矣。

朱訂第一章曰：

天命之謂性，率性之謂道，修道之謂教。㉗

此三語日後大受宋儒尊重，幾視為儒學之要訣所在。然今考漢人議論，則知此種說法乃漢初之流行思想。

《淮南子・齊俗訓》曰：

率性而行謂之道，得其天性謂之德。

此明言「率性之謂道」矣。又〈繆稱訓〉曰：

性者，所受於天也。㉘

此與「天命之謂性」涵義全同。

㉖《中庸章句》

㉗同上

㉘《淮南子・繆稱訓》

至於「修道之謂教」，不過謂人必須努力明道，原與勸學之旨相近，但以「修」字代「學」耳。此在《淮南子》中亦有類似之說。如〈脩務訓〉曰：

知者之所短，不如愚者之所脩。[29]

此即以「脩」釋「學」也。案自授之者言，則謂之「教」，自受之者言，則謂之「學」。「教」與「學」之義相依而立。以「脩」釋「教」，亦即以「脩」釋「學」也。故〈中庸〉此語，正與《淮南》之說合。蓋此類說法，皆漢初流行者，非先秦詞語也。

朱訂第二十章曰：

在下位，不獲乎上，民不可得而治矣。獲乎上有道，不信乎朋友，不獲乎上矣。信乎朋友有道，不順乎親，不信乎朋友矣。順乎親有道，反諸身不誠，不順乎親矣。誠身有道，不明乎善，不誠乎身矣。[30]

而《淮南子》論「主術」則曰：

士處卑隱，欲上達，必先反諸己。上達有道，名譽不起而不能上達矣。取譽有道，不信於友，不能得譽。信於友有道，事親不說，不信於友。說親有道，脩身不誠，不能事親矣。誠身有道，心不專一，不能專誠。[31]

以此二段相對照，不唯大意相似；且均用「……有道，不……不……」之語法。其為同一時代之作品，甚為明顯。案《孟子》書中亦有類似之語，但與上引二文均有小異。則二文或皆取於《孟子》也。

---

[29]《淮南子・脩務訓》

[30]《中庸章句》

[31]《淮南子・主術訓》

以上舉其最為顯著之例，以表明〈中庸〉之詞語，實屬於漢初之時代。此外尚有可作旁證之資料，姑不備舉。就以上所舉而論，吾人已可知〈中庸〉用語與《淮南王書》之近似。案《淮南王書》，向稱雜家，其中儒道墨法之言並陳。然固以道家之言為主。而儒道之爭，在先秦末期（如荀子著書之時），尚無緩和之象。儒道之說相混相容，亦在漢初。今〈中庸〉持說乃多與《淮南》相近，則其思想亦當屬於此一儒道混合之階段。論及此，乃可入於下節。

3. 就思想特色論之

〈中庸〉思想之特色，見於其論議部分。各論點之意義，留俟下文論〈中庸〉思想時再作展示。此處但論時代問題。就此範圍言之，可注意者有以下各點：

(1)心性論與形上學之混合

朱訂第一章曰：

> 喜怒哀樂之未發，謂之中；發而皆中節，謂之和。中也者，天下之大本也。和也者，天下之達道也。致中和，天地位焉，萬物育焉。[32]

此中前各語皆論心性問題，而最後落到「天地位焉，萬物育焉」，顯屬形上學立場。

又其上文曰：

> 道也者，不可須臾離也。[33]

此所謂「道」，顯然雜有「存在規律」及「德性規範」二義；蓋如只取後一義，則人常失道，不可說「不可須臾

---

[32] 《中庸章句》

[33] 同上

離」矣。此亦見此處所說之「道」字兼有心性論及形上學之成分。形上學在先秦哲學中，主要見於道家學說。

〈中庸〉將心性與形上問題混而言之，正可見其時代非儒道嚴格對峙之時代，而為兩家學說混合之時代，此即漢初是也。

⑵神祕主義之傾向

漢代之神祕主義思想，承自戰國陰陽家及燕齊方士傳統。孔孟之學，固不見此種色彩；即荀卿背孟子之道而立新說，於此類問題，態度仍與孔孟一致。而〈中庸〉則明言「前知」乃「至誠之道」。

朱訂第二十四章曰：

至誠之道，可以前知。國家將興，必有禎祥，國家將亡，必有妖孽。見乎蓍龜，動乎四體。禍福將至，善，必先知之；不善，必先知之。故至誠如神。㉞

此種論調，全與漢人符瑞讖緯之說一致，而與孔孟之義大悖。

案信前知，重符兆，乃古代原始思想之特色。孔子立說，首重人之地位、人之自覺，故將此類思想極力掃除，孟子立心性論之系統，則更進一步。荀子強調師法教化，亦不取此類原始信仰。漢承秦火之後，陰陽家言侵入儒學，而造成儒學之變質，然後此類原始信仰乃復活於兩漢。此乃史實，非一家之臆斷也。今〈中庸〉居然持此種論調，又自以為述孔子學，則其時代之在漢初，益可斷言矣。

總之，就文體、用語、思想三方面觀之，〈中庸〉之內容雖頗雜亂，其大致成書時代，必在由秦至漢初一段時期。其中容或有據先秦傳說之記述，皆不足以證此書之早出。學者倘未忘此書原為《禮記》之一篇，則此一結論亦屬自然矣。

㉞《中庸章句》

〈中庸〉之成書時代雖在漢初，〈中庸〉之理論仍較其他漢儒怪說遠為精嚴。本節專就理論意義著眼，一觀〈中庸〉之內容。

㈡〈中庸〉之思想

1.「道」與「中和」

〈中庸〉篇首先提出「天命之謂性，率性之謂道，修道之謂教」三語，作為基本概念；其中「天命之謂性」一語，表示心性論及形上學兩種立場之混合，下節論「盡性」之說時，當再析論；此處先觀此一「道」觀念。〈中庸〉謂「率性之謂道」，此說不見於先秦著作，而見於漢初之《淮南王書》。無論其先後承襲關係如何，所可知者是：以「率性」界定「道」之意義，乃秦漢間儒生之說，其用意在於解釋價值標準及規律。故此語如何解釋，乃論述此一思想之要點。

「率性」一詞，原可有兩種解釋。第一是以「順」釋之，「率性」即「順性」，《淮南王書・齊俗訓》中實取此義。第二是以「率」為「率勉」之義，如後漢王充《論衡》書中〈率性篇〉所取之義，依此，則「率性」指「率勉」而為善。此二說背後之理論假定相反，蓋如以「順性」為價值，則其基本立場乃承認價值標準之內在性，而如以「率勉」釋「率性」之義，則此是指外在改造而言，即承認價值標準之外在性矣。王充言「率性」專就「性惡」者說，故言「率勉」即實與荀卿之「性」觀念屬於同路。而言「順性」則亦在某一程度上接近孟子之「性」觀念也。知此，則〈中庸〉之「率性」應如何解釋，須先決定。

就〈中庸〉本文觀之，其後論「誠」時即明說「盡性」之義，「盡性」與「率性」須取一致之解釋，則〈中庸〉之「率性」，固不應為「率勉」之義矣。且「率性」一語，既首見於漢初之書，而〈中庸〉、《淮南》皆屬此一時期，則〈中庸〉所用之「率性」，應與《淮南》所用意義相近，而不能與王充後起之說相類。故「率性之謂道」一語，乃指「順性」為「價值標準」，應無可疑。此義即直通後文「盡性」之說。

〈中庸〉之「道」觀念既是如此，則此「道」與「中庸」有何理論關係，原是首須注意者，然〈中庸〉全文並無詳釋「中庸」之義之說，反之，論「中」時乃配「和」而言。此即「中和」之論。

〈中庸〉朱訂第一章曰：

> 喜怒哀樂之未發，謂之中；發而皆中節，謂之和。中也者，天下之大本也；和也者，天下之達道也。致中和，天地位焉，萬物育焉。㉟

此節顯以「中」與「和」為一對基本觀念，且為涉及價值問題之根本者。其說有數點應加注意。

第一、「中」與「和」，皆通過「喜怒哀樂」之「發」與「未發」講，顯然此是就心性一面說。故此二觀念原作為心性觀念。

第二、其結論則歸於「天地」及「萬物」，乃就存在一面說。故此二觀念之效用乃有形上規律意味。

第三、「大本」及「達道」二詞，明涵動靜之分，亦即涵有後世所謂「體用」之別。

然則此節之理論意義何在乎？合全文觀之，吾人可說，首先，由此一對觀念，即可見〈中庸〉作者之基本理論立場。說明此義，仍須自「中和」二字著手。

首先，〈中庸〉文既以「喜怒哀樂」之「未發」及「發」釋「中」與「和」，則此所謂「中」及「和」，必皆就一能有「喜怒哀樂」而又能超越「喜怒哀樂」者而言，蓋如不能有「喜怒哀樂」，則無從說「發」，又如不能超越「喜怒哀樂」，則即永在「喜怒哀樂」之波浪中，便無從說「未發」。「喜怒哀樂」自表情緒活動，於是，約說之，則此二語即肯定一能作情緒活動，而又能超越情緒之「心」或「自我」。此處即見〈中庸〉理論，係先將

㉟ 《中庸章句》

「自我」（或「心」）與情緒活動分開，蓋自我既可以不作情緒活動，則自我與情緒活動即非一事矣。

此點之理論意義亦不難明。人在常識層或自然狀態中，其行為意向似皆常受某一情緒決定，換言之，就此一層面觀之，則所謂「自我」，實似承不能脫出情緒之牢籠者。然若學者僅注目於此一層面，則一切價值問題皆無從說起；蓋一切情緒狀態皆只能作為一組事實看，而情緒之引生行為活動，亦仍是一組事實，此類事實大抵可稱為「心理性」、「生理性」、「社會性」之事實，雖與「物理性」之事實有別，但仍只是事實。於是此種層面上實無所謂「應然」之問題，而價值判斷在此即不能建立。故欲建立任何價值理論，首先必須建立一能超越此層面之自我觀念。此種建立過程之具體理論結構雖又有種種不同之可能，然此一建立本身則為一切價值理論所必需。就〈中庸〉而論，〈中庸〉未特別證立此一自我，但論「中」與「和」時，即顯露對此自我之承認。此表示〈中庸〉目的之一在於建立一價值理論㊱。

其次，對「自我」或「心」與情緒活動之分劃既已確定，〈中庸〉又提出一理序觀念，此即表現於「發而皆中節」一語中。

情緒之發，非必然「中節」，故「中節」一詞乃揭示一規範觀念。換言之，情緒或「中節」或「不中節」，「中節」則謂之得正，即有價值，反之，即無價值。於是情緒活動有善惡好壞可說。

然則「中節」一詞所揭示之規範性，根源何在？意義如何？此乃關鍵問題。〈中庸〉於此，顯持一形上學立場，認為有一普遍實在之理序，表現於萬象中，而「中節」即依循此理序或符合此理序之義。此即〈中庸〉所謂「道」。

但此處顯然有一問題，即：若「道」為實際決定萬象之規律，則萬象即應無違離此規律之可能，但如此說，

㊱〈中庸〉此處所以無特別論證提出，乃因〈中庸〉作者預認孟子之心性論證。觀下文可知

則情緒作為萬象之一，亦不能不「中節」。又若萬象可以合道或不合道，則此道只是規範而非規律，只表應然而不表必然。但如此說，則何以能謂「道」乃「不可須臾離」？論〈中庸〉理論者，於此處必須有一確切說明。

就上述「中和」之義觀之，吾人已可知〈中庸〉雖假定一「不可須臾離」之「道」，但至少仍承認情緒活動可以違道。故有「中節」與「不中節」之分。而觀下文謂：

> 致中和，天地位焉，萬物育焉。[37]

則顯然不獨情緒活動可以不「中節」，就天地萬物說，亦必須在「中和」能實現時，方納入正軌（即所謂「位」、「育」）。如此，則萬象皆可「得正」或「不得正」。而〈中庸〉此一立場即顯然為混合形上學、宇宙論及心性論者。案其所謂之「道」，雖可經心性一面說明，卻非一純心性論之觀念。此表示〈中庸〉雖承孟子之說，卻又雜含形上學及宇宙論成分，正與以後宋儒周張之說相似，皆不能純粹以主體性為歸宿者。

「道」與「中和」之說，只引出問題，表現立場，而非對價值問題之解答。〈中庸〉解答價值問題，則見於其「盡性」之說。

2.「盡性」與「誠」

〈中庸〉之「誠」字，在全文中有兩種不同用法，亦可說有兩個「詞義」(Meaning)。其一就個人之「不欺」說，即原文中「反諸身不誠」、「誠身有道」等語中之「誠」；此是日常語言之用法。其二則泛指「充足實現」(Full realization) 說。此為〈中庸〉之特殊語言之用法。而取此第二詞義時，「誠」即與「盡性」之說不可分割。換言之，前一用法之「誠」乃一倫理行為上之詞語，可看作一 "Ethical term"；後一用法之「誠」則是一描述實有之詞語，可看作一 "Metaphysical term"。但進一步說，在〈中庸〉之思想脈絡中，則此第二用法之詞義乃由第

[37]《中庸章句》

一用法之擴大或「一般化」而來，故兩種用法常聯屬出現。

朱訂第二十章云：

誠者，天之道也，誠之者，人之道也。誠者，不勉而中，不思而得，從容中道，聖人也；誠之者，擇善而固執之者也。㊳

此中「誠者」與「誠之者」乃分指「已實現之境界」與「求實現之努力」說。而前二句取普遍意義，乃形上學語句；後二句取個別意義，乃描述德性之語句。然在〈中庸〉作者看來，此中兩層固是連為一體者；蓋「天道」與「人道」即「聖人」與「擇善而固執之者」之抽象化，若逆言之，則聖人乃天道之具體表現，而擇善者又乃人道之具體表現。

依此，「誠」之形上詞義較為基本。此義若明，則「誠」之倫理詞義即可依之決定。以下即就此形上詞義略釋「誠」與「盡性」之關係。

朱訂第二十二章云：

唯天下至誠，為能盡其性。能盡其性，則能盡人之性，能盡人之性，則能盡物之性；能盡物之性，則可以贊天地之化育；可以贊天地之化育，則可以與天地參矣。㊴

此在表面上，似處處涉及倫理詞義，因其中之「能」字與「可以」，皆似是就一個別心靈講；但此處所標出之「誠」，就其與「盡性」之關係看，則實已涉及形上詞義。

朱訂第二十五章則云：

㊳《中庸章句》

㊴同上

誠者，自成也；而道，自道也。誠者，物之終始；不誠無物。㊵

此則顯取形上詞義，而其下「是故君子誠之為貴」又轉入倫理詞義，其所以如此相混相聯者，又因〈中庸〉作者本以為形上詞義乃倫理詞義之基礎；即將價值問題收歸於形上問題之下，此亦〈中庸〉之基本理論立場所在。

至此，言「誠」言「盡性」所涉及之理論內容，可說明如下：

(1)首先，以「盡其性」為「誠」，此即表示〈中庸〉之價值理論，乃以「本性之實現」為根本義。此種以「本性」釋「價值」之思想，在哲學史上原屬常見者；如希臘柏拉圖及亞里斯多德之說，皆屬於此一類型，顧立論語脈有異耳。

就問題本身而論，此一類型之理論所取立場亦不難明白。蓋人作價值判斷時，常就所涉對象有一「理想狀態」之假定；所謂「好」或「壞」，常是涉及此「理想狀態」而說，此一「理想狀態」即與所謂「本性」為一事。以日常語言為例；當人見某人作一詩，而覺其詩甚為惡劣時，乃說：「這簡直不是詩」；或當鄙視某人時，說「這個人簡直不是人」。此種說法，即透露吾人作價值判斷時之基本認定。此認定又可分析為數點：

第一點：第一物均有「成為此物」之條件。譬如說「不是詩」、「不是人」時，即顯然預認定「詩」或「人」皆有一定條件使之成為「詩」或「人」，此即可稱為「詩」或「人」之本性。

第二點：具體存在之物，未必能滿足此種條件。換言之，「人」雖有「人之本性」，但張三或李四等具體存在之人，可能不滿足「人之本性」之條件（此處「物」取廣義，包括「人」在內）。

第三點：當吾人發現某物並未能滿足本性條件時，吾人即對之作一「不好」之判斷。

第四點：凡當吾人說某物「不好」時，必同時認定此物既「應滿足某條件」而又「未能滿足某條件」。譬如，

㊵《中庸章句》

吾人以「不是人」一詞表價值之否定時，必只用於吾人已承認為「人」之對象上。若吾人指一狗而謂「這狗簡直不是人」，即成為無意義之說法。換言之，吾人必已承認「張三」為「人」，而又發現「張三」未能滿足「人之條件」，方說「張三簡直不是人」，以表一價值之否定。

第五點：如此，所謂「好」或「不好」，皆應指「本性充足實現」或「未充足實現」而言。每一存在皆有「應實現之本性」，而又皆未必已能「充足實現其本性」；於是價值問題方能出現。

此即一切以「本性」之「實現」釋「價值」之理論之基本內容。此類理論雖有種種繁簡深淺之異，然實是最常見之價值理論。〈中庸〉論「誠」與「盡性」，實即此類理論之一也。

以上就問題本身作一般闡釋。茲再回至〈中庸〉本文。

〈中庸〉以「盡性」解釋「誠」，此中「盡性」一詞，指「本性之充足實現」，顯而易見。但「誠」一字之意義，在作為形上詞義之範圍中，又有兩種微細差別。此應說明。

(2)「誠」有境界義及動力義。二者在原文中並舉而未分別。

所謂「境界義」乃與「工夫義」相對而言；分別相應於「已實現」及「求實現」而言。如上已引之「誠者」與「誠之者」之對舉，即表此一分別。又如，朱訂第二十一章云：

自誠明謂之性，自明誠謂之教；誠則明矣，明則誠矣。[41]

此以「誠」與「明」對舉，以分指「性」與「教」，亦顯然表「已實現」與「求實現」之差別。

此種與「誠之者」或「明」相對而立之「誠」，所表之形上義，皆顯指「已實現」之境界。此種境界本身原不必然為「動力」；但〈中庸〉思想，則同時又以此為「動力」，換言之，此「已實現」者又同時推動「未實現

41 《中庸章句》

者」，使之亦成為「已實現」者；此即「唯天下至誠，為能盡其性……」一段所論，且「誠」為「自成」，「道」為「自道」亦是此意。

依此，則「誠」字除在直接描述德性時（如「誠身有道」之類）取倫理詞義外，即在取形上詞義時，尚有兩種內涵：其一與「未實現」「求實現」相對，而表「已實現」；其二則表一推動實現之動力。此即使〈中庸〉思想中之本性理論，又多涉及一問題。

(3)以上皆取分析態度說。分析既畢，茲復對〈中庸〉價值理論作一綜合說明。

〈中庸〉認定，一切存在皆有本性，本性之實現（盡性）即是價值。就存有意義說，一切「本性」縱不在一群具體事物中實現，本身亦是實有，故於此可說「天道」與「人道」之別。但此是靜態地講。就動態意義講，則「本性之實現」不僅是一境界或標準，而且亦是一動力。於是，此一「本性之充足實現」之原則，即推動一切具體存在「實現其本性」。於是，整個存有領域，皆成為一目的性之歷程。但此處即引出一嚴重理論問題。此即：若「本性之實現」不只是「應然」，而且亦是「必然」，則一切「不好」，何能產生；又此中是否尚有對「自覺努力」之需要？

〈中庸〉未明白說及何以有「未實現本性」之可能，但原文之意顯然又以為實現一切本性乃「聖人」之功用。此即引至本節最後一點。

3.「人」之地位

朱訂第二十七章云：

大哉聖人之道，洋洋乎發育萬物，峻極于天。優優大哉。禮儀三百，威儀三千，待其人而後行。故曰：苟不至德，至道不凝焉。㊷

此中最可注意者，乃「苟不至德，至道不凝焉」一語。蓋若就「誠者，自成也；而道，自道也」二語觀之，則「應然」與「必然」合一；即不能解釋人文之意義，亦不能解釋錯誤及罪惡——即所謂「不好」——何以可能。今以「至德」為「至道」之實現條件，則又多一論點。

此論點即對「人」之地位之強調。所謂「聖人」者，指自盡其性，而又能盡人之性、盡物之性之「人」。於是，就「道」而言，雖本身推動「本性之實現」，然此種「推動」，又必通過人之自覺而顯現或落實（即所謂「凝」）。苟無至德之人（即「聖人」），則「道」亦不能落實。於是，「人」之地位，又突然重要。

案荀子有「君子理天地」之說，與〈中庸〉此義相近，故〈中庸〉此點可能受荀子影響。但〈中庸〉思想所以歸宿於此又當與其基本立場有關。蓋〈中庸〉雖晚出之書，其論旨則在於承孔孟德性理論而立說，雖本身走入一異於心性論之形上學方向，但此非自覺選擇。〈中庸〉作者並非自覺地離背孟子立場，不過立說時未能精密分別而已；故在極力建立一「本性論」以釋價值後，又維持「人」之自覺之重要性。實則，若一切「本性實現」須待「至德」之人，則「誠」只是一境界，一實有，而不能是動力；「道」亦不能實現其自身；則「自成」、「自道」之語，義亦欠明。此又可視為〈中庸〉理論內部之困難。而此困難在日後宋儒學說尚屢屢見之，顧論者罕能知此困難乃心性論與形上學間之衝突耳。

「人」之地位，既通過「至德」之觀念而提高，〈中庸〉文中遂有對「聖人」境界之描繪。且明言以孔子為聖人。

朱訂第三十章云：

仲尼祖述堯舜，憲章文武，上律天時，下襲水土；辟如天地之無不持載，無不覆幬；辟如四時之錯行，

42《中庸章句》

如日月之代明。萬物並育而不相害，道並行而不相悖；小德川流，大德敦化；此天地之所以為大也。[43]

此段既明以「仲尼」為言，又擬之以「天地」，此即所謂「聖人配天」之說。而「不害」與「不悖」又顯示對「本性衝突問題」之一解答。此義留俟論「宋明儒學」時再作析解。

朱訂第三十一章又云：

唯天下至聖，為能聰明睿知，足以有臨也；寬裕溫柔，足以有容也；發強剛毅，足以有執也；齊莊中正，足以有敬也；文理密察，足以有別也。溥博淵泉，而時出之。溥博如天，淵泉如淵。見而民莫不敬，言而民莫不信，行而民莫不悅。是以聲名洋溢乎中國，施及蠻貊；舟車所至，人力所通；天之所覆，地之所載，日月所照，霜露所隊；凡有血氣者，莫不尊親；故曰配天。[44]

此段全文皆描繪「配天」之聖人境界，其中應加注意者，乃所描繪之聖人乃與「民」相對而言，蓋〈中庸〉所說之「聖人」，一方面是德性意義，另一面又涉及政治意義。觀論「大哉聖人之道」時，而語及「禮儀三百，威儀三千」，已可見其意指，則此處以「民」與「聖人」相對而言聖人之功能，亦不足怪。蓋在〈中庸〉思想中，道德生活與政治生活仍視為屬於同一領域。此亦可見〈中庸〉作者在自覺一面實仍承孔孟立場，但其說雜有形上學及宇宙論觀念，故特重一「天」字，又與孔孟有異。

總之，〈中庸〉思想，就內容而言，乃漢儒型之理論——即以「天」與「人」為基本觀念，又以「天」為價值根源之混合學說。其中混有形上學、宇宙論及心性問題種種成分。其時代當晚於孟荀，其方向則是欲通過「天人之說」以重新解釋「心性」及「價值」，實與孔孟之學有異。但其作者之態度，則並非欲離孔孟而另樹一幟，

---

[43] 《中庸章句》

[44] 同上

故處處仍以上承孔子之姿態說話。然其說既不能建立「主體性」，則不能視為孟子一支之學說。且以「人」配「天」，將價值根源悉歸於「天」，亦大悖孔子立說之本旨。故〈中庸〉之說，可視作漢儒型理論中最成熟、最完整者，但就儒學心性論而言，則〈中庸〉是一旁支，不能作為主流之一部。學者於此等分際若能掌握，則評定日後宋儒之說時，亦可不致迷亂。

至〈中庸〉雜取漢初之觀念用語，又混有道家觀念，前已論之。玆不復贅。

四、〈樂記〉之理論

〈樂記〉一篇，其理論涉及儒家之藝術觀，亦涉及儒家對生命活動之解說。因此類資料極少，故本篇愈見重要。以下依原文一述其內容。

〈樂記〉所謂「樂」，自指音樂而言，因此，原文開始先提出「聲」與「音」兩觀念，以解釋「樂」。原文謂：

> 凡音之起，由人心生也。人心之動，物使之然也。感於物而動，故形於聲；聲相應故生變，變成方謂之音；比音而樂之及干戚羽旄，謂之樂。

此段開端兩句，表明所析論之「音」，非指自然音聲，而是指「由人心生」之音；又提出「物使之然」一語，表明本論之觀點是以為「人心」與「物」接觸而後「動」；此與下文「感於物而動」之斷定，一脈相承。

人心「感於物」即有所「動」，此種「動」即表示一種情意或情緒；情意或情緒表現在「聲」上，此即「形於聲」之意義。進一步，由「聲」之相應相和，而有種種集合；所謂「變」及「方」，皆是指此種集合而言。有集合之後，於是成為「音」；故此所謂「音」乃一組一組有韻律之「聲」。再進一步，依據此種韻律，而製成樂器，配以舞蹈，便是所謂「樂」。此種解釋自與古代中國之舞蹈與演奏常合而成為某種「樂」之傳統有關。

依此，〈樂記〉論「樂」，實先提出「聲、音、樂」三個概念，作為三層；以為「樂」依「音」而成立，「音」依「聲」而成立。而「聲」則專指人表示情緒之聲響。下一段更就此義發揮，而云：

> 聲者，音之所由生也；其本在於人心之感於物也。是故，其哀心感者，其聲噍以殺；其樂心感者，其聲嘽以緩；其喜心感者，其聲發以散；其怒心感者，其聲粗以厲；其敬心感者，其聲直以廉；其愛心感者，其聲和以柔。六者，非性也，感於物而后動。㊺

此段歷舉六種「聲」，釋以六種不同之「心」，蓋以為各種「心」所感不同，故表現於「聲」即不同。而所舉六種「心」，皆顯然指情緒而言。原文此處未用「情」字，僅以「非性也」一語暗示此意。但下文即有「情動於中」之語，可知全篇主意似是以情緒解「聲」。

若「聲」是由有所「感」而發，則欲對「感」有所控制時，即必須就「所以感之者」著手，故原文云：

> 是故先王慎所以感之者。㊻

此語已足表示〈樂記〉之思想乃以「道德控制情緒」為主，而此種「道德」，又包括政治生活之規範。是以原文續謂：

> 故禮以道其志，樂以和其聲，政以一其行，刑以防其姦。禮樂刑政，其極一也。所以同民心而出治道也。㊼

此處「禮、樂、政、刑」並舉，乃透露一基本觀點。此即：〈樂記〉作者乃以「樂」為屬於「文化活動」者，

㊺《禮記・樂記》「聲」此字舊誤作「樂」字，案上下文義，可知為「聲」字之誤，今勘正

㊻ 同上

㊼ 同上

而以「聲音」為「自然事象」。對每一組「自然事象」，人欲實現某種價值時，即有某種「文化活動」。禮、樂、政、刑作為四種文化活動看，則各以不同「事象」作為其對象；但在究竟目的上看，此各種文化活動，皆是要求一價值之實現，故說「其極一也」，又以「同民心而出治道」一語描寫此究竟目的（或「極」）；所謂「同民心」即建立規範之義，所謂「出治道」即建立秩序之義，皆是對所欲實現之價值作進一步描述。

其下又特別強調「聲音」與政治生活之關係，認為人對不同之政治生活或環境之感受，必表現於聲音。原文云：

> 凡音者，生人心者也。情動於中，故形於聲；聲成文，謂之音。是故治世之音安以樂，其政和；亂世之音怨以怒，其政乖；亡國之音哀以思，其民困。聲音之道，與政通矣。[48]

此節強調對聲音之了解，又特就政治生活說。治世、亂世及亡國之音，皆有特色，映顯人在一定政治生活下之情緒狀態。「情」表現於「聲」，「聲」又組成「音」。層次甚為分明。而人能了解某種「音」時，亦必了解此「音」背後之「情」。此節未涉及規範問題，專說「了解」一面。

如要說規範問題（即「應該如何」之問題），則必歸結到「樂」，因「樂」乃人所「制作」，是文化活動，方能表規範性，故原文另一節則云：

> 凡音者，生於人心者也；樂者，通倫理者也。是故知聲而不知音者，禽獸是也；知音而不知樂者，眾庶是也；唯君子為能知樂。[49]

此是重說「聲」、「音」、「樂」之異，而特別強調「樂」中方有價值問題。所謂「倫理」，「倫」指「人間關係」，

---

48 《禮記・樂記》

49 同上

「理」指「價值規範」。「樂」涉及此種問題，故謂「通倫理」。

又「情動於中，故形於聲」是一自然事象，所以一切禽獸皆可以有「聲」；「聲成文」是表示「聲」表現為一種較複雜之形式，仍是自然事象，不需要價值意識之決定，故一般人皆可以有「音」。但「樂」則是以價值意識為基礎之文化活動之產物，因此必須具有自覺價值意識者方能從事此種活動，因此說「唯君子為能知樂」。此處「君子」對「眾庶」而言，即指少數領導人物說。

由此，對「樂」之制作，乃是一自覺性或有目的之活動，與「禮」之制立相類；而二者又皆通往「德性」問題。原文云：

> 是故審聲以知音，審音以知樂，審樂以知政，而治道備矣。是故不知聲者，不可與言音；不知音者，不可與言樂；知樂則幾於禮矣。禮樂皆得，謂之有德。德者，得也。[50]

此明說「樂」之制作，乃有關「治道」者，且通往德性問題。蓋此是價值意識在聲音方面之表現也。

然則具體言之，此種表現價值意識之「樂」，與自然意義之聲音之根本分別，究應如何描述？〈樂記〉之答覆是：禮與樂之特性皆在於對情欲立一種限制，即所謂「節」。為表明此義，乃有大段論說如下：

> 是故，樂之隆，非極音也；食饗之禮，非致味也。清廟之瑟，朱絃而疏越，壹倡而三歎，有遺音者矣。大饗之禮，尚玄酒而俎腥魚，大羹不和，有遺味者矣。是故先王之制禮樂也，非以極口腹耳目之欲也，將以教民平好惡而反人道之正也。[51]

此節主旨在於「非以極口腹耳目之欲」一語，蓋謂禮樂之目的，皆在於予「欲」一種限制，不使人過分放縱；

---

[50] 《禮記・樂記》

[51] 同上

以便使情緒受理性之支配。在此觀點下，「樂」之制作，正為不使人縱情放洩；故說「平好惡」及「反人道之正」。此處當未正式提出「節」字，下文先鋪張理論，然後方正式說「節」之意義。

人生而靜，天之性也。感於物而動，性之欲也。物至知知，然後好惡形焉。好惡無節於內，知誘於外，不能反躬，天理滅矣。夫物之感人無窮，而人之好惡無節，則是物至而人化物也。人化物也者，滅天理而窮人欲者也。於是有悖逆詐偽之心，有淫泆作亂之事，是故強者脅弱，眾者暴寡，知者詐愚，勇者苦怯，疾病不養，老幼孤獨不得其所，此大亂之道也。

是故先王之制禮樂，人為之節。衰麻哭泣，所以節喪紀也；鐘鼓干戚，所以和安樂也；昏姻冠笄，所以別男女也；射鄉食饗，所以正交接也。(52)

此處先返溯到價值問題本身，提出一理論。大旨謂，人在未接觸外在對象時，無欲求情緒可說，而接觸外在對象，則有欲求，有情緒。人若不能主宰支配其情緒，則即通過知覺而被外物所支配。此即所謂「不能反躬，天理滅矣」。如此則「人」失其主宰性，本身化為一「物」。而此處之關鍵全在於人是否只受情欲支配而已。人若只受情欲支配，則結果自己既化為一「物」，便無價值意識或理想可說，而一切行為將全隨情欲之需要而決定；表現於人間關係中，即成為永遠互相侵犯，互相衝突。此即「大亂之道」。然後標出「人為之節」一語，以說明一切「禮樂」之制作，基本目的在於建立一種限制，以防人全受情欲支配，故歷舉各種禮制以表明之，茲不必一一解釋。

此處最須注意者，乃「人生而靜」以下一段價值理論。此種說法，若加解析，可充足顯出此文作者對價值及德性問題之了解，與孟荀二支皆似同而實不同；其用語尤異。

(52) 《禮記・樂記》

先就「靜」字說。此所謂「靜」，自與下文「感於物而動」對峙以立；顯然「靜」即指「未感於物」而論。順下文觀之，又可知感於物乃有「好惡」，此可包括經驗中之苦樂愛憎（即感受與情緒兩面）；「好惡無節」則其歸趨是「人化物」。如此，一切善惡問題，皆於「感於物而動」以下講，而其關鍵仍在於「無節」或「為之節」一點上。如此，在「動」後，或有節或無節，遂有「善惡」問題；至於就「未動」或「靜」而言，則是全無善惡問題。由此可知，「人生而靜，天之性也」一語中，「性」乃全無正面內容者，且又是不可說「善」說「惡」者，此顯非孔孟所言之心性，轉近於道家之自我觀念。所不同於道家者，則在於老莊均不認為在「動」中可以有「善」，故輕視文化制度；《禮記》思想則肯定文化制度，故就「節」而論「價值」。但就「靜」而論，則本篇說「靜」，實近於道家之心性觀，非如孟子之以「性」為價值之根源。

倘學者於此憶及荀子所謂「虛壹而靜」，則可知此說仍較接近荀子觀念。但荀子用語中，「性」指「自然之性」，故亦與本篇在「天之性」一語中所說之「性」不同。其次，荀子之價值理論，原以「心」為主，但其「心」只是一有清明之德者，可說是表智性能力者；其與孟子之心性不同，固甚明顯。但亦與此處所說之「性」不同。蓋以「人生而靜」論「性」，則此「性」本身可是無善惡可說者，只在「不受外物支配」一義上，可說有某種「主宰性」，但並無正面功能，不僅無孟子所說之「四端」，且亦無荀子所說之「清明」。故此一思想，嚴格論之，非孟非荀，而近道家路數。

再就「天理」一詞說，此「天理」顯依「人生而靜」一義而立。畢竟此「天理」有何內容，上下文均未詳論。但觀「滅天理而窮人欲」一語，則此「天理」總是與「人欲」對舉者，人欲由「感於物而動」乃得生出，則「天理」必在不動處。但就「不動」或「靜」而論，此處又應無「活動方向」可說，即無善惡可說，於是，所謂「天理」實亦與「善惡」無關。此則又與下文不能通貫。蓋以「窮人欲」為「滅天理」時，本涵有一價值判斷，即「滅天理」為負，「不滅天理」為正；此乃「動」後之兩個可能方向；一切「節」皆以防止「滅天理」為目的，本篇由此以說明禮樂之意義。然如上所析論，倘「天理」與「人欲」對立，各表一方向，則「天理」必有活動義；否則不能涉及方向。而「天理」如有活動義，表此心本有之方向，則又不能說「人生而靜，天之性也」。故總而言之，若從「人生而靜」一語向下析論，則不能說明「天理」何以有方向意義，倘自「天理」與「人欲」之對立著手，先肯定「天理」有方向意義，則逆溯而上，便與「人生而靜」之說衝突。由此可見〈樂記〉本文之思想實在極不嚴格，與孟荀二說之立場明朗者，大不相同。

日後宋儒喜用《禮記》之語，又每將此種浮泛議論與孔孟之說混而言之，其實宋儒如伊川等所言之「性」與「理」在涵義上與《禮記》此類浮詞大異；其間只可說有某種假託之關係，並無嚴格理論關係。學者於此，不可不辨。

以上皆涉及〈樂記〉本文對價值問題之觀點，以下再展示原文中對藝術之觀點。

〈樂記〉既提出「節」觀念，以解釋一切文化活動（所謂「禮、樂、刑、政」），故下文論「樂」時，皆就「樂」在文化生活中之作用講，且時時與「禮」並舉而論之。

在進入下文之討論前，尚有應加說明者，即〈樂記〉以「禮樂」並論，基本原因在於〈樂記〉所言之「樂」，大體上指領導者或統治者所「作」之「樂」；非個人之自由創作。觀所謂「王者功成作樂，治定制禮」，及文中屢言「先王」之處，即可見此一立場。

〈樂記〉論「樂」之功能，可分以下三點說：

(一)「樂」之普遍性

〈樂記〉以「禮」與「樂」並論時，屢次申說二者之殊別在於「樂」表「普遍性」而「禮」表「特殊性」。

例如：

樂者為同，禮者為異；同則相親，異則相敬。

大樂與天地同和，大禮與天地同節。

樂者天地之和也；禮者天地之序也；和故百物皆化，序故群物皆別。

天高地下，萬物散殊，而禮制行矣；流而不息，合同而化，而樂興焉。……仁近於樂，義近於禮。

樂也者，情之不可變者也；禮也者，理之不可易者也。樂統同，禮辨異。

凡此種種說法，其主旨皆在於以禮樂對照而顯現其特性。其中最重要之一對詞語，即「同」與「異」。如「和」與「節」，「和」與「序」等，皆可視為由「同」與「異」推繹而出者。蓋〈樂記〉本意實是以為，在情緒一面，人與人大致相似；故為調和情緒而設之「樂」，乃針對人之所「同」而立；在責任權利方面，則每一「個人」與另一「個人」皆有不同，故為確定理分而設之「禮」，應是針對人之「殊異」而立。換言之，個人在一群體中，有與眾相同之一面，亦有與眾相異之一面；依生活中此兩面，即立「樂」與「禮」。又因「同」處在於情緒，「異」處在於理分，故又可用「情之不可變」與「理之不可易」二語，分別說明。總之，仍不外是「統同」與「辨異」而已。傳統習慣，說「仁」時指「人己同視」之意志境界，故說「仁近乎樂」；說「義」時指個別理分之實踐標準，故說「義近乎禮」。此固在本文中有一致性，但即就此二語觀之，亦可知〈樂記〉思想與其他《禮記》各篇思想類似，皆不直承孔子之說。蓋依孔子之意，則「禮」本以「義」為實質，不僅「近乎」而已；而「仁」則又籠罩「義」，為知義及行義之基礎條件，非可對立而言。〈樂記〉作者，固非深解先秦儒學之大脈絡；但取流行之一般觀念為依據以自立其說而已。

「樂」既是依於人之共同面而立，則「樂」對眾多之個人講，便有「普遍性」。換言之，藝術非附屬於人之殊異性而立者，則所謂特殊階級之藝術，固在此理論中不能成立；且通常藝術理論中所強調之「個體性」觀念，亦不能在此安頓。此是〈樂記〉理論特點之一。

㈡樂之「工具性」

〈樂記〉理論又以為一切藝術活動，皆為道德生活及政治生活之工具；故一面如前文所引，提出「大亂」一觀念，說明「樂」之必要，另一面又強調「樂」對於人生之影響。如謂：

……是故志微噍殺之音作，而民思憂；嘽諧慢易繁文簡節之音作，而民康樂；粗厲猛起奮末廣賁之音作，而民剛毅；廉直勁正莊誠之音作，而民肅敬；寬裕肉好順成和動之音作，而民慈愛；流辟邪散狄成滌濫之音作，而民淫亂。

此即是說，某種音樂對「民」有某種影響。此義與上文所說某種「心」所「感」決定某種「聲」，又屬不同。蓋彼處是說人之情緒生活對「樂」之影響，此則是說「樂」對人之生活之影響。

「樂」既有各種或好或壞之影響，故「樂」本身依其工具意義亦有好壞可分（此種「好壞」與藝術之內含價值不同，故是工具意義）。於是，〈樂記〉乃提出「淫樂」及「和樂」。其說如下：

凡姦聲感人而逆氣應之，逆氣成象而淫樂興焉。正聲感人而順氣應之，順氣成象而和樂興焉。

此是以「姦聲」與「正聲」，「逆氣」與「順氣」等觀念，決定「淫樂」與「和樂」之意義。「姦」、「正」、「逆」、「順」等皆作為一種事物性質看，顯然此處又有某種宇宙論之假定。此蓋當時流行觀念，亦不足為怪。可注意者是：依此說推之，一切藝術成果（或至少「樂」）之好壞，皆被某種外在屬性決定，而與藝術活動之內在過程無關。此又是〈樂記〉中另一特殊觀點。

㈢樂有「本末」之別

〈樂記〉作者又比照「禮」與「儀文」之差別，而謂「樂」亦有本末之分。在所記子夏與魏文侯之對話中，有以下說法：

> ……今君之所問者，樂也。所好者，音也。夫樂者，與音相近而不同。

「樂」與「音」之不同，類似於「禮」與「儀」之不同。但更進一步，文中又提出「德音」一詞，表明「道德性」乃區別「樂」與「音」之條件，其說是：

> ……天下大定，然後正六律，和五聲，弦歌詩頌；此之謂德音。德音之謂樂。

至此，「樂」之所以異於其他「音」，乃在於「樂」有道德性。換言之，藝術為道德之附庸。此即〈樂記〉全文之主旨。而其中牽涉政治生活之處，亦不與此義相離；蓋在此種思路中，政治生活亦是道德之附庸；無論通過政治生活以解釋「樂」，或直接就道德生活以解釋「樂」，結論皆是認定藝術附於德性而立。其他種種反覆申說之處，皆不外此義。本節對〈樂記〉之討論，亦即於此處結束。

× × × × ×

〈樂記〉之說如此。其特色與〈大學〉、〈中庸〉頗為相近。此所以日後宋儒接受此種混合形上觀念及宇宙論成分之思路時，便特喜用〈樂記〉中「人生而靜」及「天理」、「人欲」等詞語。蓋此類文獻皆表現此一思想模式。

又〈樂記〉中有一段，言「天尊地卑……」云云，與《易・繫辭》之文幾不可分別。此則表示《禮記》中此類文獻，又與《易・繫辭》之思路相類。此點即可引導吾人進至《易傳》之討論。

柒　《易傳》之思想

所謂《易傳》，即指《十翼》而言。簡言之，除卦辭及爻辭外，一切載於今本《易經》中解說「易」義之文字，皆可作為《易傳》。此自與後世專家撰述之解《易》文字不同。所謂《十翼》，則指〈彖〉上、〈彖〉下、〈象〉上、〈象〉下、〈繫〉上、〈繫〉下、〈文言〉、〈說卦〉、〈序卦〉、〈雜卦〉十項。此中「彖」、「象」、「繫」各分上下，湊成十數。漢人如司馬遷、班固等，皆謂此種文字乃孔子所作。班固之說且涉及「十篇」之數。

案〈藝文志〉云：

> 孔氏為之〈彖〉，〈象〉，〈繫辭〉，〈文言〉，〈序卦〉之屬十篇。[53]

又《漢書》中謂：

> 孔子晚而好《易》，讀之韋編三絕，而為之傳。[54]

此即「十」數之由來，亦「易傳」一名之根源。

然略考《易傳》各篇之內容，即可知不唯此各篇非孔子所作，且根本不出於某一人之手。其中資料來源極為繁雜；或重複，或衝突，根本不是一完整理論。蓋是取戰國至秦漢之雜說編纂而成，而此類雜說又或取史傳之言加以改竄，因此內容雜亂。自宋代以下，考辨者甚多，茲不能備引。本節但取重要問題，於下作一說明，使學者對所謂《易傳》之性質及其思想特色得一了解。

---

[53]《漢書．藝文志》

[54]《漢書．儒林傳》

一、《易傳》與卦爻辭違異

《易傳》各篇本身理論雖互有不同（見下），但皆與《易》卦爻辭有根本之違異；此蓋因《易傳》之出現乃在戰國及秦漢一段期間，立說者本只託《易》以為說，並非真欲解釋卦爻辭。茲取〈乾・文言〉為例以說明此點。

〈乾・文言〉中有「四德」之說，即以〈乾卦〉之卦辭首句「乾，元亨利貞」一語中之「元亨利貞」視為四個平行形容詞，故〈乾・文言〉謂：

> 元者，善之長也；亨者，嘉之會也；利者，義之和也；貞者，事之幹也。君子體仁足以長人，嘉會足以合禮，利物足以和義，貞固足以幹事。君子行此四德者。故曰：乾，元亨利貞。

此種看法，《左傳》中有類似資料。《左傳》記穆姜卜筮之事，其文云：

> 穆姜薨於東宮。始往而筮之，遇〈艮〉之八。史曰：是謂〈艮〉之〈隨〉。隨，其出也。君必速出。姜曰：亡。是於《周易》曰：〈隨〉，元亨利貞，無咎。元，體之長也；亨，嘉之會也；利，義之和也；貞，事之幹也。體仁足以長人，嘉德足以合禮；利物足以和義，貞固足以幹事。然故不可誣也，是以雖隨無咎。今我婦人而與於亂；固在下位，而有不仁，不可謂元；不靖國事，不可謂亨；作而害身，不可謂利；棄位而姣，不可謂貞。有四德者，隨而無咎；我皆無之，豈隨也哉？我則取惡，能無咎乎？必死於此，弗得出矣。[55]

案此以「元亨利貞」為「四德」，與〈乾・文言〉之說類似。但此中有兩點宜加注意。

[55] 《左傳・襄公九年》

首先須注意者，是所記穆姜所引「四德」，乃就〈隨〉之卦辭說，與〈乾卦〉無干；足見作此記者並未見有所謂〈乾·文言〉。蓋如此解釋「元亨利貞」，在《左傳》成書時業已有之，然乃泛說，並非專就〈乾〉說，否則即不應用此解〈隨卦〉矣。

其次須注意者，乃此說中對「四德」之解釋，與〈乾·文言〉不同。「元」釋為「體之長」，而非「善之長」，又下文「嘉德足以合禮」，亦與〈文言〉所說「嘉會足以合禮」不同。後人頗有評其得失者。但此種差異之主要意義，不在於理論之得失，而在於差異本身表明〈乾·文言〉之說，原非一定之論；故傳聞不一。且《左傳》所載既不是專就〈乾〉說，則〈乾·文言〉乃後人拾取流傳之語綴輯而成，亦可由此推見。

今姑不論「四德」是否與「乾」有特殊關聯，只就「元亨利貞」四字之原意論之，以觀所謂〈乾·文言〉與卦爻辭原意之同異。

首先當從「貞」字起。卦爻辭中之「貞」字常見；究竟此貞字是否能解釋為一種「德」？乃此處之樞紐問題。

案卦爻辭中用「貞」字之例，略舉如下：

乾，元亨利貞。（〈乾〉卦辭）

坤，元亨利牝馬之貞。（〈坤〉卦辭）

含章可貞。（〈坤〉六三爻辭）

屯，元亨利貞，勿用有攸往。（〈屯〉卦辭）

女子貞，不字，十年乃字。（〈屯〉六二爻辭）

小貞吉，大貞凶。（〈屯〉九五爻辭）

需，有孚，光亨，貞吉。（〈需〉卦辭）
食舊德，貞厲終吉。（〈訟〉六三爻辭）
師，貞丈人吉。（〈師〉卦辭）
比，吉，原筮元永貞無咎。（〈比〉卦辭）
比之自內，貞吉。（〈比〉六二爻辭）
外比之，貞吉。（〈比〉六四爻辭）
婦貞厲。（〈小畜〉上九爻辭）
履道坦坦，幽人貞吉。（〈履〉九二爻辭）
夬履貞厲。（〈履〉九五爻辭）
貞吝。（〈泰〉上六爻辭）
否，之匪人，不利君子貞。（〈否〉卦辭）
貞吉亨。（〈否〉初六爻辭）
同人……利君子貞。（〈同人〉卦辭）
鳴謙，貞吉。（〈謙〉六二爻辭）
貞吉。（〈豫〉六二爻辭）
貞疾，恆不死。（〈豫〉六五爻辭）
隨，元亨利貞，無咎。（〈隨〉卦辭）
利居貞。（〈隨〉六三爻辭）

貞凶。（〈隨〉九四爻辭）

臨，元亨利貞。（〈臨〉卦辭）

貞吉。（〈臨〉初九爻辭）

利女貞。（〈觀〉六二爻辭）

利艱貞吉。（〈噬嗑〉九四爻辭）

貞厲。（〈噬嗑〉六五爻辭）

永貞吉。（〈賁〉九三爻辭）

剝牀以足蔑貞凶。（〈剝〉初六爻辭）

無妄，元亨利貞。（〈无妄〉卦辭）

可貞無咎。（〈无妄〉九四爻辭）

大畜，利貞。（〈大畜〉卦辭）

利艱貞。（〈大畜〉九三爻辭）

頤，貞吉。（〈頤〉卦辭）

貞凶。（〈頤〉六三爻辭）

居貞吉。（〈頤〉六五爻辭）

離，利貞。亨畜牝牛吉。（〈離〉卦辭）

咸，亨利貞。（〈咸〉卦辭）

恆，亨無咎，利貞。（〈恆〉卦辭）

貞凶。(〈恆〉初六爻辭)
貞婦人吉,夫子凶。(〈恆〉六五爻辭)
遯,亨,小利貞。(〈遯〉卦辭)
貞吉。(〈遯〉九五爻辭)
大壯,利貞。(〈大壯〉卦辭)
貞吉。(〈大壯〉九四爻辭)
貞吉。(〈晉〉初六爻辭,六二爻辭)
貞厲。(〈晉〉九四爻辭)
貞吝。(〈晉〉上九爻辭)
明夷,利艱貞。(〈明夷〉卦辭)
利貞。(〈明夷〉六五爻辭)
家人,利女貞。(〈家人〉卦辭)
蹇,……貞吉。(〈蹇〉卦辭)
貞吉。(〈解〉九二爻辭)
損,有孚之吉,無咎,可貞。(〈損〉卦辭)
利貞。(〈損〉九二爻辭)
貞吉。(〈損〉上九爻辭)
永貞吉。(〈益〉六二爻辭)

貞吉。(〈姤〉初六爻辭)

萃，亨，王假有廟……亨，利貞，用大牲吉。(〈萃〉卦辭)

元永貞，悔亡。(〈萃〉九五爻辭)

貞吉。(〈升〉六五爻辭)

利于不息之貞。(〈升〉上六爻辭)

困，亨，貞大人吉。(〈困〉卦辭)

革，……元亨利貞。(〈革〉卦辭)

貞厲。(〈革〉九三爻辭)

居貞吉。(〈革〉上六爻辭)

利貞。(〈鼎〉六五爻辭)

利永貞。(〈艮〉初六爻辭)

漸，女歸吉，利貞。(〈漸〉卦辭)

利幽人之貞。(〈歸妹〉九二爻辭)

旅，小亨旅貞吉。(〈旅〉卦辭)

得童僕貞。(〈旅〉六二爻辭)

利武人之貞。(〈巽〉初六爻辭)

貞吉。(〈巽〉九五爻辭)

貞凶。(〈巽〉上九爻辭)

兌，亨，利貞。(〈兌〉卦辭)

渙，亨，王假有廟……利貞。(〈渙〉卦辭)

節，亨，苦節，不可貞。(〈節〉卦辭)

貞凶。(〈節〉上六爻辭)

中孚，……利貞。(〈中孚〉卦辭)

貞凶。(〈中孚〉上九爻辭)

小過，亨，利貞。(〈小過〉卦辭)

勿用永貞。(〈小過〉九四爻辭)

既濟，亨，小利貞。(〈既濟〉卦辭)

貞吉。(〈未濟〉九二爻辭，九四爻辭，六五爻辭)

以上各條中，「貞」字皆是「占問」義，即「貞」字之本義。所謂「利貞」者即「吉占」之義。「貞吉」、「貞厲」、「貞凶」、「貞吝」等，亦分別表「占」之好壞。至於「利女貞」、「利幽人之貞」、「利武人之貞」，更分明是「占」字之義，即是說利於女子占，或幽囚者占，或武人占也。「永貞」則應指「常占」，即非祭祀征戰時而占。「不利君子貞」及「利君子貞」，更必是指利於有位者占或不利於有位者占。總之，「貞」即指「占問」，斷不能是一形容詞。蓋「貞」字自甲骨文之卜辭至周初文字中，皆無不作「占」解；並無作「正」解之理。此點許慎尚能知之，故在《說文》「卜」部列「貞」字，其下曰：

貞，卜問也。从卜貝。

至於以「貞」為「正」，則是後起之用法。卦爻辭成於周初，「貞」字自不能不作「卜問」或「占」解。後儒昧於卦爻辭之本義，強調其中「貞」字皆作「正」解，於是在釋文時乃常有滯礙，然後又再強為之說，愈說愈遠，決非卦爻辭原文所指矣。

「貞」字既當指「占」而言，則不為「四德」之一，已不成問題。其次再觀「亨」字。

案「亨」與「享」分為二字，乃隸書興起後始有，籀文、篆文中皆為一字，只是「祭饗」之意。許氏《說文》「亯」部，「亯」字下載有二形，以「□」為籀文之形，釋曰：「獻也，從高省，『□』象孰物形。」下載「亯」，以為是「篆文亯」。觀此，可知隸中之「享」，顯由許書所謂「篆文亯」之形變成，蓋其下半稍譌即成「子」形也。至許氏所載籀文「亯」之形，則與金文資料所見，又稍有異，如下列各器，皆有「亯」字：

不嬰段：「子子孫孫其永寶用亯。」

克盨：「克其用朝夕亯于皇且考。」

伯克壺：「克克其子子孫孫永寶用亯。」

師毀段：「毀其萬年子子孫孫永寶用亯。」（皆見，郭沫若：《兩周金文辭大系圖錄攷釋》）

此外尚多，不再贅引。此種銘文中之「亯」字，皆作「□」形，可知許書所載之「籀文亯」，又稍有形譌，然此乃許書中常見之事，亦不足怪。

觀此字字形之演變，可知在隸書興起以前，本無作「亨通」解之「亨」字。《易》卦爻辭中之「亨」字，必皆是「亯」字，即「祭饗」之意（段玉裁以為「饗」與「亯」二字有施受之別，雖非無據，但觀上引克盨之文，即可知施亦可說「亯」，故此種分別可以不論）。

依此則「元亨利貞」一語中之「亨」字，亦不能為一「德」。而「元」本訓「始」，則凡言「元亨利貞」者，皆謂「在始祭時占之則利」。此中「元」字縱尚可有其他解法，但此語並不包括四個平行形容詞，則無疑問。《左傳》及〈乾・文言〉之說，大與卦爻辭違異，亦由此可見。

以上乃隨取一易明之例，以說明所謂《易傳》決非真解釋《易》卦爻辭者。《易》之基本資料，除圖形及排列外，只有卦爻辭。《易傳》既根本與卦爻辭語義相違，則吾人應放棄舊日之傳說，而視《易傳》之文為託《易經》以另立說者，如此，方可避免傳統文人之根本錯誤。

《易傳》與卦爻辭違異，並不表示《易傳》本身全無意義，但足以表明舊說之無稽。以下即拋開卦爻辭而專看《易傳》，先略論其內容，再觀其理論特點。

二、《易傳》乃雜輯而成

觀《易傳》或《十翼》之內容，學者首宜留意者，乃此各部分並非一人或一派所作，而是雜輯許多資料湊成。此可由各部分說法之衝突或歧異而證之。

首先，就〈乾・文言〉本身論之。

六十四卦中，唯〈乾〉各爻不繫「象辭」（即解各爻辭之語），其後另列「象辭」。而〈文言〉中則又重複論各爻之義，大抵此中一部分亦相當於〈乾〉各爻之象辭。然其中乃有四種。

第一種：依次論六爻，而皆作問答體，且以「子曰」為答。例如：

> 初九曰，潛龍勿用。何謂也？子曰：龍，德而隱者也。不易乎世，不成乎名，遯世無悶。不見是而無悶。樂則行之，憂則違之，確乎其不可拔，潛龍也。[56]

以下皆仿此。此種文體，顯與他卦之象辭體例大異。

[56] 《易經・乾・文言》

第二種：依次以簡明語釋各爻之爻辭。其文為：

> 潛龍勿用，下也。見龍在田，時舍也。終日乾乾，行事也。或躍在淵，自試也。飛龍在天，上治也。亢龍有悔，窮之災也。[57]

此一部分顯然合於象辭之體例，應亦為〈乾〉各爻之象辭，而未分繫，又未列入「象曰」以下一段中者。

第三種：大體亦近於象辭，但不用「也」字，與象辭之例稍異。其文為：

> 潛龍勿用，陽氣潛藏。見龍在田，天下文明。終日乾乾，與時偕行。或躍在淵，乾道乃革。飛龍在天，乃位乎天德。亢龍有悔，與時偕極。[58]

此六句分說六爻，又皆先引爻辭再為之解，極近乎象辭。但既不用「也」字，與其他卦之象辭不同。而且前三句以「藏、明、行」為韻，後三句以「革、德、極」為韻；顯然將六爻依內外卦分為兩組。此又是另一派解卦爻之法。

第四種：先發議論，後歸於爻辭，語法各段不同，雖亦依六爻而說，但決非象辭體例。如：

> 君子以成德為行，日可見之行也。潛之為言也，隱而未見，行而未成，是以君子弗用也。[59]

此顯是記講解者之語，另是一來源。隨意發揮，非嚴格解釋爻辭者。

由此可知，即以〈乾・文言〉本身而論，已載有許多來源不同之資料，何況《十翼》之繁雜，更不知從多少不同來源雜輯而成，斷非一人或一派之作品也。

---

[57] 《易經・乾・文言》

[58] 同上

[59] 同上

至於在論旨方面，此四種說法雖頗有相似處，但亦有不同處。譬如，第一種說法，論「潛龍勿用」時，重在言其「德」，故說「不見是而無悶」，「確乎其不可拔」；第四種則重在說其「處境」，故說「隱而未見，行而未成」。此二種論調亦彼此歧異，益知各有來源。

其次，以〈坤・文言〉與〈乾・文言〉比較，二者之差異亦甚大。〈坤・文言〉中不包含類似「象辭」之部分，且〈坤卦〉各爻之爻辭後皆繫有「象辭」。此其不同者一。又〈坤・文言〉不解「卦辭」，而只解「彖辭」，其文甚為明顯。案〈坤〉卦辭謂：

> 坤，元亨利牝馬之貞。君子有攸往，先迷後得；主利。西南得朋，東北喪朋，安貞吉。60

〈彖辭〉則順卦辭而作發揮之語云：

> 至哉坤元，萬物資生，乃順承天。坤厚載物，德合無疆，含弘光大，品物咸亨。牝馬地類，行地無疆。柔順利貞，君子攸行。先迷失道，後順得常。西南得朋，乃與類行；東北喪朋，乃終有慶。安貞之吉，應地無疆。61

此顯然是依卦辭內容逐點發揮者，大體亦與〈乾・彖辭〉相類。然〈文言〉中則並不解釋「元亨利牝馬之貞」以下諸語，而云：

> 坤，至柔而動也剛，至靜而德方，後得主而有常，含萬物而化光。坤道其順乎，承天而時行。62

此全是承〈彖辭〉之語而說，反較〈彖辭〉為簡。此段以外，即只有分別就六爻發揮議論之語，大致與〈乾・

---

60 《易經・坤》

61 《易經・坤・彖辭》

62 《易經・坤・文言》

文言〉中第四種解說相似。依此，〈坤・文言〉為附於〈彖辭〉爻辭下之議論，不似〈乾・文言〉兼釋卦辭、爻辭及〈彖辭〉。此其不同者二。

若以〈乾〉、〈坤〉二「文言」相較，極易看出，〈乾・文言〉自「乾元者，始而亨者也」一語直至文末為止一大段，恰與〈坤・文言〉相應。其前一大段則為〈坤・文言〉所無。二「文言」體例之不同，亦可見其形成過程之不同。

其次，以「文言」，〈乾〉、〈坤〉「彖辭」與「繫辭」比較，雖「繫辭」之理論大半發揮「文言」及「彖辭」，故差異不多，但亦有一點極重要之差異，此即對「乾」及「坤」之地位之看法。

〈乾・彖辭〉云：

大哉乾元，萬物資始，乃統天。

〈坤・彖辭〉云：

大哉坤元，萬物資生，乃順承天。

此顯以「乾」及「坤」作為萬有之最高根源。〈繫辭〉中大致本亦常以「乾坤」並論，以解釋萬有；又在「天地」一對詞語外，設「陰陽」、「動靜」、「廣大」數對詞語，以論「乾坤」之意義。此顯然是以一對條件解釋萬有，略相當於「形式」與「質料」之說。但〈繫辭〉上，第十一章忽云：

易有太極，是生兩儀，兩儀生四象，四象生八卦，八卦定吉凶，吉凶生大業。

此處兩儀既只能指「陰陽」而言，則即相當於「乾」與「坤」之地位，而其上另出一「太極」。於是萬有之最高根源乃出於「太極」，而「陰陽」或「乾坤」，不過表由「太極」至「八卦」之過程中之一環而已。此與「彖辭」之說大異。蓋「彖辭」之說，基本上屬於二元論類型，而「太極」之說則屬於一元論類型。無論後人將「太極」

如何解釋，總之，必非〈彖辭〉所具之義。此亦可知「彖辭」與〈文言〉如作為一類看，以與〈繫辭〉比較，更是各有不同立場、不同來源矣。

此外，其他各卦之「彖辭」，與《十翼》中其他部分之理論比較，亦有顯然不同之說法。例如：

〈家人〉一卦之〈彖辭〉謂：

家人，女正位乎內，男正位乎外。

案〈家人〉內卦為「離」，外卦為「巽」；今謂「女」在內而「男」在外，則顯然以「巽」象「男」；但〈說卦〉第十章則謂：

巽一索而得女，故謂之長女。

第十一章論八卦之象，亦明說「巽，為木，為風，為長女……」

究竟「巽」應是象「男」乎？象「女」乎？〈家人・彖辭〉與〈說卦〉之文顯然不同。此中雖難定是非（因所謂「象」之說，本是不可證立者），但其不同既如此明顯，則其來源之異，可以斷言。

此類問題，自不止一處；以上只舉例表明此種差異之實有。餘不詳舉。

總上所說各點，《十翼》之由雜輯而成，已無可疑；舊說《易傳》為孔子所作，其謬亦不待再辯矣。但《易傳》或《十翼》不論為何人所作，仍可有一定理論內容。來源及時代是一事，理論內容又是一事；此兩面之問題皆可以分別作客觀之考察。以上已說明《易傳》乃雜輯而成者，其時代問題亦可由此看出。雜輯來源不同之資料以成一「經」，是漢代儒者之事。《禮記》是如此，《易經》亦是如此。而《十翼》中之〈說卦〉，本是漢人理論，則昔人早已辨明。今可知《易傳》所包含之資料，其最早者在《左傳》成書時便已大致形成——如〈乾〉「四德」之說，最晚者則在漢代——如〈說卦〉。不僅各部分彼此間來源不同，即每一部分之內部亦含有不同來源之資料。

但就理論內容言之，則此種雜亂資料雖不能表一系統思想，仍可有其特殊論點。下節即專就此一方面作一考察。

三、《易傳》中之特殊論點

《易傳》各部分中以〈繫辭〉之理論成分為最重。欲整理《易傳》之理論，亦應以〈繫辭〉為主要資料。〈繫辭〉分上下，各具十二章。其中除討論卦爻辭者外，發揮理論之處甚多。茲依其所涉及之問題，分別列舉此中之特殊論點如下：

(一)宇宙秩序與人生規律

《易經》本是占卜之書；占卜最基本作用在於預測吉凶變化，《易經》之占卜自亦不能例外，因此，就六十四重卦之卦名及排列論，已可見《易經》占卜系統中有「宇宙秩序」及「人事規律」之觀念（見本書第一卷）。此其本意自然在於一方面以卦爻標示宇宙秩序及人生之各階段，另一方面對人在各階段應如何自處作一說明。此所謂「卜以決疑」也。但此處有一關鍵問題，即是：「宇宙秩序」是否與「人事規律」相應？占卜之書通常只假定此種相應關係而未能說明。〈繫辭〉之主要理論即在於說明此種相應關係；而其說明之方式則是將「自然事象」與「自覺活動」兩個領域，看作受同一原理或規律支配者。此種原理或規律既支配宇宙現象與人事現象，本身自應有某種超越地位，由此，亦具有形上學規律之意味。但《易・繫辭》中形上學與宇宙論之成分混雜不清，故其所強調之超越性規律，半屬形上學，半屬宇宙論。

此一超越規律，即〈繫辭〉中所謂「道」。其說云：

……是故形而上者謂之道，形而下者謂之器，化而裁之謂之變，推而行之謂之通，舉而措之天下之民謂之事業。[63]

此中自「道」至「事業」看成一過程之各階段，即以「道」為最高根源，以「事業」為最終之表現。其貫串宇宙與人事兩領域，已甚顯明。

倘宇宙與人事皆受一「道」之支配，則人事之吉凶成敗，自皆可由「道」得一解釋。但此「道」之內容如何？〈繫辭〉解釋此問題，即就「乾坤」立論；其主旨蓋以為此「道」又包含兩個規律，即所謂：

一陰一陽之謂道。[64]

而「陽」即「乾」，「陰」即「坤」；蓋《易》之「⚊」與「⚋」乃原始符號，分表「陽」與「陰」，此乃《易》之占卜系統之基本約定也。

《易・繫辭》既以「乾坤」為「道」之基本內容，故曰：

乾坤，其易之縕耶！[65]

而文中論「乾坤」之處亦特多。大抵認為宇宙現象與人事現象皆可用一對對相反詞語以描述之，故處處用「乾坤」說之。例如：

天尊地卑，乾坤定矣；卑高以陳，貴賤位矣；動靜有常，剛柔斷矣；方以類聚，物以群分，吉凶生矣；在天成象，在地成形，變化見矣。[66]

---

[63]《易經・繫辭上》，第十二章

[64]《易經・繫辭上》，第五章

[65]《易經・繫辭上》，第十二章

此處所論之「天地」，顯然取經驗意義，觀「成象」及「成形」二詞可知，但「乾坤」本身則不是經驗對象，而是決定「天地」等等「經驗存在」之規律或原理。此節歷舉「天地、卑高、貴賤、動靜、剛柔、聚分、吉凶、象形、變化」等等，皆表一對對相反詞語，或描述宇宙，或描述人事，而不作區別，即表示其貫串兩領域（自然與自覺）之立場。而所謂「乾坤定矣」一語中之「定」字，即指「具體化」而言，蓋以為「乾坤」本身非具體存在，具體存在始於「天地」，故有天地，則「乾坤」之原理即開始進入具體化階段，其下則一切屬性生出，一切現象亦生出。原文在以下又論及「寒暑」，「男女」等，皆表示「乾坤」在具體事象領域（即自然領域）中之顯現。

〈繫辭〉此章中又進而專就人事以論「乾坤」之顯現，而謂：

> 乾以易知，坤以簡能；易則易知，簡則易從；易知則有親，易從則有功；有親則可久，有功則可大；可久則賢人之德，可大則賢人之業。[67]

此中以雙系詞語，分述「乾坤」在人事中之表現。可以圖表之如下：

乾——易（知）——易知——有親——可久——賢人之德 ⎫
坤——簡（能）——易從——有功——可大——賢人之業 ⎭ 人事領域

此中「乾以易知」一語中之「易」，指生發變動說，與「易知」、「易從」二語中之「易」作「容易」解者不同。又「坤以簡能」中之「簡」，當指「容納」及「承受」而言，亦非如後世所謂「繁簡」之「簡」。

[66]《易經・繫辭上》，第一章

[67]《易經・繫辭上》，第一章

就「易」、「簡」二字之字義說，「易」表「變動」，引生「生發」之義，無大困難，蓋「變動」與「使……變動」二義，依中國古文字之慣例，每每可用同一字表示；如「降」、「服」、「退」、「進」等字，皆常有此例，不待舉證。但「簡」字作「容納」及「承受」解，則須稍作解釋。

案《說文》以「簡」字為形聲字，故云「從竹，閒聲」。但作為形容詞之「簡」，恐應以「閒」為義符而不作為聲符；猶之「僩」字表「寬大」義（見《詩・衛風・毛傳》），亦是以「閒」為義符；「閒」本是「隙」義，故由之分化出「簡」與「僩」二字，亦皆有寬大容受之義；「簡」指在物者而言，「僩」則指在人者而言耳。「易」、「簡」二字既如此解釋，則〈繫辭〉此節，主旨在以「乾」表「主動性」，「坤」表「容受性」以說明人事。「知」即就生發義之主動力講，「簡」即就容受義之潛能講；其下各節，皆順此而發揮。

但此中有一嚴重問題，即「德」與「業」二字。以一半形上學半宇宙論之原理解釋一切事象，當是古代思想之一般傾向；但人之「德性」問題，是否能如此解釋，則困難極大。《易・繫辭》之思想，則不顧此中困難，直接將「賢人之德」與「賢人之業」並舉，以配「乾坤」。於是顯示出此種思想對德性問題及價值問題所持之立場。此立場亦即漢儒所持之立場，簡言之，以一存有義之「天道」為價值標準，而以「合乎天道」為德性及價值標準。論析至此，乃可轉入下節之討論。

(二)德性之「本體論解釋」

所謂「本體論解釋」(Ontological interpretation)，即指從一「存有」(Being) 以說德性價值之理論。此種說法雖常雜有形上學成分，但若其所說之「存有」與「經驗存在」相混，則基本上便屬宇宙論類型。《易・繫辭》解釋德性時，其言如下：

> 一陰一陽之謂道，繼之者善也，成之者性也。[68]

此處先標出一「道」字，又舉「陰陽」為「道」之內容；「道」可看作「陰」與「陽」之統一體，亦可看作「實體」(Substance)，而以「陰」與「陽」為「屬性」(Attributes)；但不論取任一解釋，「道」顯然指一「存有」。而《易・繫辭》即欲直接由此「存有」界定「善」之意義，換言之，即以此「存有」作為德性價值之根源。此處涉及一十分嚴重之哲學問題，下文作評論時，當再詳說。本節先作解釋。

何謂「繼之者善也」？此「之」字自是指「道」而言，所謂「繼」是指保持方向而言；故此語意即謂：保持「道」之方向即是「善」。依此，則所謂人或事之「善」或「不善」，即就其是否符合「道」之本來方向而定。如此說時，自己預認「道」本身有一方向，人或事則可能符合或不符合此方向，由此以決定「善」與「不善」之意義。

然則人事何以能有此兩種可能？此是一樞紐問題。因「道」既是一最高存有，一切存在皆受此「道」決定，如不加一解釋，則頗難表明何以人或事「可能」違離「道」之方向。但《易・繫辭》中對此點並無明確解釋。

吾人倘憶及《易》本為占卜之書，則應可推知此種「兩可能」之看法，實應為談《易》者之根本假定；蓋凡言占卜，必預認有「吉凶」，亦即必有某一意義之兩個可能；《易傳》思想尚欠嚴格，故並未能確切說明何以有兩可能；然此一假定乃預先承認者，故論者亦未察覺此一根本困難。

〈繫辭〉又謂：

仁者見之謂之仁，知者見之謂之知，百姓日用而不知，故君子之道鮮矣。[69]

此則是說，「道」雖是一實有，而人不必能了解「道」。又云：

---

[68] 《易經・繫辭上》，第五章

[69] 《易經・繫辭上》，第五章

> 顯諸仁，藏諸用，鼓萬物而不與聖人同憂，盛德大業至矣哉。富有之謂大業，日新之謂盛德，生生之謂易，成象之謂乾，效法之謂坤，極數知來之謂占，通變之謂事，陰陽不測之謂神。[70]

此段表面似甚為整齊，考其語義，實極為雜亂。蓋所謂「大業」及「盛德」乃承上文「盛德大業至矣哉」而來，而上文既說「不與聖人同憂」，則所謂「盛德大業」乃指「道」之「盛德大業」而言，於是「富有之謂大業，日新之謂盛德」亦應指「道」說（然則「道」是否能說「日新」已有可疑，今且姑置不論）。其下三句亦可看作指「道」而言，但無論如何，「極數知來之謂占」及「通變之謂事」則只能指人說；「道」本身不能「占」，亦無所謂「通變」也。至最末一句「陰陽不測之謂神」則又似是指「道」說。於是此段表面整齊之文字，實際上忽指「人」說，忽指「道」說，實屬混亂。而因此亦無補於對「善」之說明。

又「道」雖可作為一形上存有看，但〈繫辭〉中顯然又將「道」與宇宙論意義之存在相混。如云：

> 夫乾，其靜也專，其動也直，是以大生焉；夫坤，其靜也翕，其動也闢，是以廣生焉。廣大配天地，變通配四時，陰陽之義配日月，易簡之善配至德。[71]

此段先言「乾坤」，當是形上意義；其下則言天地、四時、日月，皆取宇宙論意義；「超驗領域」與「經驗領域」完全相混。而最後一句忽說到「至德」，又是以「存有」作為「德」之根源。蓋此是《易・繫辭》之一貫態度。以「存有」作為德性價值之根源，在〈繫辭〉中實未建立一完整理論，而只作為一種基本認定，觀上文所引可知。但此種想法，在理論上亦可以有進一步之解釋。《易・繫辭》中於此稍有暗示，此即上文「成之者性也」一語。

---

[70]《易經・繫辭上》，第五章

[71]《易經・繫辭上》，第六章

蓋凡欲以一形上意義之存有作為價值根源，則其說必歸至一「本性論」(Theory of Essence)，通過「本性」觀念以保有其形上學特性，然後再就「本性」及「實現」問題，解說具體事物與此「存有」(或「道」)之關係。「成之者，性也」一語雖含糊不明，但另有一語則可作補充。此即：

成性存存，道義之門。[72]

此中「成性」一詞，與「道義之門」之說，皆可引至一「本性論」。日後宋儒程伊川之理論，即是此種觀念之系統化，但專就〈繫辭〉本身言，則此種系統並未建立。故本節之結語仍當說：〈繫辭〉中有「以存有為德性價值根源」之認定，但並無完整理論。

一價值理論，必須涉及「善惡」、「好壞」等等相反詞語，每一對皆表示一「二元性」(Duality)。《易經》一系之文件，既本為占卜思想，故必涉及「吉凶」，此亦表示一種「二元性」。《易・繫辭》各章之作者(未必是一人)，所以對此種「二元性」竟無說明，如上文所言，可能即由於已假定「吉凶」之成立。然則，《易傳》中對「占卜」及「吉凶」等問題有何說法？由此可引至下節。

(三)占卜之意義

「占卜」之存在雖為各民族早期歷史中之普遍現象，但對「占卜」本身之說明，則殊少標準理論。〈繫辭〉中有一頗為特殊之說法。

此說之主旨即是通過「類比」觀念以說明「占卜」之功能。

〈繫辭〉下幾乎以討論此一問題為主要內容，如云：

八卦成列，象在其中矣；因而重之，爻在其中矣；剛柔相推，變在其中矣；〈繫辭〉焉而命之，動在其

[72] 《易經・繫辭上》，第七章

中矣。[73]

此以「象、爻、變、動」為四個基本觀念。其下又謂：

吉凶悔吝者，生乎動者也。[74]

爻也者，效此者也；象也者，像此者也。[75]

爻象動乎內，吉凶見乎外。[76]

是故易者，象也；象也者，像也。彖者，材也。爻也者，效天下之動者也。[77]

此皆是對「占卜」及「吉凶」之解釋。依此說法，占卜所用之符號，構成「象」與「爻」。依占卜之規則而有所謂「動」；由「動」以說「吉凶悔吝」。此中最可注意者乃對「爻」與「象」之解釋。

所謂「爻也者，效此者也」，「象也者，像此者也」，顯然即以表類比關係之「效」及「像」以釋「爻」與「象」；而所謂「此」則指上文「乾坤」而言。而當說「效此」、「像此」時，其所「效」所「像」者，非「乾坤」二卦本身，而乃由「乾坤」二卦所代表之「陽」與「陰」二種屬性，亦可依照舊說稱為兩種「理」。

然則何以說一切「爻」與「象」均與此二種屬性有類比關係？此則涉及《易傳》中對「占卜」之特殊理論。通常原始民族之占卜，原皆以某種「神力」之存在為假定；占卜乃祈求神示之意。中國一般言占卜者本亦

---

[73] 《易經・繫辭下》，第一章

[74] 同上

[75] 同上

[76] 同上

[77] 《易經・繫辭下》，第三章

是如此。但《易傳》欲予「占卜」以理論解釋，故離開「神示」之觀念以說明占卜之可能有效；此說明即以「類比關係」為基礎。

所謂「類比」乃指占卜中所得之結果（用占卜符號表示）與世界過程間之相應關係；譬如，占得某卦某爻，此可用占卜符號表示之；但此本只是占卜之操作情況。今欲說此一結果顯示客觀存在方面之一情況，則即須假定，此占卜結果與某一存在情況有基本相應關係——亦即所謂「類比」。

「類比關係」並非「決定關係」；故若得一吉占或吉卜，雖即可說存在情況中應亦為「吉」，但存在情況之「吉」並非為占卜之「吉」決定者；只是由占卜之「吉」顯現而已。如此，以類比關係為假定而解釋占卜之功能時，只能說占卜有使人知「吉凶」之功能，不能說占卜有任何影響「吉凶」之力量。

但此只指占卜時已定之「吉凶」言。究竟是否一切存在過程皆是已定者？此一問題即涉占卜理論之根本困難。蓋若存在方面，一切皆已決定，則是否知「吉凶」，亦似無甚意義；若有未決定之「吉凶」，則此「已定」與「未定」之分界如何劃定，又是一問題。《易・繫辭》謂：

極數知來之謂占。78

則「占卜」本身固以能「知來」為主；與改變未來似無關係。

但占卜之原始目的，本在於「吉凶」間之選擇，因此，占卜之「知來」又不能不與行為之選擇有關。於是占卜之「知來」究竟有何意義，乃頗難解決之問題。茲先就問題本身作一析論，然後再回至《易傳》。

就理論觀點說，對占卜與決定論之態度不外以下數種：

第一、一切皆是已定。如此則不唯存在方面之未來情況已定，甚至占卜者本身之占卜活動亦是已決定。如

78 《易經・繫辭上》，第五章

此，則一切無可說。

第二、存在過程中一切皆已決定，但人之「知」多少則未決定。如此，則占卜可以助人之「知」，但「知」後仍不能改變存在，只可以改變自己之行為；即是說，占卜不能影響外界，但可以影響人之行為。依此，永有一領域為未決定者，而人之意志行為等即屬於此領域；占卜之功能亦表現於此領域中。此一立場應最接近《易經》與《易傳》一系之立場。但《易傳》中亦無一確切說明。

第三、部分存在情況是已定者，但另一部分則未定；人由「占卜」而決定行為後，對此種未決定之存在情況即有一種決定力量。如此，則占卜有助人決定外界之功能。此一說法與上列第二種之不同，在於依此說則占卜亦可以影響「成敗」，可以影響「外界」，而第二種說法雖以為占卜可影響人之行為，但因不能改變外界，且外界是已定者，故人縱能「知來」，亦只能使自己「善處」，而不能影響「成敗」。占卜影響「成敗」之說法如欲成立，則必須假定此種「神祕之知」之可靠性。又須證明此種「神祕之知」永較一般認知優越；不然則人可通過一般認知以影響未來，何必「占卜」？但此兩點皆不能證之。在《易傳》中，亦偶有較接近此一立場之說法，但無明確理論。

以上三種說法中，第二種最與談《易》者之立場接近，《易傳》中對「動」之強調，亦即表示重視占卜對行為之影響。如謂：

吉凶悔吝者，生乎動者也。79

爻也者，效天下之動者也；是故吉凶生而悔吝著也。80

---

79 《易經・繫辭下》，第一章

80 《易經・繫辭下》，第三章

此外，如〈繫辭下〉第五章解爻辭之說，皆就人之行為言，而未強調改變外界之功能。而〈繫辭〉上又謂：

……是以君子將有為也，將有行也，問焉而以言，其受命也如嚮；無有遠近幽深，遂知來物。[81]

此明說為「行」與「為」而占，占之目的則在於「知來物」——亦即「知來」之意。

故大體言之，《易傳》論「占卜」，以為「占卜」之功能主要在於使人知所自處，即是決定有何行為；至於成敗，則不重視。而「占卜」之所以能助人決定行為，則又通過「占卜符號」與「存在之秩序」間之「類比關係」以說明之。其言常夸肆，使人易覺深奧，其說實亦甚簡也。

總之，《易傳》論「占卜」，以「類比關係」為基本假定，此即見其形上學及宇宙論之成分；又以人之行為作為主要問題，則又有重視「德性」之意。就前者論，則一切存有皆被涉及——因認定一切存有皆受一「道」支配，皆表現同一秩序；就後者論，則占卜之主要目的只涉及人事，故〈繫辭〉云：

《易》之為書也，廣大悉備；有天道焉，有人道焉，有地道焉。[82]

所謂「天道」，即形上學成分；所謂「地道」，即宇宙論成分，而其重視行為或君子之自處，則是所謂「人道」也。

(四)「貞凶」

凡占卜或類似占卜之理論，皆必涉及「決定論」與「自由意志」之問題；《易傳》亦不例外。《易傳》對此問題雖無明確解釋，但觀其內容，可知此兩面均被《易傳》理論所預認。由此，吾人可進而討論一具體觀念，即象辭（《易傳》之一部）中對「貞凶」一詞之解釋。

[81] 《易經・繫辭上》，第十章

[82] 同上

《易》爻辭中每有「貞凶」之文；如〈隨〉九四、〈頤〉六三、〈巽〉上九等均是。若就原意論之，「貞凶」自即是「占者凶」之意，已如前論。但《易傳》既以「貞」為一德，而以「正」釋之，則「貞凶」一詞何義，便須解釋。象辭中釋「貞凶」之語，見於〈巽〉上九。〈巽〉上九之爻辭曰：

上九，巽在床下，喪其資斧，貞凶。

其下象辭即解釋「貞凶」：

象曰：巽在床下，上窮也；喪其資斧，正乎凶也。

所謂「正乎凶也」即是對「貞凶」之解釋，此無可疑。然則，「正」而「凶」，究是何義？

就整個《易傳》加上《易》卦爻辭看，此種觀念似與全盤理論不相容，蓋論占卜者之自處時，若「得正」似不應同時為「凶」；因「得正」仍是「凶」，則可知是否「得正」即與「吉凶」無關。於是，占卜者則「××吉」之辭時，究竟應循此「吉」而行以定自處之道乎？抑將另求一「正」以自處乎？此即糾纏難明矣。

然所謂「貞凶」，當作雖「正」而仍「凶」看時，亦可有另一理論意義，此即「貞凶」觀念涉及生命之有限性問題。

此一問題乃「道德實踐」方面之問題。倘學者根本不關心道德或德性問題，自不能涉及此點；又若學者雖關心道德問題，而只作為一純理論看，則亦不會發現此問題。唯當「道德實踐」作為吾人注意對象時，此問題即必呈現。而中國儒學既以「成德」為中心，實以「道德實踐」為主，因此，「生命之有限性」在此一傳統中便成為一重要問題。

欲說明「生命有限性」之問題，須自「道德實踐」本身下手。

凡言及「道德實踐」時，在理論上必涉及兩個認定：第一是「理分」之認定；第二是「理分之實現」之認定。

不論講「道德實踐」時取何種立場或據何種理論系統，只要說及「道德實踐」，則必認定有某種意義之「應為之事」；具體言之，此所謂「應為之事」有何內容，自即由說者所取之不同立場及所據之不同理論而有不同決定。但無論對「應為之事」作何種「內容上之決定」，一說「道德實踐」即必認定有某種「應為之事」。故此種形式意義之「應為之事」，即為「道德實踐」所必涉及者。而用中國之傳統語言表示，所謂「應為之事」即是「理分」。

其次，講「道德實踐」時，與講一道德理論不同，目的不只在於提供一套知識，或構造一套概念，而在於達成「自我轉化」(Self-transformation)，故不僅需要對「理分」本身之認定，且必須認定此種「理分」是可以「充足實現」者。蓋若不然，則縱認定一一事上有一「理分」，而不能決定此「理分」能否「實現」，即無從建立「實踐歷程」，亦無從達成「自我轉化」。以傳統語言表之，即無所謂「成德」。

此兩認定既已說明，「生命之有限性」之問題之重要性，亦即可顯出，蓋此問題根本上涉及「理分之實現」問題。

所謂「生命之有限性」，非指壽命修短而言。修短所關涉者是一具體生命之「存在」在時間上所受之限制，此種限制對「理分之實現」問題並無嚴重影響；因所謂「理分之實現」乃就一生命「存在」中之活動而言；倘此生命在某一時點上不再存在，則即無「理分之實現」之問題。但今所說之「生命之有限性」則指生命實現理分之能力之「有限」，此種「有限性」乃在一生命仍「存在」時顯現者，故與修短意義之「有限」不同。

又說生命實現理分之能力有限，亦非指「成敗」或「效果」而言。「成敗」或「效果」涉及自覺活動以外之因素；一人縱能處處實現理分，亦不必能處處成功。此種「成敗」問題本與「德性」或「道德實踐」無關，亦不影響「成德」或「自我轉化」；但吾人所論之「生命之有限性」，則與「成德」是否「可能」一問題有根本關涉。

此問題簡言之，即各理分實現間之「不相容性」(Incompatibility)之問題。此須通過具體例示說明。

譬如，有一人在一家庭中，是獨負經濟責任者，則此人對此家庭中某些分子，即有一「理分」。就此「理分」之「實現」言，此人必須完成其經濟責任。但此人不僅作為一家庭之一分子而存在，同時亦必是一國家中之一分子，且必有一具體職分——例如是一官吏。就其為一官吏而言，又有一重理分；此理分即表現於重國忘家之要求。換言之，當此人面對一定情境，須作一理分之選擇（即決定「應該如何做」）時，此人即將發現，在某些情況中，如欲實現「對國之理分」，即須犧牲「對家之理分」。此種衝突並非「利益之衝突」，而是「理分之衝突」。「利益之衝突」不難解決，「理分之衝突」則表示「道德實踐」不能完成。倘吾人再以「人類之責任」、「社團之責任」、「學術之責任」等等加入，則各種「理分」間之複雜衝突將更為明顯。茲不一一贅論。總之，一人之生命乃「有限」者，此「有限性」即使人無法同時完成各種「理分」。如嚴格言之，則此所謂「理分之衝突」，並非在於「甲理分」與「乙理分」本身互不相容，而在於一有限之生命對「甲理分之實現」與「乙理分之實現」不能同時完成；故應說為「理分實現之衝突」。

此種「衝突」或「不相容」，如純作為概念或理論者，似可以有解決之道，但落在「有限生命之實踐歷程」上，即難有解決之道。蓋具體生命之「有限性」乃不可免者，而「道德實踐」之涉及具體之生命，亦是不可免者，於是，此一幽深問題遂承在於人之道德生活中。

此一問題如作詳析，可以作種種發揮；但本節只因討論《易傳》對「貞凶」之解釋而涉及此問題，故只說大意。

「生命之有限性」涵有「理分實現之衝突」，乃道德哲學上根本問題之一，可以通過種種線索表述。《易傳》因釋「貞凶」而提出「正乎凶也」一語，亦可看作一種表述方式。蓋所謂「正」即指「理分」一面而言。若一人誠心求理分之實現，此即可謂「正」，但在「理分實現之衝突」顯出時，此一求實現理分之人終必將放棄一部分理分而不能求其實現，此即所謂雖「正」亦仍「凶」矣。

《易經》原論人之自處之道。但其所謂「吉凶」含有「價值意義」及「成敗意義」兩面，而未予清理；且原文（卦爻辭）中之「貞」字亦不能作「正」解。今所論者是《易傳》之理論。《易傳》偏重在「價值」或「道德」之問題（雖在解釋方式上取形上學與宇宙論之混合立場，與心性論立場不同），而又以「正」釋「貞」，於是遂由釋「貞凶」一語而引至此一「理分實現之衝突」問題。此在《易傳》中雖未詳作討論，然以此問題之嚴重性論之，雖一二語涉及，亦可注意，故略論如上。

以上已將《易傳》理論之特殊論點略作說明；下文再作一評論，即結束本節。

四、《易傳》理論之評論

《易傳》來源複雜，上文已作說明，因此，其中所包含之理論及觀點，亦不易確定其時代；但大體言之，此一部分資料中最晚者出於漢代（〈說卦〉），故依今所見之《易傳》說，可看作漢代完成之「論集」，其中固含有戰國時說《易》之資料，但此類資料在今本《易傳》中究在何種程度上保留其本來面目，則亦不能決定；例如「四德」之說，雖是在《左傳》成書時已有之意見，然《左傳》中係就〈隨〉之「四德」講；今本中則屬於〈乾〉之〈文言〉；顯然編纂《易傳》之人雖搜集某種較早之資料，亦曾另加整理，並非完全保留其本來面目也。

由此，本節評論《易傳》思想或理論時，只能視之為漢代編成之資料，不能收歸於先秦哲學論著中。

《易傳》理論，可分三步評析之；第一步先觀《易傳》所涉及之哲學問題，第二步再觀《易傳》理論與孔孟之說之關係如何；第三步則觀察此種思想對後世之影響。

茲先論《易傳》所涉及之哲學問題。

《易傳》各部分中，以〈繫辭〉上下為最富理論成分；〈繫辭〉之理論是形上學觀念與宇宙論觀念之混合，上文已屢言之。茲就此種理論所涉及之哲學問題著眼，則最重要者不在於此種形上學觀念及宇宙論觀念本身，而在於通過此一思路對價值問題所提出之解釋；換言之，此處評論之主要問題，即對「價值」之“Ontological Interpretation”是否在理論上有根本困難？

考察此問題，須從價值問題本身說起。

所謂「價值問題」，用日常語言表之，即是涉及「應該」或「不應該」之問題，可簡稱之為「應然」之問題，以與「實然」及「必然」之問題區分。

「應然」問題涉及「價值」；「實然」問題涉及「事實」；「必然」問題涉及規律。三者之分別甚明。論及「應然」或「價值」時，吾人首先應明白此類問題不是「事實問題」。因無論何種事實，只能「有」或「無」；本身無所謂「價值」。決定事實之「有無」，依賴知覺能力；而知覺能力本身亦不能涉及所謂「應該」或「不應該」。當人說「此事是不應該（或應該）」時，人是對此事實另加一判斷；此判斷之謂詞，本身即不表示任何知覺或經驗中之性質。

「應該」或「不應該」不唯不是知覺中之性質，而且亦不是推理思考中之性質。當人說「這是甜的」，「甜」之意義依於人之知覺而成立；當人說「這是必然的」，「必然」之意義依於人之推理思考而成立；但當人說「這是應該的」，則此中「應該」一詞之意義既不能依於知覺而成立，亦不能依於推理思考而成立；必須另有來源。

吾人所以說「應該」之意義必須「另有來源」，而不說「應該」一詞「無意義」，乃因當吾人能討論「應該」一詞不能通過知覺及推理思考解釋時，吾人顯已承認「應該」一詞已「有意義」，否則即不能說「應該」一詞能否通過知覺或思考解釋。故真問題只在於「應該」一詞所含之意義，何由而來？或依何能力而成立？至於此詞之意義則早已呈現於人之意識中，否則，人即根本不能論及此問題。

「應該」一詞之意義應如何陳述之又應依於何種能力為其根源？此類問題如詳論，皆須涉及冗長之解析；此處只作一簡略答覆如下：

「應該」之意義包含「普遍性」與「規範性」，故與「有無」、「真偽」、「必然不必然」等問題均不同。其次，此一意義本身是「不可分」及「不可化歸」者，亦即是"atomic"。因此，此意義必依於一種獨立之能力而成立[83]。

倘吾人之能有對「應該」之意識，乃由於一獨立能力而然；則此一"Faculty"即與知覺、推理思考等不是一事，而且亦與「認為某事應該」之具體心理現象亦完全不同。此種能力——即"Faculty"，在以往哲學家或稱之為「理性意志」，或稱之為「實踐理性」，或稱之為「義理之性」，或稱之為「良知」；此各種說法皆各有不同之語脈，但皆指此作為價值之根源之能力而言。

依此，吾人可知，「價值問題」之根源，出於此一能力，而並非出於事實上某種存在，或某種關係；換言之，即不能從「客體性」(Objectivity)一面獲得解釋，只能從「主體性」一面獲得解釋。而且價值問題或「應然」所依之主體能力，又是另為獨立，與知覺理解、推理思考等，皆不同。

[83] 關於「價值謂辭」如「好」之「不可分」及「不可化歸」，英國解析哲學家 G. E. Moore 曾有 *Principia Ethica* 一書詳作析論。其書雖與本書之哲學立場不同，但就此一問題說，讀者閱此書亦可幫助了解。此點在理論上大體無甚問題

倘吾人欲對此一主體能力作更明確之描述，則可依前所說之「普遍性」及「規範性」講，亦可以通過「目的性」、「責任」、「自由意志」等觀念予以闡釋。本節原非專論此一問題，只說至此處為止，以下即回到《易傳》之評論。

吾人如確知「價值」問題不是可通過「客體性」以解釋者，則凡一切訴於「存有」以說價值之理論，無論如何複雜精巧，基本上必不能成立；由此，一切以「形上之規律」或「宇宙之規律」為依據，而欲解釋「價值」之說，亦皆有根本困難。《易傳》理論屬於此種通過「存有」以解釋「價值」之理論，故亦有根本困難。

此種形上學、宇宙論或混合二者之價值理論，各有不同之內部建構，因此，若欲指出其「困難」所在，則須各就其理論建構批評，但根本上其困難皆由於欲通過「客體性」以解釋「價值」；故吾人此處評論《易傳》之價值理論，亦只指出此根本困難；至於就特殊建構講，則《易傳》本身並無完整建構——甚至未提出一「如何判斷價值」之說法，故亦不必多說。

其次當論《易傳》與孔孟之說之差異。

自漢代以下，儒者每喜尊《易》；其實漢儒之學說基本上已與孔孟之心性論方向不同，後世雜取漢人理論以說孔孟者，則愈說愈亂，將理論之大界限攪混不清。甚至宋儒亦不免此病（見下）。但嚴格論之，則「心性論」之哲學，乃以「主體性」為本者；「形上學」及「宇宙論」之哲學，皆是以「客體性」為本者。二者乃類型完全不同之兩系。孔孟之說，屬「心性論」立場。漢儒之說屬「宇宙論」立場，《易傳》及〈中庸〉等文件所表現之思想，則以「形上學」為主，而雜有「宇宙論成分」。故《易傳》之思想理論，決不能與孔孟之學混為一談。此是論中國儒學時一大關目。

此處尚有應加補充者，即是原始思想中某些成分，每每流傳後世，為學人吸收而納入其理論中；此在中國亦然。如「人格天」及「形上天」之觀念，古已有之；但並非一哲學理論。而在漢儒及漢代彙集之儒家文件中，則此類觀念皆被收入一宇宙論或一形上學理論中，於是，此類原始思想皆化為某種哲學觀念。但此亦非表示此類含有原始思想之「哲學」是儒學傳統所在；因所謂「儒學」自指孔子所創立之思想或哲學而言，並非指原始思想。因此，人若據原始思想中之「天」觀念以釋孔孟之說，亦屬謬誤。若以此類混雜之說作為儒學之主要理論，則更屬謬誤矣。

漢儒理論及漢代所編之儒家文件中之理論，本與孔孟之學方向迥殊：其所以仍被稱為「儒學」者，實由於持此類理論之知識分子，自稱屬於「儒家」一派。蓋此類知識分子，在古文化崩潰之後，並不真正了解孔孟立說之旨，又不能在理論上掌握「主體性」與「客體性」之分辨，以致立說大異孔孟，而仍自命儒家。此自屬可笑之事，然其影響後世則甚為嚴重。

至此，吾人乃可討論《易傳》思想對後世之影響。

漢儒卑陋，只知講一種「宇宙論中心之哲學」，此點早已述及；故《易傳》及《禮記》中所含之某些形上學觀念，並未在漢儒學說中迅速發生影響。此種觀念發揮影響，實以北宋時為最盛。蓋自宋至明，中國思想家欲脫離漢儒傳統而逐步求「價值根源之內在化」；宋明理學即此「內在化過程」之表現。而在最早作脫離「宇宙論中心之哲學」之努力時，自然第一步走向「形上學與宇宙論之混合階段」；其次走入「純形上學」之階段，然後方轉向「心性論之重振」。由此，北宋之周張，代表第一階段。此階段之理論，即與《易傳》及〈中庸〉接近；伊川及明道之學則代表純形上學或第二階段，亦仍以此種資料為重，朱熹承之。陸九淵在南宋時立說，則已開第三階段，其後明之王陽明承之，則漸歸於「心性論」。此一發展過程中《易傳》之地位自開始時便極重要，其後雖與當時之思想方向漸不一致，然宋明儒者用語中，經常涉及《易傳》及〈中庸〉之詞語；蓋此類用語被儒者採用，已成習慣。而《易傳》及《禮記》中〈學〉、〈庸〉二篇之地位，一直未被嚴格評定。於是，由戰國至秦漢之儒者所建立之形上觀念，對後世之影響，乃有時超過孔孟之說。而其結果，則使後人誤解孔孟，並誤解儒學之基本立場。此則是學者應加深思之問題。

捌　《淮南子》、揚雄與王充

漢代思想除以上所論列之漢儒文獻外，尚有應稍加敘述者，即向稱為「雜家」之《淮南子》，混合儒道之揚雄及東漢之反傳統思想家王充之說。以下依次分論之。

一、《淮南子》

《淮南子》一書為淮南王劉安與其賓客所編著。今本共二十一篇。最末一篇為〈要略〉，蓋全書之後序，為說明全書內容而作；故正文實僅二十篇。

《漢書》記《淮南王書》事，有云：

> 淮南王安為人好書鼓琴，不喜弋獵狗馬馳騁，亦欲以行陰德拊循百姓，流名譽；招致賓客方術之士數千人，作為《內書》二十一篇，《外書》甚眾；又有《中篇》八卷，言神仙黃白之術。……初安入朝，獻所作內篇新書，上愛祕之。[84]

由此可知，《淮南王書》原有內、外、中之分。唯《內書》二十一篇，獻於朝廷。此二十一篇原以「鴻烈」為總

[84] 《漢書・淮南王傳》

名，故《內書》又稱為《鴻烈之書》。《漢書・藝文志》於雜家著作中，錄有「《淮南內》二十一篇，《淮南外》三十三篇」。《內書》篇數與今本《淮南子》合，蓋今本即《淮南王書》之《內書》也。至於《外》三十三篇，當已失傳。高誘注《淮南子》，以為書名原為「鴻烈」，而劉向校定此書時，命名為《淮南》，則《淮南子》之名，當始於此。班固〈藝文志〉亦即承此而稱是書為「淮南」也。

《淮南子》各篇內容雜亂，然其書有一特色，頗可注意；即此書恰能代表漢代人心目中之「道家」。此點應稍作析論。

上文曾指出，道家思想進入漢代，即遭肢解；但此乃吾人以哲學史眼光所作之斷語，並非漢代人自身之了解。漢代知識分子於儒則不解孔孟之本旨，於道亦不解老莊之精義。自西漢以下，漢代人心目中之「道家」之學，並非「以超離之靜觀為歸宿」之哲學，而為一組形上觀念與技術觀念之混合體；蓋即取老子之形上觀念與韓非以下之「黃老之術」雜揉而成，內容虛泛而模糊。此實由於秦火之後，各家典籍散佚，學統斷絕；故先秦各家學說之本旨，皆每不能為漢人所了解。漢代持道家之說者，常因自身未能於「自我」之「超越性」有所解悟，因此，在此一根本問題上態度不定；亦不知何種觀念及主張，合於先秦道家立場，何者不能相合。於是，漢人論道家之學時，大抵破碎混雜，既非先秦之說，亦不成為一新系統；然言者不知，聞者不辨，反以為所謂「道家思想」即是如此矣。學者倘欲得一明顯之例證，則司馬談〈論六家要指〉之文，便正屬此類資料。其言曰：

> 道家使人精神專一，動合無形，贍足萬物；其為術也，因陰陽之大順，采儒墨之善，撮名法之要；與時遷移，應物變化，立俗施事，無所不宜，指約而易操，事少而功多。85

85 《史記・太史公自序》

談遷父子，對哲學問題皆無所知。〈論六家要指〉所言，如當作一理論者，自屬幼稚可笑；然作為史料看，則吾人觀此資料正可看出漢代知識分子如何了解「道家」，又如何將「道家」化為「雜家」而不自覺。如上引之文所描述，則「道家」之思想中既有陰陽五行之成分，又兼采儒墨學說，且後混以名家及法家之理論；如此一種「道家」思想，不獨顯然非老莊之學說，而且本身成為一團拼湊之觀念，根本不能成為一學派矣。然而司馬談如此描述「道家」，司馬遷不覺其荒謬。《史記》行世後，當世知識分子亦皆不覺其荒謬。足見自西漢初年起，談論「道家」者實已將「道家」原旨失去，而予以「雜家化」。且此種態度，在司馬談父子時代業已定型，故如此荒謬之說，人竟不以為怪，反視為正常矣。

道家之說，專就老子之書而論，形上意義之「道」尚似頗為重要；但若合老莊之思想觀之，則可知其大方向在於只肯定一情意性之自我，而否定其他自我活動之意義。故欲確切了解道家學說及其精神方向，則必須就其對「情意我」之肯定著眼；不然則不得其綱領所在。但道家學說中此一肯定原距常識甚遠，通常人略讀道家之書，而不能以理論眼光掌握其中心觀念時，便每每將常識中某種肯定誤認為道家之肯定，不知此種常識中之肯定每每恰與道家精神違異。漢代人士不能辨別道家本旨所在，故常將陰陽刑名之說與道家混為一談；有此種混雜學說後，論者又取此種混雜學說作為「道家之言」；於是老莊之本旨反而不明，而遂有如談遷父子之解釋出現。

今如欲取一足以代表此種混雜學說之作品，作為考察對象，以了解此時代中一般人所謂之「道家」，則《淮南鴻烈》之書乃最佳之代表。

以上略論漢人之誤解道家，下文即專論《淮南子》。

《淮南子》一向被列入「雜家」一類；其書內容頗亂，但亦有數點可代表其特性者：

第一、《淮南子》書中所談之「道」，自以為即道家之「道」，至少在理論立場上，編成此書者處處以「道家」自居。

第二、此書各部分所敘述之思想，為許多觀念之拼湊，全書不成一系統理論；且亦無一明確「自我」觀念，實未接觸老莊心靈之真象。

第三、書中涉及技術權謀之處甚多，似即以此類觀念作為其所談之「道」之內容。此即表示《淮南》各篇作者言及「道家」時，大體屬於所謂「黃老刑名之術」一支。

又書中雖有其他學派之說，但均視為陪襯；此正表示《淮南》一書恰代表〈論六家要指〉中所論之「道家」，亦即「雜家化之道家」；決非先秦道家之本來面目。

就全書之內容而論，〈要略〉一篇撮述各篇大意，是最方便之敘述根據。茲節引如下：

〈要略〉釋〈原道〉云：

> 原道者，盧牟六合，混沌萬物，象太一之容，測窈冥之深，以翔虛無之軫。

此即表示《淮南》所言之「道」，乃形上學意義之觀念，且又明標「虛無」二字，以表示與道家傳統之關係。然則此「道」落在人生上，有何具體內容？原文續云：

> 欲一言而寤，則尊天而保真；欲再言而通，則賤物而貴身；欲參言而究，則外物而反情。

此處所列之「保身」、「貴身」、「反情」等觀念，表面上與楊朱之說、老莊之言，皆甚為相近；此即表明《淮南》一書所自認之立場；但此處所用之「身」字，顯指「形軀」而言，故此亦是《淮南》之說違離老莊之證據也。

釋〈俶真〉云：

> 俶真者，窮逐終始之化，嬴坪有無之精，離別萬物之變，合同死生之形，使人遺物反己。審仁義之間，

通同異之理，觀至德之統，知變化之紀，說符玄妙之中，通迴造化之母也。[86]

此中所謂「遺物反己」，即與前所謂「賤物而貴身」、「外物而反情」等大旨相同；但此處強調「離」、「合」及「同異」、「變化」等，則又隱隱指莊子之說而言。蓋此類所謂「道家」人士，實不能確切掌握老莊思想之內部建構，但取其一二詞語，任意發揮，因之遂有此種泛辭也。

釋〈天文〉云：

天文者，所以和陰陽之氣，理日月之光，節開塞之時，列星辰之行，知逆順之變，避忌諱之殃，順時運之應，法五神之常，使人有以仰天承順而不亂其常者也。[87]

此則分明非道家學說。由「陰陽之氣」，論及「日月」、「星辰」，再落到「逆順」、「忌諱」等觀念上，正是談陰陽五行之術士口吻。至主張「仰天承順」，則是以人事合乎「天」為價值所在，與董仲舒等所持「天人相應」之說接近，而所言「不亂其常」一語中之「常」字，顯指宇宙論規律而言，亦非老子之形上意義之「常」。總之，此等說法皆表現「道家之雜家化」。

關於「天人相應」觀念，《淮南》書中涉及此者甚多；最顯著者為〈精神訓〉中之資料。〈要略〉釋〈精神〉云：

精神者，所以原本人之所由生，而曉寤其形骸九竅，取象與天。合同其血氣與雷霆風雨，比類其喜怒與晝宵寒暑，並明審死生之分，別同異之跡，節動靜之機，以反其性命之宗，所以使人愛養其精神，撫靜其魂魄，不以物易己，而堅守虛無之宅者也。[88]

---

[86] 《淮南子・要略》

[87] 同上

此段中之「與」字，皆就相合相配而言；說人體「取象與天」，又以為「血氣」配「雷霆風雨」，「喜怒」配「晝宵寒暑」，皆表「人」與「天」相應之看法。

而〈精神訓〉本文則云：

夫精神者，所受於天也；而形體者，所稟於地也。

此已是標準漢代人口吻；而其下又詳為比附云：

故頭之圓也象天，足之方也象地。天有四時五行九解，三百六十六日；人亦有四肢五藏九竅，三百六十六節。天有風雨寒暑，人亦有取與喜怒；故膽為雲，肺為氣，肝為風，腎為雨，脾為雷，以與天地相參也，而心為之主；是故耳目者，日月也；血氣者，風雨也。[89]

此種論調，與董仲舒之說幾不可辨。蓋取陰陽五行等觀念，作無意義之比附，乃漢代知識分子之一般傾向；不過自命為「儒」家者即以此釋「經」，自命為「道家」者則據此以論「道」；其實非「儒」亦非「道」也。

〈精神訓〉涉及一種人生態度，故較《淮南》書中許多篇章更值得注意，除以上所引者外，尚有論及「養生」及「靈魂」觀念者，此則一部分與道家相符，一部分則另有新義。當略為析論。關於養生問題，即文中論「精神」之處，〈要略〉所謂「愛養其精神」是也。原文云：

精神盛而氣不散則理，理則均，均則通，通則神；神則以視無不見，以聽無不聞也，以為無不成也；是故憂患不能入也，而邪氣不能襲。[90]

---

88 此中「並明」二字，舊解斷屬上句，即「晝宵寒暑並明」連讀；但審其文義，「晝宵寒暑」及「雷霆風雨」為平行語，不應忽加「並明」二字，且就下文看，則「並明」與下文連讀，反為較順，故改斷如上

89 《淮南子・精神訓》

此係言能養「精神」之結果，其上下文皆論及「嗜欲」，以為人逐逐於嗜欲，則精神馳騁於外，於是遂不能清明，而一切失敗煩惱，皆由此而生。由此以說明養「精神」之重要。此大致與莊子養生之說相近，不同者在於混以宇宙論觀念，已如上述，然畢竟此段既強調人之不受「外物」吸引為養「精神」之要訣，則仍算最能保持道家立場之論點也。此外尚有套《莊子》之文數節，不必詳論。

其次有可看作新義者，則是關於「形」與「神」之議論。其言曰：

> 故形有摩而神未嘗化者；以不化應化，千變萬抮，而未始有極。化者，復歸於無形也，不化者，與天地俱生也。[91]

此謂「形」可以「磨滅」（「摩」即「磨」之借字），而「神」則不滅；此「形」指形軀而言，「神」則是形軀以外之實體，大致即相當於通常所謂「靈魂」。下文又云：

> 夫木之死也，青青去之也。夫使木生者，豈木也？猶充形者之非形也。故生生者未嘗死也，其所生則死矣；化物者未嘗化也，其所化則化矣。[92]

此處之觀念大可注意。蓋所謂「使木生者」、「充形者」、「生生者」、「化物者」等語，皆表一種「主動性」，而書中語脈顯然即以此類詞語說「神」；依此，「神」表一非物質性之主動力，又是「不滅」者。而「形」有生死，「神」則為使一切生命成為生命之力量——所謂「生生者」，本身無所謂「生死」，此則已對莊子「養生」之說大加改造，而隱隱通至道教神仙之說。世傳淮南「拔宅飛昇」云云，雖是妄語，然觀此種思想出於《淮南》書

---

90 同上

91 《淮南子・精神訓》

92 同上

中，則可知淮南賓客固已有持神仙之說者；且其說重在「神」，而不重在「形」，與日後道教教義有部分相合，則「拔宅飛昇」之妄語大抵亦正由此而來。因論〈精神訓〉一篇之義，順及數語。總之，〈精神訓〉雖以「天人相應」之說為主，「神」與「形」之分別則屬新義；不唯與漢儒一般論調不同，與先秦道家觀念亦大有殊異。

其次，〈要略〉論〈本經〉云：

本經者，所以明大聖之德，通維初之道，埒略衰世古今之變，以褒先世之隆盛，而貶末世之曲政也，所以使人黜耳目之聰明，精神之感動；樽流遁之觀，節養性之和，分帝王之操，列小大之差者也。

此中「褒」字，應作「褎」，即隸中「褎」字之篆形；其中「禾」形乃「禾」之刻誤。此節述所謂〈本經〉之旨，主要在於推崇古代；觀是篇本文，則其說大體皆發揮老莊之「文化否定論」而已，其說則散亂重疊，殊無可取；但其用語則頗特殊，如云：

……是故知神明，然後知道德之不足為也；知道德，然後知仁義之不足行也；知仁義，然後知禮樂之不足脩也。今背其本而求其末，釋其要而索之于詳，未可與言至也。[93]

此雖無新義，但一則在「道德」上加一「神明」，二則在「仁義」下加一「禮樂」。大旨雖與老子之說相類，然此一層層下降之系列中，亦包含「道」；於是「神明」之地位高於「道」，乃與老子說不同。「仁義」下加一「禮樂」，則表示作者又雜取儒者用語。此等處亦表現《淮南》各篇作者雖基本上自命道家，實則立論雜亂無章，用語亦未深考也。

此外《淮南》書中又有取韓非一系之說為內容者，如〈主術〉；又有〈兵略〉一篇雜取兵家之言敷衍成篇，大體皆空論而無實義。又有〈說山〉、〈說林〉諸篇，載辯者小言及萬言故事，全無旨要可說。然〈要略〉中論

---

[93] 《淮南子．本經訓》

及〈主術〉、〈兵略〉時，亦未解釋此種觀念與全書之關係。

〈要略〉釋〈主術〉云：

主術者，君子之事也，所以因作任督責，使群臣各盡其能也，明攝權操柄，以制群下，提名責實，考之參伍；所以使人主秉數持要，不妄喜怒也。

此種口吻全屬韓非一路，即全為統治者著想而提出之統治技術。原文又極力牽扯道畝觀念之權術部分，亦與《韓非》書中之〈解老〉、〈喻老〉相類；然此種態度與道家基本價值觀念之衝突，則全不作解釋。

至〈要略〉釋〈兵略〉則云：

兵略者，所以明戰勝攻取之數，形機之勢，詐譎之變；體因循之道，操持後之論也；所以知戰陣分爭之非道不行也，知攻取堅守之非德不強也。誠明其意，進退左右無所失，擊危乘勢以為資，清靜以為常；避實就虛，若驅群羊。此所以言兵也。

今觀是篇本文，則以「禁暴討亂」為用「兵」之目的，是剽竊孟子之說；此外論「兵有三詆」，列舉三種「用兵」之道，亦不過古人常道之語，殊未見對「戰勝攻取之數」有何特殊見解。反之，如將此篇看作對「軍事活動」之文化意義之解釋，轉不失為一可注意之文獻。號為〈兵略〉，則名實不符也。

若就基本精神而論，則法家言統治之術，兵家言征戰之事，皆與莊子之價值觀念違異，《淮南》書中所取之資料乃包括此類議論，亦足證《淮南》各篇作者及編集者只知漢代之已失真之「道家」，而不明老莊精義也。

此外，書中他篇不一一具論。總之，《淮南》一書，若作為一理論著作看，可取之處甚少，作為一種資料，代表漢代人心目中之「道家」者，則是最適當之文件。因此，本書依哲學史觀點，仍對此書作以上之討論。

二、揚雄之思想

揚雄表面上以儒家自居，但其立說則忽近於儒，忽近於道；又揚雄原不主讖緯之說，但自己理論亦每每不免受陰陽五行說之影響；蓋揚雄本非一合格之哲學家，既不能深切了解儒道之本旨，又不能自己立說；故其書雜亂空虛，至為可笑。然漢代知識分子，愈晚愈有混雜儒道之趨向，日後終於出現魏晉玄談一流人物，代表中國價值意識之大混亂階段；而揚雄生於西漢末年，已充足表現半儒半道之立場，則亦是哲學史研究者應加注意之人物；因揚雄實可選作此一趨勢中較早之代表也。

揚雄著作中，以《法言》及《太玄》最為重要；前者代表其儒家立場，後者則表現其人受道家及陰陽五行說之影響。茲分別略論之。

(一)《法言》

揚雄《法言》一書，體裁略似《論語》。專就此書而論，則揚雄顯然以儒者自居；書中多推崇孔孟語。此外論及老莊時，則有揚有抑；於其他學派，則皆輕貶之。茲引述數節。

> 棄常珍而嗜乎異饌者，惡覩其識味也？委大聖而好乎諸子者，惡覩其識道也？山徑之蹊，不可勝由矣。向牆之戶，不可勝入矣。曰：惡由入？曰：孔氏；孔氏者，戶也。[94]

此謂治學須趨正途。而揚雄明說「孔氏」為「戶」，即唯一可通之正途。所謂「大聖」亦指孔子。

> 或問治己，曰：治己以仲尼。[95]

[94]《法言・吾子卷第二》

[95]《法言・修身卷第三》

此謂學者修身應以孔子為標準，即以孔子為理想人格之代表。揚雄尊孔之外，亦推崇孟子。如云：

古者楊墨塞路，孟子辭而闢之，廓如也。後之塞路者有矣；竊自比於孟子。[96]

揚雄自比孟子，其不稱固不待言，然既以孟子為自己立身之標準，則其推崇孟子可知。揚雄尊孔孟，以儒者自居，因此亦尊儒家稱道之古人。

適堯舜文王者為正道，非堯舜文王者為它道。君子正而不它。[97]

以「堯舜文王」作為「正道」之代表，即以儒者所尊崇之古人為「正道」所在也。觀此可知，揚雄固以堯舜文王至孔孟為「正統」，而自己又以承此「正統」自居；由此，又尊儒學經籍。

或問五經有辯乎？曰：惟五經為辯。說天乎莫辯乎《易》；說事者莫辯乎《書》；說體者莫辯乎《禮》；說志者莫辯乎《詩》；說理者莫辯乎《春秋》。捨斯，辯亦小矣。[98]

此是以「五經」為學術之最高代表，全屬儒生口吻。又揚雄論儒學時，只承認孔孟為正道之代表；對荀則有貶詞。

或曰：子小諸子；孟子非諸子乎？曰：諸子者，以其知異於孔子者也。孟子異乎？不異。或曰：孫卿非數家之書，侻也；至於子思孟軻，詭哉。曰：吾於孫卿與？見同門而異戶也。[99]

此即謂荀子雖屬儒家，實不能承孔子之道，即視荀學為儒學之旁門也。

---

[96]《法言・吾子卷第二》
[97]《法言・問道卷第四》
[98]《法言・寡見卷第七》
[99]《法言・君子卷第十二》

揚雄既取專尊儒學之立場，故論諸子皆作貶詞；唯於老莊則褒貶各半。

老子之言道德，吾有取焉耳；及搥提仁義，絕滅禮學，吾無取焉耳。[100]

或曰：莊周有取乎？曰：少欲。鄒衍有取乎？曰：自持。至周罔君臣之義，衍無知於天地之間，雖鄰不覿也。[101]

觀此，可知揚雄雖謂老莊有可取處，但仍覺老莊之說有嚴重錯誤，且此種錯誤即在於老莊之否定文化之觀點，亦即其最反儒學之觀點也。

揚雄言及申韓一派與名家之說時，則皆極力貶斥。如：

或曰：申韓之法非法與？曰：法者，謂唐虞成周之法也。如申韓！如申韓！[102]

或問：韓非作說難之書，而卒死乎說難；敢問：何反也？曰：說難，蓋其所以死乎！曰：何也？曰：君子以禮動，以義止；合則進，否則退；確乎不憂其不合也。夫說人而憂其不合，則亦無所不至矣。或曰：說之不合，非憂邪？曰：說不由道，憂也。由道而不合，非憂也。[103]

此則以儒者所稱道之先王之「法」為正法，而否認申韓所言之「法」；又以儒者不計成敗之觀點，深譏韓非一味憂其說之不合，不明正道。揚雄對法家之貶抑，不待詳論。

論名家則有以下一段：

[100] 《法言・問道卷第四》

[101] 同上

[102] 同上

[103] 《法言・問明卷第六》

或問，公孫龍詭辭數萬以為法，法與？曰：斷木為棊，梡革為鞠，亦皆有法焉。不合乎先王之法者，君子不法也。[104]

此所謂「先王之法」即指「唐虞成周之法」；揚雄意謂名家只是小道，不足為君子所取法。

總之，揚雄輕視諸子，故謂：

莊楊蕩而不法，墨晏儉而廢禮，申韓險而不化，鄒衍迂而不信。[105]

此中獨不言及老子，蓋揚雄對《道德經》終有偏好也。

揚雄以承孔孟自居，已如上述，但觀其對成德治學等問題之論調，則其理論立場顯然反與荀子之說相近。

先就揚雄論「學」之語看，則揚雄極重「師法」。

或曰：學無益也，如質何？[106]

此假設對「學」與「質」之關係提出問題，而揚雄答覆則云：

未之思矣。夫有刀者礲諸，有玉者錯諸。不礲不錯，焉攸用？礲而錯諸，質在其中矣。[107]

此分明是強調外在之改造，刀玉之喻，亦猶荀卿「木受繩則直」之喻也。且以為一經施以外在改造，「質」即由此決定，則已幾乎完全抹煞「本有性質」之限制。荀子但言「化性」，觀揚雄此語，則直以為「性」由磨鍊「生出」矣。又云：

---

[104] 《法言・吾子卷第二》

[105] 《法言・五百卷第八》

[106] 《法言・學行卷第一》

[107] 同上

孔子習周公者也；顏淵習孔子者也。[108]

此即明指「師法」而言，以為聖賢由「習」而成，如此，則「學」以「師」為最重，故云：

務學不如務求師。師者，人之模範也，模不模，範不範，為不少矣。一鬨之市，不勝異意焉；一卷之書，不勝異說焉。一鬨之市，必立之平；一卷之書，必立之師。習乎習，以習非之勝是，況習是之勝非乎？[109]

如此，則「求師」為成德治學之要，且「師」即是一「標準」。由此推之，似將說價值根源，在於「師法」。荀學之舊病，又見於揚雄之書；而揚雄依然襲荀而不自覺，亦可異矣。

揚雄實不通心性之覺，故不唯不知孟荀之別，且在論「性」時，全作淺薄語。曾謂：

人之性也，善惡混；修其善則為善人，修其惡則為惡人。氣也者，可以適善惡之馬與？[110]

此即後世所謂「善惡混」之說也。言「善惡混」，即是以「善惡」為某種經驗事實。蓋如就自我言，則只可說有善惡二向或二可能，不能說「混」。「善」與「惡」各表一方向，何得「混」乎？至於言人之可以善，可以惡，則是無人反對之常識。孟子言「性善」乃就人之價值意識說「性」，然並非謂人不可以為惡；但說惡不由此「性」生出而已。荀子言性惡，乃以人之「自然之性」說「性」，著眼在動物性一面，然並非謂人不可以為善。蓋徒說人可以為惡，可以為善，則全未接觸善惡之意義以及德性之可能等等基本問題，故立說者如孟荀，斷不能立於此常識層面也。揚雄喜從荀說，又不解荀子之理論；推崇孟子，亦不解孟子論「性」之本義。妄求折中，而言「善惡混」；實正顯示其人全不解心性問題耳。

---

[108]《法言・學行卷第一》

[109] 同上

[110]《法言・修身卷第三》

此處另有應加注意者，即以「氣」為「適善惡之馬」之語。蓋揚雄既不能從意識及心靈能力方面言善惡，自己亦發覺對人何以有善有惡，須加解釋，於是歸之於「氣」。依此而論，人之成為「善」或「惡」，乃由氣禀不同決定；果爾，則價值問題化為事實問題，不唯心性之學無從說起，即一切價值問題亦皆不能出現矣。揚雄立說，原自擬孟子，欲昌明儒學，而其迷亂乃至於此，固屬可笑，然就哲學史說，則揚雄此言正為日後論「才性」者之先驅；蓋魏晉玄談之士所言「才性」，正是「氣禀」之意，詳見後文。

此外，揚雄之政治思想，則純取儒者立場；此亦一般西漢儒者之所同。

> 或問，何以治國？曰：立政。曰：何以立政？曰：政之本，身也；身立，則政立矣。[111]

儒者一向以為政治生活乃道德生活之延長，以理想人格作為理想政治之決定條件；揚雄正取此立場，以「立身」為「立政」之本。專就此點而論，揚說又近孟子，與其論「學」時之近荀子不同。

揚雄進而論為政之要時，則極力發揮孟子「仁政之說」，其言曰：

> 或問，為政有幾？曰：思斁。或問，何思何斁？曰：老人老，孤人孤，病者養，死者葬，男子畝，婦人桑之謂思。若汙人老，屈人孤，病者獨，死者逋，田畝荒，杼軸空之謂斁。[112]

「思」指懷思，「斁」指厭惡；揚雄蓋以為所謂「為政」，要旨只在於使人民懷思，而不能使人民厭惡；故以「思」與「斁」對舉而論之；其解說思斁所舉各事，皆就改善人民生活說，與孟子昔日論「仁政」之言皆合。

揚雄對政治制度或政治生活之基礎問題，則毫無所見；除述孟子「仁政」之意外，只強調「德治」及「教化」。

---

111 《法言・先知卷第九》

112 同上

或曰：為政先殺後教。曰：於乎！天先秋而後春乎？將先春而後秋乎？吾見玄駒之步，雉之晨呴也。化其可以已矣哉？民可使覿德，不可使覿刑。覿德則純，覿刑則亂。[113]

所謂「先殺後教」之說，不見於先秦諸子，蓋漢人兼用儒法者或有此論，故揚雄駁之。其說先以春秋之先後為類比，以說教應重於刑；此無甚理論意義，不過漢儒談「天人」之濫調而已。其次，則訴於一種生物本能之觀念，以為民之可「化」為其本能，如玄駒之步，雉之晨呴；此又暗涵一「性善」觀念，與其論「性」論「學」之說大有衝突矣。

又在「德治」觀念下，法規條文皆不足重視，故揚雄亦薄律令章奏之事：

或問曰：載使人草律，曰：吾不如弘恭；草奏，曰：吾不如陳湯。曰：何為？曰：必也，律不犯，奏不剡。[114]

此是仿孔子「必也使無訟乎」之語，而表示其輕視刑名之術，刀筆之吏；揚雄力取「德治」立場，故有此說。總之，就政治思想而言，揚雄完全接受儒者之傳統觀念。然「仁政」之說，原與德性理論有關，揚不溯其本，僅襲其末，亦與其他漢儒類似耳。

揚雄原不喜讖緯之說，但又不能真承接孔孟之心性論，仍時時受宇宙論風氣影響，執著於所謂「天」觀念。例如其論「儒」之立場時，乃云：

通天地人曰儒，通天地而不通人曰伎。[115]

[113]《法言・先知卷第九》

[114] 同上

[115]《法言・君子卷第十二》

此雖是強調儒者應重「人道」（此表示揚雄不完全贊同當時之俗論），然終以「天地人」合說儒學之範圍，不離「天」字；且觀揚雄論「聖人」之語，則其心目中之「天」，固居極重要地位。

或曰：聖人之道若天；天則有常矣，何聖人之多變也？曰：聖人固多變。子游子夏得其書矣，未得其所以書也；宰我子貢得其言矣，未得其所以言也；顏淵閔子騫得其行矣，未得其所以行也。聖人之書，言，行，天也；天其少變乎？[116]

案此段論旨似欠分明，然大意蓋以為「聖人」之為「聖人」，不在其表現上，而在於另有「大本」所在，故「書」、「言」、「行」皆只是表現，另有「所以書」、「所以言」、「所以行」則是此各種表現所依之「大本」；聖人在表現處，亦可說「多變」，然其「本」自不變。此說本身固有可玩味處，但揚雄為此論，原意實欲說明「聖人」雖「多變」，似不礙其與「天」類似。此則又表現其心目中之重視「天」，亦與一般漢儒相同。

又言及聖人之作用或影響時，揚雄認為「聖人之道」貴在能定普遍方向及標準，故不可從細節上批評。

或曰：仲尼之術，周而不泰，大而不小；用之，猶牛鼠也。曰：仲尼之道，猶四瀆也；經營中國，終入大海。它人之道者，西北之流也；綱紀夷貉，或入於沱，或淪於漢。[117]

此則以「水」喻「道」，謂孔子所代表之「聖人之道」，能得方向之正，如四瀆之入海；其他學說則只在一定範圍內有功用，又常有方向錯誤。此說雖無高遠之處，但表示揚雄對「聖人」之了解。而其強調聖人能立普遍標準，又勝於西漢談讖緯而神化孔子者多多。

揚雄不喜神祕主義之說，但又不知漢代宇宙論思想乃神祕主義之根源，故一面反神祕主義，一面則又接受

---

[116] 《法言・君子卷第十二》

[117] 同上

漢代論道家及論《易》之說。此可由其思想之另一部分見之。

除《法言》外，代表揚雄思想之另一方面者，為《太玄》一書。《法言》代表揚雄之儒家一面，《太玄》則代表其道家一面。

此處須稍作說明者，是揚雄所取之「道家」與一般漢代人不全相同。漢代道家分為三支，一支與方士合流，而有神仙長生之說，日後終演成漢末之道教；一支通過韓非，成為黃老刑名之術；另一支則由玄理之欣賞轉入玄談，遂成為日後魏晉之放誕生活。揚雄所取之「道家」，則偏於玄理一支，換言之，即取其形上學觀念。至於「神仙」之說，則揚雄固力言其無意義。

或問：人言仙者，有諸乎？吁！吾聞伏犧神農歿，黃帝堯舜殂落而死，文王畢，孔子魯城之北；獨子愛其死乎？非人之所及也。仙亦無益子之彙矣。[118]

此謂聖賢皆有死，人何能獨得長生？又：

或曰：聖人不師仙，厥術異也。聖人之於天下，恥一物之不知；仙人之於天下，恥一日之不生。曰：生乎！生乎！名生而實死也。[119]

此則謂縱能長生，亦無意義。足知揚雄雖取道家之言，但不是此一支也。

(二)《太玄》

《太玄》仿《易》而作；《易》以「二」數為本，故有六十四重卦；六十四即「2^6」；《太玄》以「三」數為本，故立「方、州、部、家」之名，而有八十一家；八十一即「3^4」。此理甚簡，亦無奧義。且以「三」

---

[118] 《法言・君子卷第十二》

[119] 同上

易「二」，亦不過數字遊戲而已。但重要處在揚雄所撰以論「玄」之諸文。此諸文實可表現揚雄思想中受道家及《易傳》影響之成分。

揚雄論「玄」云：

> 玄者，幽攡萬類而不見其形者也；資陶虛無而生乎！規擱神明而定摹，通同古今以開類，攡措陰陽而發氣。[120]

此即謂「玄」表一形上實有，本身非經驗對象，又為一切經驗存在之根源；但揚雄只作描繪，並非界定其意義。

又其說以為「玄」乃天、地、人之本：

> 夫玄也者，天道也，地道也，人道也。[121]

「玄」包括天道、地道、人道，則是將「天道」置於「玄」之下；此又是揚雄雖受當時宇宙論之影響，但《太玄》一書所表現之思想，仍是以老子之形上觀念為主，故「玄」之地位高於「天」。然全書之結構，畢竟是仿《易》，故解釋「八十一首」時，口吻即又似《易傳》。

> 玄有一道，一以三起，一以三生。以三起者，方州部家也。以三生者，參分陽氣，極為九營，是為同本離生；天地之經也。旁通上下，萬物並也；九營周流，始終貞也。[122]

此所謂「以三起」，即是說「玄」分為三「方」，每「方」又分為三「州」，每「州」又分為三「部」，每「部」又分為三「家」；依次以三分之，而得八十一家；「家」相當於《易》之重卦，每家定名，稱為一「首」。每「首」

---

[120] 《太玄》，卷七，〈太玄攡〉

[121] 《太玄》，卷十，〈太玄圖〉

[122] 同上

又分九「贊」，猶《易》之重卦各有六條爻辭也。所謂「以三生」者，大抵指占法而言，占《易》取「二」為本，故「四營而成《易》」[123]。今《太玄》取「三」為本，故「極為九營」，此皆可視為數字遊戲，無深義可論。但此種語氣，顯然仿《易傳》或一般談《易》之觀念，則無可疑。

《太玄》既屬於占卜象數之說，故亦有禍福吉凶觀念，如云：

> 夫一也者，思之微者也；四也者，福之資者也；七也者，禍之階者也；三也者，思之崇者也；六也者，福之隆者也；九也者，禍之窮者也。二，五，八者，三者之中也。[124]

此所謂「三者之中」，顯係比附《易傳》之論「二」、「五」兩爻；此外則隨意定一說法，以釋禍福，大抵以四至六為貴，亦是取占《易》傳統中之「物極必反」之觀念，又參以老子之說。又云：

> 數多者，見貴而實索，數少者，見賤而實饒；息與消糺，貴與賤交。[125]

此已是直取老子「相反相成」之觀念矣。

總之，《太玄》仿《易》，實是無聊之作，本身殊不足論；第其說處處表現揚雄思想中有道家形上觀念，又受陰陽五行家說《易》之影響，故亦應略論如上。

以儒者自居，而昧於孔孟之本旨；談道談《易》，既不歸於道家，亦不純持宇宙論立場；此是揚雄思想之概圖，亦漢代儒生之一般趨勢所在也。

以下再論王充之思想。

---

[123] 《易經・繫辭上》，第九章
[124] 《太玄》，卷十，〈太玄圖〉
[125] 同上

三、王充之思想

前節曾言揚雄不甚崇信讖緯，然其人終不免似道似儒，且又時時受陰陽五行說之影響，故揚雄終不可稱為反兩漢傳統者，亦非反先秦傳統者。王充生於東漢，言論則富於反傳統之色彩；又與揚雄不同。

王充作《論衡》一書，大抵皆文人辯議之語，並無明確深切之理論或見解，然其反傳統、反讖緯術數之立場則甚明顯。其自述云：

> 王充者，會稽上虞人也，字仲任。其先本魏郡元城。……建武三年，充生；為小兒與儕倫遨戲，不好狎侮。……六歲教書，……八歲出於書館。……手書既成，辭師受《論語》、《尚書》，日諷千字。經明德就，謝師而專門，援筆而眾奇；所讀文書，亦日博多。才高而不尚苟作，口辯而不好談對；非其人，終日不言。其論說始若詭於眾，極聽其終，眾乃是之，以筆著文，亦如此焉，操行事上，亦如此焉。……見汙傷不肯自明，位不進亦不懷恨。貧無一畝庇身，志佚於王公；賤無斗石之秩，意若食萬鍾。……淫讀古文，甘聞異言，世書俗說，多所不安。幽處獨居，考論實虛。[126]

范曄《後漢書．王充傳》，稍取材於此篇，又參以謝承《後漢書》之語[127]，述其平生云：

> 王充，字仲任，會稽上虞人也。其先自魏郡元城徙焉。充少孤，鄉里稱孝；後到京師，受業太學，師事扶風班彪。好博覽而不守章句；家貧無書，常遊洛陽市肆，閱所賣書，一見輒能誦憶；遂博通眾流百家之言。……充好論說，始若詭異，終有理實；以為俗儒守文，多失其真；乃閉門潛思，絕慶弔之禮；戶

---

126 《論衡．自紀篇》

127 今見《藝文類聚》五十八及三十五引，亦見《初學記》及《太平御覽》引

> 牖牆壁各著刀筆，著《論衡》八十五篇，二十餘萬言；釋物類同異，正時俗嫌疑。……年漸七十，志力衰耗，乃造《性書》十六篇。……永元中，病卒于家。[128]

此傳包羅王充一生重要事跡，亦描寫其性格，與其自述語合而觀之，有三點應予注意：

第一、王充乃喜博而好辯之文人，不喜從俗。

第二、王充家貧，終身不得志，是一民間知識分子，與官方知識分子距離較遠。

第三、王充著書，即以「考論實虛」為自覺之目的，換言之，其立論原欲批判成說，與經生立場有異。然今觀其書，則態度雖明顯，理論卻浮淺脆弱；對先秦諸家之深切處均無了解，又不能自成一系統，僅可看作一堆批評意見及質疑之語。尤可注意者，是王充雖大體上反對讖緯術數，然言及漢代時，仍依俗說，如〈驗符篇〉、〈須頌篇〉皆大談漢之「符瑞」；可知王充並非狂士一流，與日後玄談放誕之士極不相似。至於近人以「革命性」一類詞語形容王充其人其說，則更失之遠矣。

以下取《論衡》中所涉及之理論問題，分別一觀王充思想之大要。

(一)態度與方法

王充既志在於批判百家，故其基本態度乃在於能「疑」能「反」，即王充自己所謂「疾虛妄」。

> 《論衡》篇以十數，亦一言也；曰：疾虛妄。[129]

然徒言「疾虛妄」，則人誰不然；世豈有自謂「喜虛妄」者耶？故若以破除「虛妄」為基本態度，問題不在於「疾」，而在於能判定他人不知為「虛妄」者實為「虛妄」。此即涉及判別「虛妄」或「不虛妄」時所用之理論標準。嚴

[128] 《後漢書・王充傳》

[129] 《論衡・佚文篇》

格論之，則此問題必須反溯至所謂「虛妄」之意義範圍，方能有明確之決定，但王充既非一精於解析之思想者，其時代又當名理大衰之際，自不能如此深入；於是王充對此問題之解答，只是說明自己所持以判定「虛妄」及「不虛妄」之方法。此方法其實乃常識之方法，即訴於效驗及實證是也。

凡論事者，違實不引效驗，則雖甘義繁說，眾不見信。……事有證驗，以效實然。[130]

事莫明於有效，論莫定於有證；空言虛語，雖得道心，人猶不信。[131]

其他各篇常有類似之語，蓋王充以為一切「是非」問題，必須訴於事實及效果以決定之。此說毫無「詭異」之處，全是常識。但問題在於人所爭之「是非」，在意義範圍上是否皆是涉及「事實」；倘論者所涉及之問題乃「必然」或「應然」之問題，又當如何？此在王充則全未論及。

且即就所謂「效」及「證」而論，人所舉以支持自己論點之事實及證據，其可信程度亦須檢定；於此，王充則提出「耳目」與「心意」之別。其言見於討論儒墨對人死後有知或無知之爭辯時所說。蓋墨家依原始信仰，認為人死後有知，成神成鬼，而自謂根據傳說中之「事實」，儒家「以為死人無知」，然漢代儒生因常信鬼神，亦不能破墨家之說，故王充評之曰：

今墨家非儒，儒家非墨；各有所持，故乖不合；業難齊同，故二爭論。……實者死人闇昧與人殊途；其實荒忽，難得深知。有知無知之情不可定，為鬼之實不可是。……

夫論不留精澄意，苟以外效立事是非；信聞見於外，不詮訂於內；是用耳目論，不以心意議也。夫以耳目論，則以虛象為言；虛象效，則以實事為非；是故是非者不徒耳目，必開心意。墨議不以心而原物，

[130] 《論衡・知實篇》

[131] 《論衡・薄葬篇》

苟信聞見，則雖效驗章明，猶為失實。[132]

此則強調徒信「耳目」傳聞，則每為「虛象」所誤；故人雖應重效驗，但必有一番檢索考察工夫，即所謂「詮訂於內」。詮訂則「心意」之事。意即「思考」可以審定效證之可信程度。如一味「信」聞見，則可能以為「效驗章明」，反而「失實」矣。

此節「雖效驗章明」一語，應作「雖以為效驗章明」解；並非表示王充在「效驗章明」外另有一「是非標準」；王充之標準仍只是「失實」與「得實」而已。觀全書之議論，即可知，不待深辯。

㈡辯「天人關係」

漢代儒生或一般知識分子，自西漢初年起，即深信「天人相應」之說，又以幼稚荒唐之宇宙論解釋一切人事；終成讖緯怪談。王充獨以為「天人關係」之成說虛妄難信。《論衡》一書中，〈寒溫〉、〈譴告〉、〈變動〉諸篇皆說此意。以下節引數段：

春溫，夏暑，秋涼，冬寒。人君無事，四時自然。夫四時非政所為，而謂寒溫獨應政治。正月之始，（正月之後，）立春之際，百刑皆斷，囹圄空虛；然而一寒一溫。當其寒也，何刑何斷？當其溫也，何賞所施？由此言之，寒溫天地節氣，非人所為，明矣。[133]

漢代談陰陽五行，作怪異荒誕之說者，以為政治之「刑賞」與天時之「寒溫」間，亦有一種「相應關係」。王充則謂，氣候乃物理現象，非人所為，否認此說。其理由則是：氣候在「刑賞」方面無變化時，亦自變化；故依漢制取「立春之際」為例以說之。書中「正月之後」四字乃衍文。

[132]《論衡・薄葬篇》

[133]《論衡・寒溫篇》

除此理由外，王充又指出人之力量甚小，人之行動不應能影響氣候：

人有寒溫之病，非操行之所及也。遭風逢氣，身生寒溫；變操易行，寒溫不除。夫身近而猶不能變除其疾；國邑遠矣，安能調和其氣？134

此謂人對一身之寒溫，尚不能由某種行為而輕易改變之；何況一國一邑之氣候，人豈能改變。換言之，此據人之能力有限而立論，認為人無此能力。

漢代經生又嘗據〈洪範〉等偽書以說經，認為「天人」之「相應」是由於一種「本性之關聯」，非關能力問題。王充稱此說為「自然之說」，而舉三疑駁之；大意謂如此解經與經義不合，此其一；說經者派別不同，各有異說，究竟此種本性之關聯是如何，難有定論，此其二；又以天時言，則晨溫而知將雨，晨寒而知將晴；晴雨寒溫亦非自然相應，此其三。故其結語云：

三疑不定，自然之說，未可立也。135

案此所謂「自然」與今日用語不同，已如上釋。如依今日用語，則王充之立場，正是說寒溫乃自然變化，故否認天時人事間之神祕關聯也。

〈譴告〉、〈變動〉二篇，立意皆大致與〈寒溫篇〉相似。漢之論「災異」者，或以為有災異乃由於天對人君之「譴告」，或謂人君之政感動於天，故有災異；此二說一以為天主動，一以為天被動，但皆以天人之「相應關係」說明災異。《論衡》分別以〈譴告〉及〈災異〉二篇駁之。其說謂：

夫國之有災異也，猶家人之有變怪也。有災異，謂天譴人君；有變怪，天復譴告家人乎？家人既明，人

134 《論衡．寒溫篇》

135 同上

之身中亦將可以喻。身中病，猶天有災異也；血脈不調，人生疾病；風氣不和，歲生災異。災異謂天譴告國政，疾病天復譴告人乎？[136]

此即以非常之現象釋「災異」，否認「災異」之生與意志天有關；蓋王充以為「天」不應有意志及行動；故又謂：

夫天道，自然也，無為；如譴告人，是有為，非自然也。黃老之家，論說天道，得其實矣。[137]

王充於此即進一步表明自己之態度，王充認為「天道」應是「無為」，否則，「天道」即非「自然」；又自認近於「黃老之家」。

案「黃老」之名原即是後人杜撰；先秦老莊之言，並未引及一「黃帝」也。只看王充之用語，即可知王充未真用心了解先秦道家；故此處引「黃老」以支持己說，亦不表示王充真採取道家立場，不過因論及「天」之意志行動問題時，偶覺當世流行之「黃老」一派，持論與己較近，遂信筆及之耳。不然，則反對「天人關係」說時，儘可多取老莊之有力論證以駁漢儒，不應處處均只談常識，忽於此處一提「黃老」。馮友蘭在《中國哲學史》中，曾引此節；以為王充祖述「道家之自然主義」，未免皮相之譏；蓋王充雖以〈自然篇〉談「黃老」，但「黃老」非「真道家」之名，正漢世之謬說。王充自己深信「無為」、「自然」之說，自覺與黃老合，遂在論及此類問題時，稱引「黃老」；其實《論衡》一書，皆是就常識立論，並非承老莊之道家觀點。馮氏謂：

《論衡》之考論「世書俗說」，以道家之自然主義為依據。[138]

此中「道家」及「依據」等語，皆未免下筆疏忽也。

---

[136] 《論衡・譴告篇》

[137] 同上

[138] 《中國哲學史》，第二篇，第四章

論「譴告」如此，論「變動」則自另一面著眼；蓋「變動」之說以「天」為被動而應「人」；故王充駁論乃強調人力微小，不應能動「天」。其言曰：

夫天能動物，物焉能動天？何則？人物繫於天，天為人物主也。[139]

此係泛說「物」不能動「天」。「人」作為「物」之一種，自亦不例外；故下文乃謂：

……故人生天地之間，猶蚤虱之在衣裳之內，螻蟻之在穴隙之中；蚤虱螻蟻為逆順橫從，能令衣裳穴隙之間氣變動乎？蚤虱螻蟻不能，而獨謂人能，不達物氣之理也。[140]

此即據人力微弱不應能使「天」感動生變，而否認「災異」之另一解釋。

觀以上所論，可知王充確不同意當時之「天人關係」說；然王充自己所說之「天」，詞義甚為模糊。王充論及所謂「天道」，既未承老莊之說，又非純粹唯物論立場；蓋王充雖以「自然」釋「天」，所謂「自然」之意義亦頗嫌混亂。茲引〈自然篇〉數段，以表明此點。

天地合氣，萬物自生；猶夫婦合氣，子自生矣。

觀此處所說之「天」，與「地」合言，分明是指物理意義之天體而言。又云：

天之動行也，施氣也。體動氣乃出，物乃生矣。

天動不欲以生物，而物自生；此則自然也。

此數語又是以全部自然界為「天」，否則不能說「生」萬物；與「地」互異之「天」，並不能生萬物也。至強調「無欲」一義，則表示王充反對「意志天」。然王充之「天」，縱使與自然界之全部相比，仍多一神祕意義，觀

---

[139] 《論衡・變動篇》

[140] 同上

論「天」之「氣」之語可知：

謂天自然無為者何？氣也。恬澹無欲無為無事者也；老聃得以壽矣。老聃稟之於天，使天無此氣，老聃安所稟受此性？

此則愈說愈奇。謂「天」是「恬澹」，則「天」之所以「無為」，並非由於不能，而是如一「無欲之心靈」，自覺地不為；此豈非已回至「人格天」觀念乎？且「天」另有一「氣」，為老聃所「得」，故老聃能「壽」；此「氣」畢竟何所指？如就自然界而論，則一切經驗性如存在及現象，應皆是受「自然之天」決定；為何老聃獨「得」此種「氣」？且「天」之「氣」何故使人「壽」？夭壽皆是現象，皆出於「天」，如何分別？此種種觀念混亂之處，皆足表示王充雖談老聃，並非真知老莊之學；雖談「自然」，又並非持經驗科學之世界觀。昔之論者，隨意比附，皆失真矣。

(三)「命」與「性」

王充反對「天人相應」之說，但所留意者只是浮面問題，對漢儒所持之哲學立場，則未加深究。漢儒言「天人相應」時，對「價值問題」有一確定觀點——即將「價值根源」歸於一「天」觀念。此種觀點形成所謂「宇宙論中心之哲學」，與孔孟之「心性論」全為兩事，故本書論漢代思想，即先指出所謂「漢儒」，實非承孔孟之大方向而發展者，只代表儒學之變形。王充反天人之說，則根本不是由基本問題下手；故王充自身對「價值根源問題」（即「好壞」及「善惡」之意義如何出現之問題）可說全無立場。《論衡》一書對價值問題亦從未提出一明確觀點，雖有時讚美「道家」，然如上節所述，亦未能接觸老莊之「真我」觀念。於是，王充作書數十萬言，竟對此一基本問題毫無解說。觀其論「命」及論「性」各篇，此一大缺陷尤為明白易見。

王充書中有〈命祿〉、〈命義〉、〈氣壽〉、〈幸偶〉，以及〈逢遇〉、〈累害〉諸篇，皆涉及對「命」之討論；茲略述其言如下：

> 凡人遇偶及遭累害，皆由命也。有死生壽夭之命，亦有貴賤貧富之命；自王公逮庶人，聖賢逮下愚，凡有首目之類，含血之屬，莫不有命。命當貧賤，雖富貴之，猶涉禍患矣；命當富貴，雖貧賤之，猶逢福善矣。[141]

此據前文而言；原書前文先分論「逢遇」與「累害」，即言人之禍福悉不由己，故此段即由此而言「命」。一切人，甚至一切生物，莫不有「命」；此顯然是「決定論」或「命定論」觀點。然王充之意，並非謂人生一切事象皆屬「被決定者」；而只以為人之「貴賤貧富」由「命」決定。於是，乃提出「性命」分立之說。

> 故夫臨事知愚，操行清濁，性與才也；仕宦貴賤，治產貧富，命與時也。[142]

智慧與品行，屬於「性」；貴賤與貧富，則歸於「命」。此是王充之基本觀點。其次，「性」與「才」合言，可知王充論及「性」時，所取之詞義是「才性」，非「心性」；換言之，並非指「自由意志」或「德性我」而言，乃指稟賦才能而言。可說日後魏晉才性之論，已由此漸露端倪；蓋「才性」觀念本是從漢代思想中生出也。此點後文另論之。此處先順此說看王充思想。

王充雖以為「性命」分立，但此與孔子思想中「義命」之分立仍屬不同；因「性」既指「才性」，則仍在另一意義上是「被決定者」，與孔子所肯定之「自覺心」及「自由意志」相去天壤，學者不可誤作比附。

但王充雖只就「才性」意義說「性」，卻以為「善惡」、「好壞」即屬於「才性」，故說「性命」之分時，就王充思想本身說，仍是分論「成敗」與「善惡」。換言之，王充認為價值問題可由「才性」解釋（此在理論上實

---

[141] 《論衡・命祿篇》

[142] 同上

不能成立，後文另論之），故與孔孟迥異；但王充自己因取此立場，即將一切價值判斷歸於其所言之「性」（才性），而與「命」一面之問題分開。專就此劃分而論，王充之說又近似於「義命」之分立也。王充云：

凡人操行有賢有愚，及遭禍福有幸有不幸；舉事有是有非，及觸賞罰有不偶。並時遭兵，隱者不中；同日被霜，蔽者不傷。中傷未必惡，隱蔽未必善。143

此是說成敗得失與「善惡」無一定關係，皆由「命」決定。但王充進一步解釋「命」時，又與「性」相混；蓋王充之「性」既屬「才性」，則所謂「命」者，在另一層次上固可與所謂「性」合為一類矣；故〈命義篇〉中引子夏「死生有命，富貴在天」之語而釋之曰：

……死生者，無象在天，以性為主。稟得堅彊之性，則氣渥厚而體堅彊；堅彊則壽命長，壽命長則不夭死。稟性軟弱者，氣少泊而性羸窳；羸窳則壽命短，短則蚤死；故言有命，命則性也。至於富貴所稟猶性。所稟之氣，得眾星之精；眾星在天，天有其象；得富貴象則富貴，得貧賤象則貧賤；故曰在天。144

此處觀念極亂。蓋王充此處所說之「命」專指「壽命」而言；以為壽命修短，由稟性強弱決定。此處假定之人遭禍而死與壽盡不同，自是常識觀點。遭禍雖屬於「命」，專說修短問題，又以為由「稟性」決定；於是此處「性命」又相混矣。

此外，王充又舉漢儒之成說，論所謂「三命」：

傳曰，說命有三。一曰正命，二曰隨命，三曰遭命。145

143 《論衡・幸偶篇》

144 《論衡・命義篇》

此與《春秋繁露》及《白虎通》所載，均大致類似，僅用字稍有不同。其下釋之曰：

正命謂本稟之自得吉也。性然骨善，故不假操行以求福，而吉自至；故曰正命。隨命者，戮力操行而吉福至，縱情施欲而凶禍到；故曰隨命。遭命者，行善得惡，非所冀望，逢遭於外，而得凶禍；故曰遭命。[146]

依此「三命」之說，則「正命」是稟賦問題，「隨命」是努力問題，「遭命」方是機遇問題。依王充原意，則前二者皆應與其所謂「性」有關，第三項方屬於「命」。故王充遂又提出分別「性命」之說，以表示對此種成說之懷疑。其言云：

夫性與命異；或性善而命凶，或性惡而命吉。操行善惡者，性也；禍福吉凶者，命也。……性自有善惡，命自有吉凶。使命吉之人雖不行善，未必無福；凶命之人雖勉操行，未必無禍。[147]

此是王充之本意。依此而論，則稟賦與努力均不能決定遭遇中之成敗得失；於是王充指出，「正命」固不可信，「隨命」亦不可信矣。

王充論「命」，大旨如此。以下再觀其論「性」之說。《論衡》有〈率性篇〉及〈本性篇〉，乃王充論「性」之主要資料。

論人之性，定有善有惡。其善者，固自善矣；其惡者，故可教告率勉，使之為善。[148]

夫人之質猶鄞田，道教猶漳水也；患不能化，不患人性之難率也。[149]

---

[145]《論衡・命義篇》

[146] 同上

[147] 同上

[148]《論衡・率性篇》

王充所謂「率性」，與〈中庸〉之「率性」詞義大異。王充之「率」字是引導之義；亦即所謂「道」、「教」、「化」也。此段所說，即表示王充基本上只知談才質及「自然之性」，而不解「自覺之性」，故論教化之義，實近於荀說。

倘更進一步論之，則王充在此等關鍵問題上，實不脫一般漢儒思想之牢籠；蓋漢儒通常既以「天」為價值根源，於是「善」與「惡」本身之意義視為已有者、已知者（即所謂"given"）。王充即循此立場發揮議論。然如此即已拋開第一大問題，豈能了解孟子之心性論？《論衡》中述古人論「性」之說，各加批評，然以基本問題不明故，所說膚淺可笑。

周人世碩，以為人性有善有惡。舉人之善性養而致之則善長，惡性（舊誤例為「性惡」，茲正之）養而致之則惡長。如此則性各有陰陽，善惡在所養焉。宓子賤，漆雕開，公孫尼子之徒，亦論情性，與世子相出入；皆言有善有惡。

孟子作性善之篇，以為人性皆善；及其不善，物亂之也。……[150]

觀此即可知王充根本是持事實意義之「性」，以了解孟子之說，可謂從頭誤解孟子。後文之評論，自不能得當。茲不贅。

其評告子亦不解告子立論之真問題。

告子與孟子同時，其論性無善惡之分；譬之湍水，決之東則東，決之西則西。[151]

[149]《論衡・率性篇》

[150]《論衡・本性篇》

[151] 同上

此固是告子之言，然王充對此說所表之立場未能深究，故其評論則曰：

……告子之以決水喻者，徒謂中人，不指極善極惡也。孔子曰，性相近也，習相遠也。夫中人之性，在所習焉。習善而為善，習惡而為惡也；至於極善極惡，非復在習。……性有善不善，聖化賢教，不能復移易也。[152]

此處為駁告子，而主張人有「極善極惡」，乃不能教化者；既悖於〈率性篇〉之說，又未能真接觸告子問題（告子意重在說「價值標準」，乃由外界決定，所謂「義外」；王充全未考慮此種理論問題）。王充如此駁告子，是完全將「性」解釋為才能意義；所言「極善」與「極惡」，皆只當作氣稟講；不知就告子觀點說，則才能之高下是另一事，問題只在於「價值根源」為「外在」或「內在」而已。才能問題只能決定人之「成德」（實現價值）之難易，而難易問題理論地後於「善」及「惡」如何可能之問題。簡言之，無論「價值根源」視為內在（如孟子）或視為外在（如告子），均另有實現之難易問題；蓋此兩問題並非同一層次，更不可混而為一也。

王充又論荀子之說云：

孫卿有反孟子，作〈性惡〉之篇；以為人性惡，其善者偽也。性惡者，以為人生皆得惡性也。偽者，長大之後勉使為善也。[153]

只看此數語，王充述荀子之論雖不周詳，似亦無大誤，然觀下文駁荀之語，則其不明荀義正與不明告說相類。

王充云：

若孫卿之言，人幼小無有善也。稷為兒以種樹為戲，孔子能行以俎豆為弄。石生而堅，蘭生而香，稟善

[152]《論衡・本性篇》

[153] 同上

氣長大就成。故種樹之戲為唐司馬，俎豆之弄為周聖師，稟蘭石之性，故有堅香之驗。孫卿之言未為得實。[154]

王充如此駁荀，顯然仍只以為「性」即才能，不待贅論。至所引后稷孔子之事例，作為證據，亦是以傳聞作為事實，亦姑不深論。但此處王充所涉及之理論錯誤，則又有須稍加論列者。首先，王充所說之「堅」、「香」等，本身只是一事實意義之屬性，對價值問題講，分明皆屬「中立」，無所謂「稟善氣」。王充如此說時，實已將人之「喜憎」看作「善惡」。然若如此，則人本身之感受成為價值標準，「人性善惡」之問題又如何能成為一問題？王充未深思也。其次，荀子言「性惡」時，是專指人之「自然之性」而言，亦即指人與一般動物同具之「動物性」部分；但荀子認為人另有一種能力，可以控制「性」，故有「心」觀念，又有「化性起偽」之說。此皆為王充之評論所未及。足見王充對荀學之本旨亦不了解。

其下又論劉子政、董仲舒之說，亦皆膚淺；大抵反對以「陰陽」或「內外」分別「情」與「性」而已。最後則自下斷語云：

實者，人性有善有惡，猶人才有高有下也；高不可下，下不可高。謂性無善惡，是謂人才無高下也。[155]

以用語而論，王充如此以「才」喻「性」，似乎又分「才」與「性」為二事；然按其實王充正是將所謂「善」與「惡」之「性」，看成另一種「才能」；於是「性」乃成「被決定者」，毫無主宰意義；故又謂：

稟性受命，同一實也。命有貴賤，性有善惡。謂性無善惡，是謂人命無貴賤也。[156]

---

[154]《論衡・本性論》

[155] 同上

[156] 同上

此是據「命有貴賤」以推定「性有善惡」，其理論之不能成立，甚為明顯；蓋「命有貴賤」一命題本身即難證立，且此命題與「性有善惡」之間，只能有類比關係，亦無推證關係。但可注意者是：王充就「稟」言「性」，即是其根本立場所在；「性」既由「稟賦」決定，即與價值問題無關矣。此是王充論「性」之總結。

〈本性篇〉中每舉一說，皆先言其「未得實」，後言其「有緣」，表面似極公平，但實則全未接觸問題，僅可看作文人隨意發議論之語。但就風氣趨向而言，則王充所持立場又是日後「才性」之說之先聲；故哲學史中仍不能不加論述。

總之，王充思想既欠嚴格，亦無系統；所見尤淺陋，但一方面代表漢代知識分子對宇宙論及神祕主義之懷疑，另一面又顯現「才性」說之趨向；故在東漢雜著中，王充《論衡》確在一定程度上表示一種心靈之轉向。至就王充個人而言，則王充雖反讖緯及天人關係之說，仍相信符瑞；又力頌朝廷，作〈宣漢〉、〈須頌〉等篇；則其人究是否特重經驗科學之態度，亦尚可疑。若謂王充為「有科學思想」之學人，則更屬無稽之語矣。

玖 結語

漢代哲學之敘述，至此為止。對此一時期之中國哲學思想，茲總結為以下數點。

第一、漢承秦後，為中國古文化之衰落期；此時期中，儒道兩大派皆已失去本來面目。墨家已斷絕不傳。法家則與道家之一支相混。

第二、此時期之思想主流，實為繼承早期神祕信仰及宇宙論觀念之陰陽五行說。儒家在此種思想潮流下變形，遂有《易傳》、《禮記》各篇之混雜理論出現；但託古作偽之風大盛，整個學術界實陷入一混亂沒落之局面。

其最顯著之事實，即讖緯盛行，災瑞之說支配知識分子之思想，且許多虛構之古代故事，被知識分子當作「史實」，用為立論之依據。

第三、此時期之道家，變為雜家；老莊之本旨不為人知；談老莊者每隨意附會，或憑常識曲解老莊之語。

第四、儒道相混，知識分子如揚雄之流，依違於二家之間；自命為儒者而不解「心性」之本義。

第五、才性之論因心性論之衰而漸起，開出魏晉南北朝清談之風；王充即此一趨勢之代表人物。

至於此時期中另一大事，即為印度佛教入侵。此在第三章論「中國佛教哲學」時，另作敘述。

第二章　魏晉玄學

壹　玄學之根源及分派

所謂「玄學」，原無明確定義。自東漢末年經曹魏而至兩晉，此一時期中，有所謂「清談」之風。就此種人之生活態度而言，乃屬於放誕一流；就其言論內容而言，則清談之士所談之話題亦大致有一範圍，而在此範圍中所提出之意見主張，亦大致表現一種思想傾向。因此，對此種言論予以一總名，即有通常所謂「魏晉玄學」一詞出現。

清談之士既未構成一有傳承關係之學派，亦未曾建立一有嚴格系統之學說；故「玄學」是否能被看作一嚴格意義之「學」，確有問題。然本書取哲學史立場，既確定此一時期中有此種特殊思想傾向，則雖所謂「玄學」之代表作品甚少，雖不見明確之傳承，仍以本章論述此類人物所涉及之問題，及其所提出之主張及態度；且沿用已成立之詞語，仍稱此種思想為「玄學」。

在論漢代哲學思想時，本書曾指出先秦道家至漢即開始分裂，終於成為三派，皆非老莊之真。其中第三派即以「放誕生活」為特徵。今論「玄學」之根源，應知魏晉名士之清談，基本上皆是此一支變形道家思想之具體表現。魏晉以前，如東漢桓靈之際，固已有不少「放誕生活」之跡象，但擴展為一種廣泛風氣，則自曹魏時開始，即所謂「正始玄風」是也。

清談之士基本上既承此種變形之道家態度，故其言論大體皆與道家之精神方向及價值觀念有關。因此，亦有學者稱此類人物為「新道家」之人物。但若就其言論本身看，則「新道家」之稱，仍易喚起誤解；蓋兩漢學風，愈到後期，即愈有打亂一切思想立場之趨勢；儒道混雜已非一日，玄談之士在此種風氣影響下，對儒道之態度亦常欠明朗，並非真自覺為「道家」，如「新道家」一名所提示。由此，本節論「玄學之根源及分派」，即先論所謂「玄學」與「儒道」之關係。

其次，玄談之士由旨趣之偏重不同，又可分為兩大派；即「才性派」與「玄理派」。下文即據此以論玄學分派之概況。

一、玄學與儒道之關係

先秦儒道二派，由於價值觀念之迴殊，原久已互相對立。此種形勢至少在荀子著書時仍無大改變。但經秦漢時期思想界之大混亂後，知識分子多數自己不能明確建立價值觀念，對先秦各學派所代表之方向亦不深知，於是混雜擷取之風日盛。此與所謂「綜合」無關，蓋「綜合」涵有對於對立者之超越，今漢末至魏晉之知識分子，雖混雜儒道之言，又或隨意擷取某家一二語任意發揮，但實尚未能進入先秦任何一學派，「超越」更無從說起。

前文論揚雄思想時，曾指出揚雄兼具儒道色彩。然揚雄在自覺立說時，畢竟未將兩家混而為一；觀其談老子之言可知。魏晉名士則有直接將孔子與老子牽合為一體者。例如《三國志》引〈王弼傳〉語，即人所熟知之例證。

> 弼字輔嗣。何劭為其傳曰：「弼幼而察慧，年十餘，好老氏，通辯能言。……時裴徽為吏部郎，弼未弱冠，往造焉。徽一見而異之，問弼曰：夫無者，誠萬物之所資也；然聖人莫肯致言，而老子申之無已者何？弼曰：聖人體无，无又不可以訓，故不說也。老子是有者也，故恆言所不足。……于時何晏為吏部尚書，甚奇弼，歎之曰：仲尼稱後生可畏，若斯人者，可與言天人之際乎！❶

王弼明是「好老子」者，但答裴徽之語，乃謂孔子已能「體无」，老子未能如此，故「恆言其所不足」。此竟是以孔老學說為同一派或同一方向之兩境界之代表，而又推尊孔子，認為高於老子矣。

案裴徽之問，本已無聊；孔老是兩學派，自然立論不同。倘學者欲評定二家之高下，則須另立一標準。今問老子所言之「無」，在孔子何以不言；根本是一不合理之問題。而王弼之答，則益發糊塗。然當時名士固反以為有理也。

又何晏既歎賞王弼，則自應知王弼乃講老學者，卻又許為「可與言天人之際」；足知何晏心目中亦不明白「天人之際」是屬於何種思路之問題，與老子理論相距之遠近如何。亦是魏晉名士混亂思想之另一例也。故即就此段資料看，所涉之人，竟無一不混雜儒道，可知在魏晉名士之清談中，混亂儒道之界限及立場，乃一顯著特色。

又如孔融答李膺之語，引孔子與老子為師友，以證兩人有「通家」之好；固是戲言，亦表現此種混亂儒道之風氣。蓋東漢末年，知識分子已有此種習慣矣。

---

❶ 《三國志．魏書．鍾會傳》注

此外，《南史》《北史》中亦多記治《老》、《易》者，又有所謂「三玄」之說（指《老》、《莊》、《易》；見《顏氏家訓》）；又可知此風至南北朝時固猶未息也。

但分而言之，則清談之士雖混亂儒道界限，其主要趨向則仍屬宗道家者；蓋無論自覺或不自覺，此一群知識分子之旨趣，不外在形上學觀念及放誕生活兩面表現。而此兩點，其一以老子言「道」之理論為根源，其二是繼承老莊追尋「觀賞之自由」之價值意識。雖在自我境界上，清談之士顯然未能真體悟到老莊之自我境界，但此是學力智慧不足所致，並非不取此方向。欣賞放誕生活者，實以為此即老莊之自我境界，而不知其中含有一大誤會（即「形軀我」問題，前章已言及）。故魏晉名士之誤解老莊，並不妨礙吾人說此輩實宗道家也。

由此，就大處著眼，魏晉清談或其「玄學」，原與儒家宗旨及方向不同，可說無大關係；但此輩混亂儒道，既已如上節所言，故在立說時每每喜取儒家經籍以發揮議論。何晏之注《論語》，王弼之注《易》皆屬此類。因此，吾人可說，「玄學」基本上代表承道家旨趣而又有所誤解之思想；與儒學則只有表面關聯。但若就個別作者之心情著眼，則前之王弼，後之郭象，固皆有故意調和兩家之意向；不過，此仍不足證「玄學」與儒學有何內在關聯，亦不引起嚴重問題也。

「玄學」既基本上為道家思想之一支，故其分派亦可據道家思想原有之方向以釋之。以下即分說「才性」與「名理」二派之特色。

二、才性派之特色

「才性」觀念，原對「心性」而言。當以「人」本身作為探究對象時，學者可能取不同之態度；如以「人」之「自覺能力」，「自由意志」，或「價值意識」等，作為探究中之課題，而由此層面以解說「人」，則即是以「心性」為主；此是道德及宗教之觀點。若以「人」之生理、心理等條件，作為探究中之課題，由此層面以論「人」，則是將「人」作為一自然事實看。前者可說是以「自覺之性」為課題，後者則以「自然之性」為課題。探究「自然之性」，大體屬於經驗科學觀點。

今所謂「才性」之探究，基本上雖是由「自然之性」導出，但又與經驗科學觀點有異。嚴格論之，此種探究應作為第三種態度。

此態度之特點，可作以下之說明。

當學者取經驗科學觀點論「人」之「性」時，其探究之進行，在於將所謂「人」先視作一複合對象，然後施以解析。於是每一個別之「人」，在此探究下，先被化歸一組組心理、生理甚至物理性之因素。然後，此種種因素再通過某種理論架構接受整理；其間之類別關係、條件系列關係乃步步顯出。最後以各個別情況中探究所得，再合同整理，遂可提出有關「人」之性質之一定陳述或判斷。此種探究結果，顯然表現研究者對於「人」此一「自然事實」之認知。此種探究之顯著特性，在於排除「主宰性」或「自由意志」之觀念。此與注目於道德宗教問題而以「人」作為「自覺活動」以進行探究之立場，自屬完全不同。此兩種態度分別關涉於「認知心」與「道德心」之領域；本書中已屢論及，不待在此多加論析。但所謂「才性」之探究，又與此兩種態度皆不相同。蓋探究「才性」時，不肯定「主宰性」，而將「人」之「才性」作為「已給與」(given)看；此表示「才性」與「道德心」無關。另一面，探究某「人」之才性時，並非通過一解析過程，將此「人」化歸一組組心理及生理之條件，而是以此「人」作為一整體而施以判斷；此即見「才性」之探究，與經驗科學觀點有基本不同處。

此處吾人如逼進一步，則即可使此種探究之特性更加顯明。吾人試想，若不將某「人」之現存狀態解析為一定因素，則吾人如何能夠說對此一「人」有所認知？顯然，就嚴格意義而論，離開一切條件及關係，只就「A」

說「A」，實無法構成對「A」之知識。此理在稍通知識論者必皆能了解。然則，談「才性」者，是否能說是認知一「人」，亦有根本困難。

但此種探究既與純認知性之經驗科學態度不同，則吾人儘可了解到此種探究實非一種嚴格意義之認知活動；而倘若本為另一種活動，則以上所指出之困難，即不出現。

此種活動，簡言之，即情意性之觀賞活動。觀賞或品鑑既非「德性我」之事，亦非「認知我」之事；而是出於「情意我」（大致相當於英文 "Aesthetic self"）。「德性我」所關涉者為道德及宗教，「認知我」所關涉者為知識及制度；「情意我」則只關涉藝術及情趣。此三者領域分明，並無互迷相亂之苦。

倘吾人自「主體活動」或「能力」一面著眼，則此三種態度之分別更易說明。「自由意志」乃論「心性」時所據之能力；「理解」、「知覺」以及解析思考，乃論「物性」時所據之能力（經驗科學之觀點即屬此類）；而「情意之感受」及「觀賞」則為論「才性」時所據之能力。由此，吾人亦可說，論「人」之「性」時，基本上可有「心性」、「物性」、「才性」三義，分別對應於德性我、認知我及情意我。但在中國，「認知我」或「認知心」之獨立發展，向不顯著，故中國學人論「性」時，大體只在「心性」與「才性」間徘徊爭執，罕見取「物性」意義而論「人」之「性」者。不過，若就理論言，則必將此三義並舉，然後問題眉目始明。此三種態度是否皆在中國哲學思想史中呈現，則是另一事也。

談「才性」者，基本上只是對「人」作情意性之觀賞，故既不涉及德性，亦不提供知識。種種議論，只是表述感受；大體與文學藝術之批評文字類似。不同者只是所觀賞所感受之對象並非任何作品，而是人之生命情態自身。此種觀賞感受所得，只代表觀賞者或感受者對於此對象之整體印象，與此對象之構成因素所具之屬性不同。譬如：有人讀一首詩，其所得之感受乃對此「詩」作為整體之印象；此印象並非由構成此「詩」之一個個單字之屬性決定。蓋作觀賞之「情意我」，所掌握之「藝術屬性」——如「美」之類，本非構成對象之各因素之屬性，而是對象整體之屬性；此亦可與邏輯意義之「分子屬性」與「類屬性」相比，二者之意義層面不同。

才性之說，下節再述其內容。以上釋「才性派」之玄談所取立場及所涉之基本問題。就此種議論以觀賞態度為主而言，顯係道家精神之產物，不待析論。

三、名理派之特色

所謂「名理」，乃一頗多問題之詞語；蓋魏晉人說某某「談名理」時，其涵義常有變化；且與先秦辯者之旨趣亦頗不相同，易令人發生誤解。但以此詞乃當時通用之詞，故仍用以標指玄談或玄學中之另一支。

魏晉談「名理」者，大致旨趣在於形上學觀念之描摹及發揮。故其所謂「名」，所謂「理」，皆與中國哲學史上他派所用者頗不相同。茲先分別稍作說明。

首先，就「名」而論；先秦言「名」者，基本上不外兩大派。一派以道德旨趣及政治旨趣為主，另一派以形上學旨趣及邏輯旨趣為主。孔子之言「正名」，基本上表示道德旨趣；但因此種觀點涉及「職分」觀念，故由此亦引出政治旨趣。另一面道家言「無名」、「有名」，以「名」為符號指謂，而又認為「名」是一種限定；故極論「道」之「無名」，以明「道」之「無限性」。此基本上表示形上學旨趣；但因既以「名」為限定意義之符號，故由此亦引出邏輯旨趣。先秦辯者，後世稱為「名家」，然其所謂「名」，固主要在於形上學及邏輯旨趣一面。而荀子作〈正名〉，則混合道德政治之旨趣與邏輯知識之旨趣。而韓非出荀卿之門，又獨重政治旨趣；於是有「形名」、「名實」之說。法家此種觀點，至漢代乃被一般知識分子視為「名」之本義，於是一談「名」，即涉及「形名」、「名實」；對於德性意義之「名分」，或形上學意義之「有名」、「無名」，反不留意。魏晉人之言「名理」，則可為兩部分。一部分承道家形上學旨趣，以「名」作為一限定看；另一部分則由法家「名實」之說轉出（與公孫龍所言「名實」又不同，參看本書第一卷論「名家」一章），以評論人物為談「名理」。此與「才性」一支較近。故本書以「名理」為玄學之另一派。此所謂「名」，是取形上學意義及邏輯意義；所涉及之魏晉言論，亦皆限於此範圍。凡涉及人者悉歸入「才性」一項下論之。

其次，所謂「理」，原有「規範」，「事物性質及規律」，「形上規律」等不同意義。魏晉玄談之士所談之「理」，自號為「玄理」；實即指「形上規律」而言。但西漢以來，宇宙論與形上學混雜不清，故魏晉人談形上之「理」時，有時亦混有宇宙論觀念。但大體言之，彼等所說之「理」，不指「規範」，亦不指經驗世界中之「性質及規律」，而指形上意義之「規律」，則無可疑。

玄談之士論「名理」時，最喜取材於《易經》及老莊；此在上節已言及。此外亦偶然涉及邏輯或知識問題，然皆零亂無足取。下文論「名理」一派時，主要取有關老莊及《易經》之說為資料。

最後，所謂「玄學」，基本上並非一嚴格系統。玄談之士所取之精神方向，實是一觀賞態度。在論「才性」，只評人物之時，固是以觀賞為主；即就其議論形上問題或知識問題而言，亦仍是持此種態度。故魏晉玄談之士談「名理」時，所重者在對此種「玄趣」之欣賞，並非真建立一種「學」。本書雖沿用「玄學」之名，以述此種言論之內容，但對此點，仍應再次點明；以免讀者誤以為此等零星議論真足稱為「學」也。

淵源及分派問題，至此已大略說明，以下而依次分述兩派之言論。

貳 「才性」之說

自東漢末年起，中國知識分子即視品評人物為一大事。試取陳壽《三國志》諸傳閱之，其本文及裴注中所引有關東漢名士之記載，即每謂某人能鑑別人物。如許劭評人，儼為一種標準，固是特出之事例；此外，類似者尚多。此種風氣之形成，就外在因素而論，自與當時辟舉制度有關；但從品評人物中顯現一種智慧，則屬於此時代知識分子之精神傾向。此一傾向之特性，即成為魏晉才性論之根源。

名士品評人物，每每亦斷其成就之大小，甚至涉至政治之成敗問題；但此種論斷，又與術數意義之「看相」不同。傳統術數之說，自與宇宙論之理論架構有關；其方法大抵是類比法。才性之評論，人物之鑑賞，則可說全無理論架構；言者憑其直覺感受而言之，從不列出理據。聞者或同意或不同意，亦鮮見詰問言者之理據，或作理論之爭辯者。蓋如上文所說，此種品評本身原不以一理論系統姿態出現也。

由此，「才性」一派之玄談雖盛，屬於此派之著作則少。較有代表性之資料，乃劉劭之《人物志》。《三國志・劉劭傳》云：

> 正始中，執經講學，賜爵關內侯，凡所撰述法論，《人物志》之類百餘篇。❷

《隋》、《唐書》中〈經籍志〉亦皆載有「《人物志》三卷。劉劭撰」；與今存本合。

劉劭又曾作「〈都官考課〉七十二條」並〈說略〉一篇，傅嘏曾與辯難，所爭大致為決定「人才」之標準及制度問題。而傅嘏原亦是喜論「才性」者，故二人之爭論，實是兩「人物品評者」之間之爭論也。劉劭之書，

❷《三國志・魏書・劉劭傳》

分為十二章。其要旨撮述如下：

《人物志》開卷即表明其理論立場云：

> 蓋人物之本，出於情性。情性之理，甚微而玄，非聖人之察，其孰能究之哉？凡有血氣者，莫不含元一以為質，稟陰陽以立性，體五行而著形；苟有形質，猶可即而求之。❸

此處先提出「情」與「性」，但只泛說，未明確界定其詞義；二者之分別如何，亦不加討論。但全書目的在於論「情性之理」，則標揭甚明。其下提出「陰陽」、「五行」以論「性」及「形」；蓋隱含一種「內外」之分別。「立性」是「內界」，「著形」則屬「外界」；於是觀「外」之「形」以知「內」之「性」，是劉劭所持之探究方法。然既取「陰陽」及「五行」等詞語，則基本上劉劭乃雜取漢人宇宙論觀念以立其說，亦無待辯。人之「情性」，既通過陰陽五行以解釋，則其所了解之「情性」中決無「主體性」成分，而純指被決定之材質，亦無可疑。此是才性論者之基本立場。

「情性」既屬已決定者，故劉劭全不論及改造或培養之問題；書中所論皆限於如何了解不同個人之不同情性或材質。所謂「九徵」之說，即指從九種徵候（或表現）上著眼，可以掌握被觀察者之情性特色。其列舉「九徵」，則云：

> 平陂之質在於神，明暗之實在於精，勇怯之勢在於筋，彊弱之植在於骨，躁靜之決在於氣，慘懌之情在於色，衰正之形在於儀，態度之動在於容，緩急之狀在於言。❹

此中九項，如何互相分別，而不能代易，亦未加說明；蓋不過文人之鋪排，非實有一定理據也。

---

❸《人物志・九徵第一》

❹ 同上

「情性」自九個方面表現，故人物之高低，亦由此評定。下文遂以「九徵皆至」為「純粹之德」，以「九徵皆違」為「偏雜之材」。此處顯然涉及兩個問題。第一是：所謂「至」與「違」是依何標準說？第二是：此種標準如何建立，又如何說明其有效性？蓋人之情性既是被決定者，則任何一個體，自身即實與其他個體有情性之殊異；如何能使各種殊異受某一標準之裁判，是一大問題。此標準本身是如何內容，亦是一大問題。劉劭對此種大關鍵，皆似未留意，只憑空提出「中庸」一詞，以為各面均圓滿（即所謂「至」），便稱為「中庸」。但此顯然未解答任何問題；蓋問題正在於「圓滿」或「至」是何意義也。劉劭將主要問題輕輕滑過，而列出人物之等級；其言云：

> 是故兼德而至，謂之中庸；中庸也者，聖人之目也。具體而微，謂之德行；德行也者，大雅之稱也。一至謂之偏材；偏材，小雅之質也。一徵謂之依似；依似，亂德之類也。一至一違，謂之間雜；間雜，無恆之人也。無恆依似，皆風人末流；末流之質，不可勝論，是以略而不槩也。❺

依此，人物分為五等，可表列如下：

兼德而至——中庸——聖人
具體而微——德行——大雅
一至——偏材——小雅
一徵——依似——亂德
一至一違——間雜——無恆

更低者即略而不論。觀此種分劃，劉劭顯然假定一「量意義」之標準；蓋「中庸」重在「兼」與「至」，即

❺《人物志．九徵第一》

各面同得圓滿；「德行」與「中庸」比，是「微」，即在量度上較「小」；「偏材」只在某「一方面」得圓滿，即與「中庸」之「各方面」得圓滿，為「一」與「多」之分別；「依似」則是未完成之「偏材」；「間雜」則偶或圓滿，偶或不然，故稱為「無恆」，即根本未定之意。此種「量意義」之標準，大抵即劉劭立論時心目中所假定之理論尺度；然竟未稍加析論，其疏陋不可掩矣。

其次，劉劭將「聖人」列為才性最高者，此即表示劉劭根本不知「主宰性」一觀念對「德性」之重要；蓋如其所說，聖人只是特具一種才性者，如此則「聖人」與其他人之區別，只有事實意義，而無規範意義。且「道德生活」本身即成為完全不可解，因「德性」若是被才性決定者，則人之德性高下，皆不能由自身負責。所謂「應該」或「不應該」等詞義，皆無由出現；亦不能有「道德生活」中之一切問題矣。

但劉劭雖以才性釋聖人，卻又無意否定道德生活之可能，且曾提及「進德」一詞。在論各種不及「中庸」之才性時，曾云：

> ……及其進德之日，不止揆中庸以戒其材之拘抗，而指人之所短以益其失，猶晉楚帶劍遞相詭反也。❻

此處上文原說人不能合乎中庸，即有所「失」，故忽標「進德」一詞於此，意謂，人應以「中庸」為標準以「戒」其才性之偏，否則互指人之短，則無意義。只看此段，則劉劭又假定人可以改變其「才性」，與全書論旨衝突。然此只表示劉劭認為才性決定人之成就之限度，但在此限度內，人仍須作一定努力以實現其才性，並不表示另有「進德」之說，以對治才性之限制。此點若與其論「學」之言合觀，則劉劭之意向益明。書中論及「學」時，曾斷然謂「才性」不可變；其言云：

> 夫學所以成材也，恕所以推情也。偏材之性，不可移轉矣；雖教之以學，材成而隨之以失；雖訓之以恕，

❻《人物志・體別第二》

推情各從其心；信者逆信，詐者逆詐。故學不入道，恕不周物；此偏材之益失也。❼

案如此說則「學」只能順其才性而收效，故「材成」時其「失」亦現出。「恕」是以己推人，然劉劭以為一人如何推想他人，亦由其自身之才性決定；故「信者逆信」，「詐者逆詐」。於是「偏材」是「不可移轉」，然則所謂「學」及「進德」皆不過指在才性限度內之發展而已。所謂「成材」即指才性限度內之成就。

劉劭論種種偏材，在〈體別第二〉中所說甚繁，不再詳述。以下則進而列舉十二種人才。原文謂：

蓋人流之業，十有二焉。有清節家，有法家，有術家，有國體，有器能，有臧否，有伎倆，有智意，有文章，有儒學，有口辨，有雄傑。❽

此十二材中，前三者分別代表「德」、「法」、「術」。「國體」與「器能」則皆指兼此三者之人物；二者有大小之分。「臧否」、「伎倆」、「智意」三者則分別指前三者之分支，所謂「各有一流」。最後四類，則另屬一層次，不是以「三材」為「本」。此種議論，亦無明確理論意義；只是發揮作者感想而已。

但此處另有一值得注意之論點，即劉劭論「十二材」之後，又申明此外另有「主德」：

凡此十二材，皆人臣之任也；主德不預焉。主德者，聰明平淡，總達眾材，而不以事自任者也；是故主道立則十二材各得其任也。❾

此處以「主德」為異於「十二材」者；然則所謂「主德」是否由另一種「材」決定？抑或「主德」乃「中庸」之別稱，而「十二材」皆表「偏至之材」？觀「平淡」一詞，似「主德」近於「中庸」；若果如此，則是以「聖」

❼《人物志・體別第二》

❽《人物志・流業第三》

❾同上

與「王」合一。但此點劉劭亦未細論，學者只可視此為一可能之解釋而已。但此段中另一點則甚明確，此即：人主「不以事自任」，而能「總達眾材」。此是以「主德」為成就各種材之功能，即「無為」作為政治概念時之通解也。

觀此益可知，劉劭基本上宗道家立場。

其下〈材理第四〉，則分別各種「理」與各種心智之相應關係，並有「九偏」、「七似」、「三失」、「六構」、「八能」之說；理論成分較後各章為高。原文云：

> 夫理多品則難通，人材異則情詭；情詭難通，則理失而事違也。

此總說「理」有許多種，人之「材」亦有許多種；人能通何種「理」，須視其「材」而定。簡言之，其基本斷定是說：人之「認知活動」受「才性」決定。其下列舉「理」與「明」及其他有關分類云：

> 夫理有四部，明有四家，情有九偏，流有七似，說有三失，難有六構，通有八能。⑩

此中「理」與「明」相配而立；四部之「理」既分，其「材」能通此各理者，遂相應而有「四家」。此亦是基本論點。其下所論「九偏」等等，皆屬低一層次之問題。「理」與「明」如何分為「四」？原文云：

> 若夫天地氣化，盈虛損益，道之理也。法制正事，事之理也。禮教宜適，義之理也。人情樞機，情之理也。⑪

此處所謂「事理」，並非指經驗世界之規律，而專指政治之措施或制度之「理」，可知劉劭全無「經驗知識」之觀念。

---

⑩《人物志・材理第四》

⑪ 同上

「理」既有「四」，則欲通此理便須具有一定之「才性」。故云：

四理不同；其於才也，須明而章。明待質而行，是故質於理合，合而有明，明足見理，理足成家。⑫

必有「明」然後方能使「理」顯現；而「明」被「質」決定。具某種「質」之人即「合」於某種「理」，因能「合」故有「明」，有「明」方能「見理」；依此不同之「質」及「明」，遂可分別「四家」。此中「質」即指「才性」，而樞紐在於「明足見理」一語。以下論「四家」云：

是故質性平淡，思心玄微，能通自然，道理之家也。質性警徹，權略機捷，能理煩速，事理之家也。質性和平，能論禮教，辯其得失，義理之家也⑬。質性機解，推情原意，能適其變，情理之家也。⑭

此段不需要再作解釋，其意甚明。

至此，劉劭實已否認「普遍之理」、「自覺之努力」等等，而認為某種「人」能見某種「理」，是其「才性」（或「質」）合不合之問題。此一「合」字顯然表示一事實關係，毫無主宰性或自覺性之認定。劉劭基本上是一「決定論者」，於此益明。

人因其「質」與「明」之不同，而有四家。此是專就其優長一面說。人既受「質」與「明」之限制，則此種限制一方面固使人在某一領域中特具優長能力，但另一面自然亦使人有一定缺陷。「九偏」之說，即說此缺陷方面：

四家之明既異，而有九偏之情；以性犯明，各有得失。⑮

⑫《人物志·材理第四》

⑬案「義理」舊訛作「義禮」，今正

⑭《人物志·材理第四》

「偏」就「各有得失」而言，分為「九」項，比「四」分法較細，然其所以為「九」，亦無理據。其論「九偏」，略謂：

> 剛略之人，不能理微；……抗厲之人，不能迴撓；……堅勁之人，好攻其事實；……辯給之人，辭煩而意銳；……浮沉之人，不能深思；……淺解之人，不能深難；……寬恕之人，不能速捷；溫柔之人，力不休彊；……好奇之人，橫逸而求異；……。此所謂性有九偏，各從其心之所可以為理。⑯

此中九項下各有解說，均從略。此處應注意者，是上文原說「情有九偏」，但此處則說「性有九偏」；上文又有「以性犯明」之語，可知劉劭用語中，「性」與「情」常混用不分；蓋既以「才性」為「性」，則本已與「情」極接近，非先秦論「性」之旨，甚至與漢人之說亦異矣。

所謂「七似」，指貌似而實非者說；如本不解他人所言之理，而附和讚歎，即說為：「有迴說合意，似若讚解者」之類。此皆世俗知識分子之毛病；不涉及重要理論問題，姑不詳述。其言「說有三失」，則又與「才性」之「偏至」有關，較可注意。其言云：

> 夫九偏之材，有同，有反，有雜。同則相解，反則相非，雜則相恢。故善接論者，度所長而論之，歷之不動，則不說也；傍無聽達，則不難也。不善接論者，說之以雜反；說之以雜反，則不入矣。善喻者，以一言明數事；不善喻者，百言不明一意；百言不明一意，則不聽也。是說之三失也。⑰

案此段文意欠明，「不善接論者」有一「失」，「不善喻者」又有一「失」，只列出「二失」，而上下文皆言「三失」，

---

⑮《人物志・材理第四》

⑯同上

⑰同上

或者脫漏之文。然此段主旨在於說明人之意見觀念之「傳達」，亦受彼此「才性」之限制，且在複多「個人」間，彼此之傳達，亦受「才性」限制。合而言之，則「思」與「辯」均受「才性」限制矣。其下論「六構」，乃指談論時易犯之病，茲從略。

最後，劉劭又舉出八種「能」，謂人必須具有此八者，然後方能成為「通人」。其言云：

> 必也，聰能聽序，思能造端，明能見機，辭能辯意，捷能攝失，守能待攻，攻能奪守，奪能易予。兼此八者，然後乃能通於天下之理，通於天下之理，則能通人矣。不能兼有八美，適有一能，則所達者偏，而所有異目矣。⑱

案此所謂「通於天下之理」，乃指一個個理之加和講，並非肯定「普遍之理」；此種「兼有八美」之人，不過是具有特殊「才性」，故能「通」各種「理」；「理」本身仍未綜合為一體，其人亦非能「統觀」一切理，而只是遍數一一理而取之耳。故劉劭此一結論，只承認有「才性」特高之人，並非肯定「普遍之理」或「才性」以外之「理性」。學者必須辨明此種意義界限，否則即不能見劉劭之真立場也。

其下各章，論人材能之限度，不在大小，而在宜與不宜；又論識人之難，觀人之法，以及品評人物時易犯之錯誤等等。就理論立場看，皆屬次級之問題。劉劭「才性」之說，主旨則皆已包括於上所論各章中，故不再贅述。

總之，劉劭論「兼德」與「偏至」，先將「聖人」列為才性層級中之一層，已是主張通過「才性」之「決定」說明「德性」；然後論「流業」時，又判定「事功」亦受「才性」決定；最後論「材理」，則以為認知與傳達亦受「才性」決定。於是，「才性」成為「德性」、「事功」、「認知」等活動背後之總決定力。此說即代表徹底「才

⑱《人物志・材理第四》

性論」之立場；其理論結構雖頗多疏亂處，其代表一特殊方向則無可否認。

以上已述魏晉玄學中「才性之說」；下文再論「名理」一支。

參　「名理」之說

魏晉清談之士，早期較重於談論「才性」，品評人物；稍後則又喜討論形上學問題，其範圍大抵依託《易經》或老莊之書，間亦涉及儒學其他典籍，於是遂有所謂「名理」一派。「名理」一詞，其義甚泛。前節已論之。本節但舉此派中之重要代表人物，一觀其立論之大要。此派之代表人物，可舉三人；即：何晏、王弼及郭象。

一、何　晏

《三國志・諸夏侯曹傳》中〈曹爽傳〉文後，附有何晏小傳云：

> 晏，何進孫也。母尹氏，為太祖夫人。晏長于宮省，又尚公主；少以才秀知名；好老莊言，作〈道德論〉及諸文賦，著述凡數十篇。[19]

何晏雖一度有重名，然因附曹爽故，被司馬懿所殺，禍及於三族；故其著作亦佚散。然死後多年，引述其說者亦尚不乏人；故今日參考此類資料，尚可略知其趨向。

如《列子》注中，即屢引何晏之言。〈天瑞篇〉注引何晏之〈道德論〉文云：

[19] 《三國志・魏書・曹爽傳》

> 有之為有，恃無以生；事而為事，由無以成。夫道之而無語，名之而無名，視之而無形，聽之而無聲，則道之全焉；故能昭音響而出氣物，色形神而彰光影；玄以之黑，素以之白，矩以之方，規以之圓。圓方得形而此無形，白黑得名而此無名也。[20]

此大抵即何晏〈道德論〉之一部分，觀其語旨，不過強調「道」本身無經驗性質，但為經驗事物之生成之依據；全是老子之說，無甚發展。然此種離開宇宙論之纏繞而單談形上觀念，固亦表現玄談之士與兩漢諸儒頗有不同也。

又另一處注文復引何晏之〈無名論〉云：

> 夫道者，惟無所有者也。自天地以來，皆有所有矣；然猶謂之道者，以其能復用無所有也。[21]

此段表示，何晏對「理論序列」及「時間序列」之分別，尚不能確知，故設此議；大旨謂「道」是「無所有」；然有天地以來皆屬「有所有」；但因「道」在天地生後，仍能繼續發揮作用，故吾人面對「有所有」之階段，仍能稱「道」為「道」。其實，「道」既本不指時空中之對象。則此處並無困難須加解決。何晏立論之層次甚低，似與全無理論能力之人解說「道」何以至今仍不失其地位，乃取「時間序列」觀「道」與萬有之關係，本身實含有一混亂觀念，並無玄奧之義可說也。

原文又云：

> 自然者，道也。道本無名，故老氏曰：彊為之名。仲尼稱堯蕩蕩無能名焉，下云：巍巍成功，則彊為之名；取世所知而稱耳。豈有名而更當云無能名焉者邪？夫唯無名，故可得遍以天下之名名之，然豈其名

[20] 《列子》，卷一，〈天瑞篇〉注

[21] 《列子》，卷四，〈仲尼篇〉注

也哉？㉒

此即以「名」為「限定」而說「道」之無限性也。但所舉孔子稱堯之語，擬於不倫；如以「無名」為「無限性」之表述，則此詞只有形上學意義，並無德性意義。堯作一實際存在之「個人」，豈能視同一「形上實有」或規律乎？孔子所謂「民無能名焉」，乃讚頌堯之德性周備，不以一節見長而已，非以堯為一「無限」也。何晏此說亦表示玄談之人思路之雜亂。最後謂因「無名」，故可「遍以天下之名名之」，亦不準確，但其意欲表示「無限性」，則甚明顯。

又「自然」一詞，自老子以下，各時代談玄者最喜用之；然其義含混萬端；日後郭象注《莊》，對此詞有較為明確之解說。此點亦留俟論注《莊》之理論時再加展示。

何晏又曾以為「聖人無喜怒哀樂」，王弼與辯，則以為聖人亦「應物」而有「哀樂」，但「應物而無累於物」，故與常人不同。此涉及「超驗」與「經驗」二界域之分別；蓋言「自我」之「超驗自由」時，自我固不應駐於情緒反應之層面，但此並非謂自我不能在經驗界域中有此類活動。何晏之說，本旨不過欲肯定「聖人」之自我能超越心理層面，但不了解「心理活動」一層面本身並不由此撤消；王弼駁之，足知畢竟王所見又勝於何晏也。由此，可過渡至王弼之理論。

二、王　弼

王弼與何晏同時，但為後輩。《三國志・鍾會傳》後，附記王弼云：

初會弱冠，與山陽王弼並知名。弼好論儒道，辭才逸辯，注《易》及《老子》；為尚書郎，年二十餘卒。㉓

㉒《列子》，卷四，〈仲尼篇〉注

王弼大抵論述頗多，但今傳者乃《易》注與《老子》注。此兩種注文所表現之思想大致相符；簡言之，即宗老子觀念之形上學理論而已。由此，王弼之解《老》，大體與老子本義相近；解《易》則屬張冠李戴，強以老子觀點說《易》；不唯與《易》卦爻辭之本旨相去甚遠，且與所謂《易傳》之思想亦有相當距離。蓋《易傳》在漢代全部形成，其立論已距《易》卦爻辭甚遠（見前章，〈易傳之思想〉一節）。嚴格論之，此是具有形上學及宇宙論興趣之後人，託《易》以立說；然世人不察，漢以下之知識分子皆誤將「《易傳》思想」當作《易》之本旨。今王弼以道家觀念釋《易》，自然相去益遠。但學者須知，《易》卦爻辭本身原無許多理論觀念。後世託《易》之說，雖不是《易》之本旨，卻代表論者之思想。故從哲學史立場看，將此類資料當作立說者自身之思想表現而觀察，知其與《易》本身關係甚少，即不致有大誤矣。

王弼之思想方向，係老子之方向，故基本論點是以「道」為實有(Reality)，又視「道」與「無」為同一事。邢昺《論語正義》引王弼〈論語釋疑〉之言云：

> 道者，無之稱也；無不通也，無不由也，況之曰道。寂然無體，不可為象。㉔

此所謂「不可為象」，是指「現象」說；「實有」本身不是一「現象」，故言「不可為象」。而此超現象之「實有」，在王弼即以為是「無」；至於「道」字乃對「無」之稱號；以表示其為普遍規律——所謂「無不通」、「無不由」。因之，吾人可知，王弼所持之「道」，一方面是「無」，一方面則是現象共循之規律。此規律自是一「實有」，但非現象意義之「有」；換言之，是"Reality"而非"Existence"。此乃早期形上學思想中例有之分劃，並無詭異成分。

㉓《三國志・魏書・鍾會傳》

㉔《論語注疏》，卷七

「道」或「無」作為「實有」看，一方面不屬於現象界，另一方面卻又是現象之根源。此亦承《老子》「有生於無」之說。在注《老》之文中，王弼屢說此義。如解「無名天地之始，有名萬物之母」二語時，注云：

> 凡有皆始於無；故未形無名之時，則為萬物之始；及其有形有名之時，則長之育之，亭之毒之，為其母也。玄道以無形無名，始成萬物；以始以成，而不知其所以，玄之又玄也。㉕

此注「以始以成」上，應脫去「萬物」二字，所謂緣上文而脫漏者；但不補二字，亦可知其意。故仍舊。此注主旨即在於說明：「道」一方面超現象，另一方面又決定現象。所謂「萬物之始」，正如《老子》所謂「先天地生」，非真說時間序列，而只欲表明其超越性而已。所謂「為其母」，乃指「道」在萬物之存在過程中，永有決定作用、支配作用，如母之於子也。「無名」及「有名」，在此注均作「無名之時」、「有名之時」解。依原文語意看，上文既說「名可名，非常名」，則其下「無名」、「有名」二語中之「名」字，自不應忽作虛字解，則王注與原文之旨亦無大距離。

此注與第四章及第二十五章注參看，則其意益明。第二十五章注釋「有物混成，先天地生」云：

> 混然不可得而知，而萬物由之以成，故曰混成也；不知其誰之子，故先天地生。㉖

王以「不可得而知」解「混」，自與「混」字原義之為「盛滿」或「豐流」相去甚遠；此蓋文人通病，所謂望文生義也。姑不深論。此注可注意者是對「先天地生」之解釋。王注意謂：「道」不能再由其他實有生出，而為最高實有，故是「先天地生」。此則不違原文之意，唯未明此語重在說「道」之「超越現象界」耳。至所用「不

㉕ 《老子》，王注。馮友蘭《中國哲學史》頁六〇八，引此注而誤斷為「……萬物以始，以成而不知，其所以玄之又玄也」，遂使文義不通。其句讀之誤，不待辯說

㉖ 同上

知其誰之子」一語，則據《老子》本文而來。原文本云：

道沖而用之，或不盈；淵兮似萬物之宗。挫其銳，解其紛，和其光，同其塵，湛兮似或存。吾不知誰之子，象帝之先。㉗

此處「吾不知誰之子」一字，即王注所本。此段下，王注亦發揮類似觀點云：

沖而用之，用乃不能窮；滿以造實，實來則溢；故沖而用之，又復不盈，其為無窮，亦已極矣。形雖大不能累其體，事雖殷不能充其量；萬物舍此而求主，主其安在乎？不亦淵兮似萬物之宗乎？㉘

案此釋「不盈」及「萬物之宗」二義；「又復不盈」一語，又誤解文義；但知此是說「道」為萬物之主，則亦與原意合。

其下又釋「挫其銳……」一段云：

銳挫而無損，紛解而不勞，和光而不汙其體，同塵而不渝其真；不亦湛兮似或存乎？㉙

此則似是而欠準確；蓋原文中四「其」字，皆承上文而指「萬物」說，全段謂「道」運行於萬物中，裁判一切現象，而本身不受影響；王注亦知是「不受影響」義，但不扣緊「其」字指「萬物」，而言「銳挫而無損」，便含糊不明矣。

最後解釋「象帝之先」，則云：

地守其形，德不能過其載；天慊其象，德不能過其覆；天地莫能及之，不亦似帝之先乎？㉚

㉗《老子》，第四章

㉘《老子》，王注

㉙同上

此以「天地」之「不能過」其本身之功能，而言「道」為「天地莫能及」；與原文無關。原文但說，「道」不是「子」，故先於一切主宰；未說萬物有限，「道」則無限之義。然此意在老子理論中自是確有者；王注隨意發揮，不合作注規矩，然其立場仍不違老子也。

故就形上學觀念而論，老子論「道」，是以三義為主，第一、萬物無常，而「道」為常；第二、「道」超越現象界，具無限性；第三、「道」又支配現象界，運行於萬物萬象之中。此即莊子後學著〈天下篇〉時，所稱「建之以常、無、有」也。王注亦環繞此三義而立說，雖多浮詞，大旨則合。就此而論，王注可說能明老子之形上學觀念，與兩漢知識分子之喜談荒謬宇宙論不同。

但老子思想一方面有形上學成分，另一面又有一特殊價值觀念，此即涉及老子之「自我」觀念或主體境界問題。《老子》原書中論「無為」、「無不為」以及其「文化否定論」，皆屬此一部分。若就其輕重言之，則此一部分為主，形上學觀念原只用以支持此種價值觀念；蓋老子之主要立場表現於價值觀念方面，而不在形上學方面也。但此種價值觀念，至《莊子》內篇中方有較明確之澄清；原文殊欠周備。王注則全不接觸「自我」問題，故一涉及價值觀念，即濫詞浮議，全無是處。譬如解「天地不仁，以萬物為芻狗」云：

天地任自然，無為無造，萬物自相治理，故不仁也。仁者必造立施化，有思有為。造立施化，則物失其真；有思有為，則物不具存；物不具存，則不足以備載矣。地不為獸生芻而獸食芻，不為人生狗而人食狗；無為於萬物，而萬物各適其所用，則莫不贍矣。若思由己樹，未足任也。[31]

此段立論混亂不堪。首先，《老子》此二語下連「聖人不仁」而言；其所謂「不仁」，乃無所偏好之意。蓋老子

[30] 《老子》，王注

[31] 同上

之「自我」觀念，含有超越與支配二面；分別對應於「無為」與「無不為」；但超越義為本，支配義乃自我超越後之能力，故謂：「無為而無不為」；其先後不可亂。就「聖人不仁」說，乃專偏「無為」及超越義而言；此是顯示「自我境界」。其目的在於保有主體之超越性自由，不關萬物也。而王弼乃以為，「無為」而使萬物「自相治理」，目的在於「備載」；換言之，「天地」如「有為」，則不能「備載」萬物，而有所排斥，即所謂「物不具存」。此說在理論上已有極大困難，因此所謂「任自然」，本身意義不明。試想：「自然」與何義相對別？如說與「有為」相對別，則吾人須問：人之所以「有為」，何以知其不屬於「自然」？人有飲食之需求，算作「自然」，則人有智巧技術之需求，何故即不算作「自然」？人本是有智性、有自覺意志者，何以要滅除此種活動，方算「自然」？又以「天地」而論，何以排斥是不許有者？為何須能「備載」？有「載」有「不載」，又何以不算「自然」？所謂「萬物各適其所用」，是一事實命題，抑或是一理想陳述？如是事實命題，則任何情況，均不能說是「不適其所用」；如是理想陳述，則此理想須另行建立，不能從「自然」一義中建立。總之，「自然」之說，本身理論即缺一重要環紐，又混合「存有義」與「活動義」；王注則完全以浮詞敷衍，根本未深究此中所涉問題界限也。

《老子》所說之「無為」，必須收歸「主體自由」觀念下，方見其真意義；王注始終不能接觸此種觀念，故就注《老》而言，有關價值及自我境界之部分，王弼皆無所見；只能說了解老子之形上學觀念而已。

王弼注《老》，只了解老子理論之一部分；對老子理論中真需要闡釋之處，反而無能為力。其注《易》則情形稍有不同。

《易》本占卜之書，故其卦爻辭須配合其時代之文字、歷史情況等解之。所謂《十翼》，乃戰國至秦漢間之雜說；其主要立場乃宇宙論及形上學成分之混合，既與原文距離甚遠，與孔孟心性論尤其格格不入。漢人說《易》，多喜取象數，附和災異祥瑞，而作荒謬之言。王弼則只從形上學觀念釋《易》。此雖與《十翼》或《易傳》同樣遠離《易》卦爻辭之本旨，但作為一理論看，自較象數之說進步多多。

以下略引其言，以說明王弼此種立場。

王弼在其〈易略例〉中，論「彖」、「爻」、「卦」、「象」等。論「彖」時云：

夫眾不能治眾，治眾者，至寡者也。夫動不能制動，制天下之動者，貞夫一者也。故眾之所以咸存者，主必致一也；動之所以得咸運者，原必无二也。物無妄然，必由其理。統之有宗，會之有元。㉜

此不過說「多」必受「一」之決定，因論「彖」為卦體之主，故言及之；但可注意者是「物無妄然，必由其理」二語。

此二語之表層意義，是說萬物皆循一定之「理」；似與儒學觀念甚近；但進一步看，則此處實預認一切事物皆無好壞可說。此即流俗所持之「自然說」也。觀此可知王弼解《易》時，並非闡發《易傳》中之理論，而是以所持老子型之觀念為基礎，應用於《易經》及《易傳》而已。

因王弼並非肯定一一事物上皆有可實現之「價值」，故王之「自然」觀念不過表示，事物不論成何狀態，均不必有所否定；於是萬物「必由其理」之語，非說「規範」，而只說「規律」；不涉及「應然」，只涉及「實然」與「必然」。

此點觀王弼注〈乾・彖辭〉之語，則益為顯明。王弼云：

乘變化而御大器，靜專動直，不失太和；豈非正性命之情者邪？㉝

㉜〈易略例・明彖〉

㉝《易》，王注

案此是釋「乾道變化，各正性命，保合太和，乃利貞」數語。《易・彖》辭本意自以乾為創生之原則，故能決定萬物，使萬物各正其性命；隱隱認定一「形上之理」作為事物存在之根據，正是秦漢時期之流行思想。而王注乃就乾道本身說「正性命之情」——此順「乘變化……」等語觀其語脈，即顯然可見。倘如此解說，則〈乾・彖辭〉此段所強調者成為「乾道」本身之「不失太和」。此正與釋《老子》時所說：「道」運行於萬物中而不受影響之義相類；與《易・彖辭》之說有基本立場之不同矣。

又釋〈復・彖辭〉云：

> 復者，反本之謂也；天地以本為心者也。[34]

此處「以本為心」一句之語法最宜注意；王弼不說「天地之心」，而只承認天地有「本」，故釋「復，其見天地之心乎」時，遂說天地只以「本」為「心」，換言之，不承認天地有「心」。此如「以吏為師」一類詞語之語法；「以吏為師」意謂別無「師」而只以「吏」作為「師」；「以本為心」屬此例。故下文又提出「本」而謂：

> 寂然至無，是其本矣。[35]

於是，〈復・彖辭〉中「天地之心」一語，本是以為天地有主宰性，近於「宇宙心靈」之認定，而在王注中變為天地以「無」為「本」之意；與原文可謂南轅北轍。但王弼之以道家形上學觀念為其思想中心，亦由此而益明。

總之，王弼之思想，只以老子之形上學觀念為主要內容；注《老》時已不能正面接觸老子所言之「自我境界」；注《易》時更不了解《易傳》思想之立場。嚴格論之，實屬貧乏淺陋。但就其時代觀之，則兩漢知識分子，紛紛迷於讖緯象數，開口便談陰陽五行、祥瑞災異，而王弼獨能取形上學立場，以說《易》及《老子》；

[34] 《易》，王注

[35] 同上

亦不可不謂是有獨立思想能力者。較之其他多數玄談之士，但解作俏皮語、賣弄聰明者，王弼終是高一著。此所以述魏晉玄學，必首及王弼也。

三、向秀與郭象

郭象注《莊》之文，與王弼注《老》之文有平行地位；皆屬玄學中名理一支之重要文獻。但史籍所載，則謂此注原為向秀所作。傳文云：

郭象，字子玄；少有才理，好老莊，能清言。……永嘉末年卒。……先是，注《莊子》者數十家，莫能究其旨統。向秀於舊注外而為解義，妙演奇致，大暢玄風；惟〈秋水〉，〈至樂〉二篇未竟而秀卒。秀子幼，其義零落，然頗有別本遷流。象為人行薄，以秀義不傳於世，遂竊以為己注；乃自注〈秋水〉，〈至樂〉二篇，又易〈馬蹄〉一篇。其餘眾篇，或點定文句而已。其後秀義別本出，故今有向郭二《莊》；其義一也。[36]

依此，則所謂郭注實即是向注，唯〈秋水〉、〈至樂〉、〈馬蹄〉三篇不同而已。但〈向秀傳〉所記又有異，其文云：

向秀，字子期，河內懷人也，清悟有遠識，少為山濤所知，雅好老莊之學。莊周著內外數十篇；歷世方士，雖有觀者，莫適論其旨統也。秀乃為之隱解；發明奇趣，振起玄風。讀之者超然心悟，莫不自足一時也。惠帝之世，郭象又述而廣之。[37]

---

[36]《晉書・郭象傳》

[37]《晉書・向秀傳》

依此，則郭象只是「述而廣之」，又並非竊取向注矣。

據陸德明《經典釋文》所引，及張湛《列子注》所引觀之，則所引之「向注」及「郭注」多有不同，或向有郭無，或注文長短不同；可知所謂郭注實全為向注，亦未可信。然今本之郭注中常有取自向注之成分，則無可疑。故本節所論之《莊子》注文，雖名為郭注，然實指此混合品而言。

郭注之思想，大致言之，較王弼思想明確精密。但若就解釋《莊子》說，則郭注只在解〈逍遙遊〉一篇時，能與《莊子》之自我境界相應。《莊子》內篇：思想，原甚嚴整。郭注則不能把握此種嚴整性。其尤謬者，則是外、雜諸篇，顯然表現雜亂之道家意見者，郭注亦欲視為莊子之言，與內篇之文強作為同一系統；因此，郭注雖表現作注者之思想，但以言闡明莊子理論，則相差尚遠也。

下文先取郭注中之重要觀念，略加析論。

(一)「自然」與「天然」

郭注釋〈知北遊〉中「有先天地生者，物耶？」一語云：

> 誰得先物者乎哉？吾以陰陽為先之，而陰陽者即所謂物耳；誰又先陰陽者乎？吾以自然為先之，而自然即物之自爾耳。吾以至道為先之矣，而至道者乃至無也，既以無矣，又奚為先？[38]

此即以「物之自爾」釋「自然」。此處否認流行說法中「有生於無」一語有實義，而認為萬物之所以成為如此如此，最後無原因可說，只能說是自己如此。此義在釋〈齊物論〉中「夫吹萬不同，而使其自己也」一語時，發揮尤明。其文云：

> 無既無矣，則不能生有；有之未生，又不能為生；然則生生者誰哉？塊然而自生耳。自生耳，非我生也。

[38] 《莊子注疏》，卷七

我既不能生物，物亦不能生我；則我自然矣。自己而然，謂之天然。❸❾

此以「自己而然」釋「天然」；則其所謂「自然」與「天然」，意義並無分別；而此種觀念皆同表現一斷定，此即是原注下文所說之「故物各自生而無所出焉」。

如此，則「無」之意義與《老子》及王注之說法皆不合。「無」不能生「有」，則不成為一形上學觀念，尤不能看作萬物之根源；於是，在郭注中，「無」乃成為與「有」對立之邏輯概念。而「有」即不是後於「無」——如《老子》及王注所假定者。郭注此意，見於釋〈知北遊〉中「無古無今，無始無終」一語之文。其文云：

非唯無不得化而為有也，有亦不得化而為無矣；是以有之為物，雖千變萬化，而不得一為無也。❹⓪

案「有之為物」一語，舊本誤衍「無」字於句首，茲改正。此注明說「有」與「無」為對立或平行關係，遂不能說「有生於無」矣。

由於如此觀「有」及「萬物」，故引出「無待」及「獨化」二觀念。

㈡「無待」與「獨化」

所謂「無待」，即指不依賴其他條件而言。在郭注中，「無待」有兩意義；其一是宇宙論意義，其二是自我境界意義。茲先與「獨化」相連說，是其第一意義。郭注釋〈齊物論〉中「吾所待又有待而然者耶？」一語時云：

若責其所待，而尋其所由，則尋責無極而至於無待，而獨化之理明矣。❹❶

❸❾《莊子注疏》，卷一

❹⓪《莊子注疏》，卷七

❹❶《莊子注疏》，卷一

此謂若就某一存在或現象追尋其條件，則步步追尋，成一無窮系列，而不能不承認有一「無待」者作為始點；此即表示，萬物萬象最初皆是「自己而然」，「無待」於其他條件；此即是「獨化」。

但如此說「無待」，是指萬物在「存在歷程」中，最初本是如此；因之是宇宙論意義。郭注又談「聖人」之「無待」，則是自我境界之意義。此與郭注論「逍遙」之義相連。

(三)「無待」與「逍遙」

郭注釋〈逍遙遊〉中「若夫乘天地之正，……彼且惡乎待哉？」一段云：

> ……故乘天地之正者，即是順萬物之性也；御六氣之辯者，即是遊變化之途也。如斯以往，則何往而有窮哉？所遇斯乘，又將惡乎待哉？此乃至德之人，玄同彼我者之逍遙也。苟有待焉，則雖列子之輕妙，猶不能以無風而行；故必得其所待，然後逍遙耳；而況大鵬乎？夫唯與物冥而循大變者，為能無待而常通；豈自通而已哉？又順有待者使不失其所待；所待不失，則同於大通矣。[42]

此處「無待而常通」一語中之「無待」，指聖人境界講，亦同時指莊子所描述之最高境界。案莊子原意所謂「逍遙」即指「真我」之自由；郭注通過「無待」，以表此境界，甚為貼切，乃郭注全文中最成功之處。

「無待」或「逍遙」雖表「真我之自由」，但此所謂「真我」，並不涵有德性意義，而只是一「情意我」，因之，此所謂「自由」，亦只是觀賞意義之自由，並無主宰世界或支配世界之作用。郭注對此種精神方向雖未能有精確論析，但觀其對「自然」之解釋，可知郭注實正是肯定如此之「自由」。蓋萬物本身既皆是自然如此，亦不需增減，則自我實現其自由時，亦無可作為；於是只能顯一「觀賞之自由」。此亦即是逍遙境趣也。

此點參以郭注對「無為」之解說，則其旨益明。

---

[42]《莊子注疏》，卷一

(四)「無為」

郭注釋〈在宥〉中「莫若無為」一語時云：

無為者，非拱默之謂也；直各任其自為，則性命安矣。㊸

此即是說「無為」之態度便是使萬物「各任其自為」，不加干預而已。此承「自然」觀念而來。又釋〈天道〉中「故古之人貴夫無為也」一句謂：

各當其能，則天理自然，非有為也。……故各司其任，則上下咸得，而無為之理至矣。㊹

此則強調萬物各有其能，或各有其本性；「無為」者即使萬物各自完成其能力或本性；此固與政治上之「無為而治」一觀念相連而說，然亦正是郭注說「無為」之本意。

此處應稍補數語者，是《莊子》外篇原非莊子作品，故思想甚雜，每取老子或一般談「道家」者之觀念，隨意發揮，與內篇之嚴整有殊。例如〈天道〉等篇中談「無為」而就政治一面講，便是典型老子觀念。郭注於此等處未加辨別。

由於「無為」原就「自我」之境界而立義，故聖人或至人自駐「無待」及「逍遙」之境，不干預萬物萬象之運行，便是「無為」，並非謂使萬物不運行方算「無為」。郭注於此點亦特別發揮；釋〈馬蹄〉中「而馬之死者已過半矣」一語云：

夫善御者將以盡其能也；盡能在於自任，而乃走作馳步，求其過能之用，故有不堪而多死焉。若乃任駑驥之力，適遲疾之分，雖則足跡接乎八荒之表，而眾馬之性全矣。而惑者聞任馬之性，乃謂放而不乘；

㊸《莊子注疏》，卷四

㊹《莊子注疏》，卷五

聞無為之風，遂云行不如臥；何其往其不返哉？斯失乎莊生之旨遠矣。[45]

案「而惑者……」以下一段，即說明「無為」非使萬物皆無所活動；但未點明「無為」依「自我」義或「主體」義而立。此亦表示郭注畢竟未能真接觸莊子理論之中心也。

又此處郭注似以為馬被人「乘」，乃馬之「性」；此點大有問題。因與本題無關，姑不詳論。但學者如於此等關節上留意，亦可看出所謂「自然」之說有基本困難。此即畢竟何種存在狀態或活動應作為「本性」或「自然」看，另需要一標準，否則並反「無為」之活動亦可看作「自然」，則此種理論即全部倒塌矣。

茲回至郭注之理論，再看其對「錯誤」之解釋。既以「無為」本身作為價值標準，又以使萬物各合其性為唯一正當態度，則所謂「錯誤」，自即是「不能全其性」。此意郭注以「求外」一詞說之；釋〈齊物論〉中「五者圓而幾向方矣」一語云：

此五者皆以有為傷當者也；不能止乎本性，而求外無已。夫外不可求而求之，譬猶以圓學方，以魚慕鳥耳。……故齊物而偏尚之累去矣。[46]

案若就〈齊物論〉本身而言，郭注對此篇之精要實不能解；故仍只發揮以上所述之簡單觀點。茲就郭注本身著眼，則此段表示：一切存在只能依其本性而存在，不應「外求」；此義倘收歸主體之境界言之，仍不失莊意。不過，郭注此處架空而說，則若當作形上學或宇宙論陳述看，其困難又甚嚴重。然郭注意在於說一切「錯誤」只在於強求乎本性之外，則甚明顯。強求於外，即非「無為」。

但郭注雖似以為萬物皆應守其本性而不變，另一面又雜取老子觀「變」及觀「正反」之說；下文另述之。

---

[45]《莊子注疏》，卷四

[46]《莊子注疏》，卷一

(五)「變化」與相反相成

郭注釋〈大宗師〉中「然而夜半有力者負之而走……」一段云：

> 夫無力之力，莫大於變化者也；故乃揭天地以趨新，負山岳以舍故。故不暫停，忽已涉新；則天地萬物，無時而不移也。……故向者之我，非復今我也；我與今俱往，豈常守故哉。㊼

案以天地萬物為「無時而不移」，正老子所謂「天地尚不能久」也。此與「本性」之說，亦無必然矛盾。蓋郭注之意，實謂一切存在各有本性，各自運行；「無為」與「有為」之別，在於是否妨害萬物依本性而運行；故「本性」之不可改，並不妨礙「運行」之不止息也。

老子觀變，認為變中自有規律，故揭出一「反」觀念。郭注未能切實講變之規律，但亦承認萬物之運行可以「相反相成」。釋〈秋水〉中「以功觀之……」一段云：

> 天下莫不相與為彼我；而彼我皆欲自為，斯東西之相反也。然彼我相與為脣齒；脣齒者，未嘗相為，而脣亡則齒寒。故彼之自為，濟我之功宏矣。斯相反而不可以相無者也。㊽

案以此與老子論「反」之語相較，則深淺相去甚遠。老子之說，有確定理論意義；郭注則勉強中說，實不見其理。脣齒之喻，只表示有時萬物可以相成，並未能表明「相反相成」；且既只是有時如此，則是經驗意義之「偶有」，非老子所觀之變化規律矣。但郭注此種觀念承自老子，則亦甚為明顯。

郭注之文雖繁，其義大致不外乎上述各點。總而言之，則郭注作者真能了解之莊子學說，僅限於其所描繪之自我境界，故於〈逍遙遊〉之旨大體能有適當解說。內篇破除「形軀」、「認知」等執著之理論，在郭注中則

㊼《莊子注疏》，卷三

㊽《莊子注疏》，卷六

完全不明其本義。故作為「注《莊》」看，實非成功之作。若就郭注本身理論言，則郭注只知提出一「萬物各全其性」之主張；論至人或最高境界，亦只順此義說。而言萬物各全其性或各依其本性以活動時，根本未解釋「本性」如何制定，又「本性」間之衝突如何處理；遂不能建立一足以自立之觀念系統。落至實際生活中，雖以冗辭浮語大談政治意義之「無為」，實則決不能建立任何生活秩序。另一面，言至人之「無待」，又不能說明人如何能由通常之「有待」進至「無待」，甚至對《莊子》內篇本有之破執著之理論亦茫然不解；因之，亦不能建立工夫過程。內外皆無著落，只是中懸一段「構想」而已。以哲學理論標準看，實不成功。不過，若從哲學史眼光看，則吾人當說，此正是所謂魏晉玄談之士所能有之了解。郭注之得失，實代表此一思潮中人物之長短所在也。

此外，尚應補說一點，即郭注中所論及之「冥」與「跡」之說。郭注於釋〈逍遙遊〉中「……是其塵垢粃糠，將猶陶鑄堯舜者也」一節時，謂：

> ……今所稱堯舜者，徒名其塵垢粃糠耳。㊾

此是誤解文句，不知「其塵垢粃糠」中之「其」字，承上而言，竟以為指堯舜之塵垢粃糠，令人失笑；蓋此處之語法顯明，「其」字決無如此解釋之理也。但郭注之所以如此說，乃因其心目中另有一觀念；此即所謂「冥」與「跡」之觀念。釋〈逍遙遊〉中「宋人資章甫」一段云：

> 夫堯實冥矣，其跡則堯也。自跡觀冥，內外異域，未足怪也。世徒見堯之為堯，豈識其冥哉？㊿

此不過說堯之為堯，有「內在之境界」與「外在之表現」，即所謂「冥」與「跡」。較可注意者是：此處郭

㊾《莊子注疏》，卷一

㊿ 同上

注欲強調「表現」不妨礙「境界」；故以為「無待」之至人，不必「厲然以獨高為志」（見上引注文後文），而應能在塵俗中不失「逍遙」。此雖亦無深奧之處，但就發揮「逍遙」之境趣而論，亦不失為可取之點。故順及數語。

×　×　×　×　×

名理一派之玄談，雖尚有其他人物，但就理論而言，王弼及郭象之作已足為代表。此後玄談之風，雖延至南北朝，但因其時佛教勢力日大，此種文人亦大半不能自立理論，偶有著述，多與佛教有關。下章論佛教在中國之演變時，便中當稍及一二。魏晉玄學之敘述，即至此為止。

第三章　中國佛教哲學

壹　總說

中國佛教哲學或簡稱「佛學」，故通常有「隋唐佛學」或「中國佛學」之稱。客觀言之，佛教本為印度宗教之一，但因印度傳統中宗教與哲學歷來相混，故各宗教之教義中，每每有多少形上學理論、價值理論或心性理論成分。佛教之教義則理論成分尤高。因此，佛教雖是一宗教，其教義中確有成套理論。吾人如專就此種理論著手，亦可稱之為「佛教哲學」。至於「佛學」則有時可包括經典之考證等等，可視為「佛教研究」之別名。但通常中國文人在此等詞語問題上不甚留意，常有以「佛學」指「佛教哲學」者。學者倘了解此種習慣，亦不必在一二詞語上爭論。本書則用「佛教哲學」一詞，表佛教教義中之哲學理論，間用「教義」一詞，亦偏指此種理論性之教義。

以上為對「佛教哲學」一詞之解釋。

本章以「中國佛教哲學」為題，其討論範圍自以中國所建立之「佛教哲學」為主。然佛教作為一整體看，自有根本意向及根本特色。而中國佛教哲學雖有與印度原有之理論殊異之處，既同屬「佛教」，則對根本立場所在，自仍有一定程度之保存。故論中國佛教之理論時，欲詳察其源流，便不能不反溯至印度原有之教義。且中國佛教之理論，基本上仍是印度理論之發展，故縱使學者注目於二者之不同處，亦應知此種不同乃表示發展階段之不同。而吾人欲了解此一發展之真象，則不僅須知發展之結果，且亦必須先觀發展之歷程。由此，講論中國佛教理論時，實不能不對印度佛教理論之大旨作一陳述。本章中先列「印度佛教教義述要」一節，即是此意。

又印度佛教在漢代已入中國。經三國兩晉南北朝，至隋唐時，方有中國佛教之新理論出現。在此種新理論出現前，中國佛教研究者曾有一長時期了解及接受印度教義。此一時期亦可看作中國佛教理論之醞釀階段。日後之新理論之出現，亦與此醞釀階段中之思想情況不可分割。由此，本章再以專節論「佛教在中國之流傳及講論」。

吾人說明印度教義之大略，又描述佛教傳入中國後之發展變化，然後即可正式析論中國佛教之特殊理論；此即人所共知之三宗——天台、華嚴、禪宗。

此外，以時間次序論之，隋唐時雖已有此三宗成立，但同時專宗印度教義之成論（《成唯識論》）一支，亦極有勢力。此一支教義與中國之三宗不同，而其時代則不相先後；故在析論三宗之說後，又另以一節略說玄奘一系之理論。因此一支理論在唐代發展甚盛，實是於中國佛教理論建立後又極力欲回往印度教義者，故以「返歸印度之佛教運動」為題，以點明其立場；免使讀者懷疑此一支教義何故並未歸入「中國佛教」而視為第四宗。蓋吾人分別何者屬「中國佛教」，何者不然時，所持之標準乃此種理論內容之特色如何及其建立人為印度人或中國人；依此，則只有天台、華嚴及禪宗有由中國人建立之特殊理論，故亦只有此三宗之理論可稱為「中國佛教哲學」。此固與勢力大小無關，學者不可誤解。

在以上各節之後，另作「結論」以評析「佛教哲學」，並點明此種理論與中國儒學及道家之學之不同。如此一方面可以使學者對此一階段中中國心靈之變化有一了解，另一方面對日後宋代理學運動之立場有一種預先澄清之功用；就全書而論，亦是承上啟下之意。蓋清代以來，許多學者皆常謂宋明儒學「受佛教影響」。畢竟宋明儒學在何種程度上接受此種外來影響？宋明儒學與先秦儒學之同異如何？此種種問題，雖必待第三卷中方能詳論，但在對「中國佛教哲學」作結論時，已可作初步說明。

以上總說本章之大意。以下即分論印度佛教教義及其在中國之發展及演變。因本書非專論印度哲學之作，涉及印度教義時，自只能述其要旨；關於文字考證問題，皆不能詳及。

貳　印度佛教教義述要

印度佛教之興起，在理論立場上，可看作一革命性之理論，對古印度傳統有抗拒及否定。蓋古印度之吠陀傳統思想，由原始信仰發展至某種形上學系統（如《奧義書》所代表），雖有種種演變，終是假定某種「外在之實有」（External reality）；而佛教自始即否定外界任何獨立之「實有」，只將一種主體性視作最後根源，故在當時印度傳統思想家與此新興之佛教思想家言論中，皆承認佛教與傳統思想對立。然吾人若自較高一層面著眼，以整個印度思想（包括佛教）為考察對象，則吾人仍可看出佛教與印度傳統思想仍有一共同之基源問題。此即「如何離開生命之苦」？亦可稱為「離苦」之問題或「離苦」之要求。

以「離苦」為基源問題時，論者自須首先認定「生命之苦」，然後方能離開此苦；故佛教之原始教義，即自此問題開始。就此而論，佛教思想雖具革命性，仍不失印度思想之特色。此是學者探究佛教教義，或以佛教教義與其他思想比較時，所應首先了解之要點。

又佛教雖在建立理論之基本方向上，對「離苦」問題提出一特殊之解答；但在許多觀念上，仍沿用印度之流行觀念。此在早期教義中，尤為明顯。學者析論佛教教義時，對此種習慣因素亦須了解，否則必增窒礙。

佛教自釋迦牟尼立說後，演變甚繁。釋迦所說教義，可看作「原始教義」；釋迦逝世後，教徒分裂為許多教派，各有異說，此即所謂「部派教義」。及至龍樹 (Nagarjuna) 興起，宣說「中觀」(Madhyamika) 及「空論」(Sunya-Vada)，於是進入「大乘教義」時期。龍樹教義之建立及完成，在公元二世紀。至公元四世紀時，又有無著 (Asanga) 及世親 (Vasubandhu) 兄弟建立「唯識論」(Yogacara 或 Vijnanavada)，乃大乘教義之第二階段。此外又有宣說「真常心」之經典，屬大乘教義之另一支，凡此種種，若在討論佛教教義之論著中，皆須一一論及。本書旨在揭示印度佛教教義之大要，以顯現中國佛教之特性，故下文只先論原始教義中之基本論點，再論大乘教義之要旨。對於雜亂之「部派教義」，即不詳說。所謂「部派時代」本係佛教由初期理論轉向成熟期之醞釀階段；學者但能知大乘之成熟期教義，則不待對此醞釀階段作詳盡了解，亦可知佛教教義發展之大概。

以下先論原始教義，再論大乘三支教義，皆只強調其問題及解答；涉及考證者皆從略。

一、原始教義

討論初期佛教教義，基本材料為所謂「阿含」經集。此經集基本上乃彙輯許多文件而成，因之，由所輯之多少，遂有種種不同之「阿含」。以中譯本論之，有以下四種：

第一、《長阿含》。相當於巴利文之 *Dighanikaya*。

第二、《中阿含》。相當於巴利文之 *Majjimanikaya*。

第三、《雜阿含》。相當於巴利文之 *Sanyuttan*。

第四、《增一阿含》。相當於巴利文之 *Anguttarayn*。

凡原始教義之論點，皆據此種資料。以下分數點論之。

(一)三法印

所謂「三法印」，即三個論點；散見於各種經籍中，但《法句經》之文可作為一標準敘述。《法句經》中列出三法印為：

第一、諸行無常 (Sabbe Sankhara anicca)。

第二、諸行皆苦 (Sabbe Sankhara dukkha)。

第三、諸法無我 (Sabbe dhamma anatta)。

此即中譯經論中所謂「諸行無常」、「諸法無我」、「有漏皆苦」也 (巴利文與梵文之拼法小有差別，然無嚴重問題)。此中所包含之「苦」、「無常」、「無我」三觀念，即原始教義之理論樞紐。

首先，當析論「苦」觀念。通常人以「苦」與「樂」相對而言；但若作一解析，即可知「苦」與「樂」至少在實在性或存在性方面，不屬同一級序。簡言之，即是所謂「樂」實依「苦」而立，「苦」則理論地先於「樂」而成立。

此理不難說明。生命中之所以有「苦」，乃因生命永有所需求；每一需求構成一壓力，即成為生命中之「苦」。生命中之「苦」既由「需求」而來，而「需求」又是生命本身所必有，故生命中之「苦」為不可避免者。

反觀「樂」之成立，則顯然所謂「樂」只是「苦」之停止或移除。譬如，人在渴時有飲水之需求，當得水時，由渴所生之「苦」暫時停止，壓力解除；人即在此剎那間，對壓力之解除有一種「快樂感」。但此種「快樂感」並非由「飲水」生出。「飲水」或任何事物任何活動本身皆並不有產生快樂之性質。否則，人應在任何時候可由「飲水」感到「快樂」；實則除人在受口渴之壓力時外，飲水皆不能使人有「快樂感」。此即表示「樂」乃依於「先在之苦」之停止而呈現；故本身無實在性。而「苦」則依生命本身而有，有某一程度之實在性。換言之，「樂」之意義須通過「苦」而界定，而「苦」之意義不須通過「樂」而界定；故「苦」之意義先在於「樂」之意義。

「苦」「樂」之實在性不同，而「苦」乃生命所不可免者，於是依此意義看，亦可說生命之真象乃一串需求、一串痛苦。此即所謂「一切皆苦」或「諸行皆苦」。

倘循此線索再推進一步，則即可接觸「諸行無常」之義。所謂「行」（Saṁskāra 或 Saṅkhāra）指一般意欲活動而言。人之生命永在需求及痛苦中，而人之意欲活動則在一需求滿足時，立即轉向另一需求。譬如饑時求食，得食後又轉而求財富，得財富後又轉而求權力，得權力後又轉而求榮譽之類。大抵人之自然生命過程中，意欲活動永是如此流轉變易，必落至未滿足處；換言之，即意欲本身變異不定，時時落在新需求上，使自身陷於某一「苦」中。此種變異即說為「無常」。佛教日後論「無常」之說甚繁，自不是僅就「苦」及「意欲」講。但早期所謂「諸行無常」，則作為「苦」之論據，而其主旨即如上述。

所謂「諸法無我」，可視為「因緣」說之綱要。「因」(Hetu) 指有決定性之條件；「緣」(Paccaga) 則指輔助性之條件。佛教自釋迦起即強調一切法皆因緣生，即是說一切存在皆受條件決定。「諸法無我」之意原重在說一切存在皆不能自主，故人之生命中每一現象亦是不能自主者，由此以說明「苦」之另一理據。然其所以不能自主，正由於一切皆是受條件決定者，亦皆是無「獨立實在性」者；而對「獨立實在性」之否定，則是大小乘各家所共之法門，亦是貫串佛教思想之基本觀點之一。在三法印中，固已開始表現其重要性矣。

三法印之說，已足表示釋迦說法之根本重點；故其說雖簡，而為其他理論所不能改易者。此所以論者即用此三論點代表佛教之基本立場，而稱為「法印」也。

㈡四　諦

所謂「四諦」，乃籠罩釋迦全部教義之四觀念；與三法印僅重在觀察生命及現象界不同，而在觀察之外，更提出正面主張。故學者既知「三法印」之義，即應進而了解「四諦」，然後方能了解其他各層之理論。四諦即是：

第一、苦 (Dukkha)。

第二、集 (Samudaya)。

第三、滅 (Nirodha)。

第四、道 (Magga)。

「四諦」為佛教之總綱，釋迦自己即曾明白宣示。如云：

> 比丘，此四諦者，即為真如，為不虛妄，為不變異。❶

後世佛教各派，無論大小乘，亦皆無不重視「四諦」者。茲分別解說如下：

第一、「苦」。此義在論「三法印」時，已予說明。總之，生命有「意欲」，而一切現象及活動中，意欲永導向一「苦」。

第二、「集」。所謂「集」即指一切存在皆由條件「集合」而成；故此即「因緣」之說。上文已說，所謂「因緣」即指條件決定而定；此處再進一步論之，則「因緣」含有兩種條件關係。

其一是「同時互依」之關係。此與通常所謂「因果性」有異。蓋「同時互依」之條件關係中，無「因方」

---

❶ Cattarimani bhikkhave tathame avitathani anannathani, 見 *Sanryuttan*, Vol. V, p. 430

與「果方」之分別。用釋迦自己之語言解釋，即是：

> 如兩束蘆，互倚不倒。❷

此語在《雜阿含》中屢屢出現。所謂「互倚不倒」，即表示二者互為條件，無先後之分。如以中國哲學用語解釋，可說此種互為條件之關係類似於「體」與「用」之關係，有此「體」即有此「用」，而亦因有此「用」故成為此「體」。兩束蘆葦，互倚而立；吾人不能說某一方是「因」，某一方是「果」。「甲束之立」是「乙束之立」之「因」，亦是其「果」；在乙束亦然。此為「因緣」之一義。

如用知識論詞語表之，則可說此種關係類似於「認知能力之運行」與「認知屬性之顯現」間之關係。譬如：視覺能力運行，則顏色之屬性顯現；反之亦然。不能顏色屬性先顯現或視覺能力先運行；二者互為條件。其二是「異時依生」之關係。此即通常所謂「因果關係」。「果」依「因」而生；譬如花種為「因」，花樹為「果」。此種關係不待多作解釋。

一切法受條件決定，其條件關係大體不外上述二種；此乃「因緣」之說之大旨，亦即是「集諦」之內容。

「苦」、「集」二諦既明；以下再論「滅」、「道」二諦。「苦」、「集」二諦涉及生命及世界之真象；「滅」、「道」二諦則涉及自我之超昇。故前二諦僅有描述意義，後二諦則有目的意義。

第三、「滅」。所謂「滅」即指現象中之「自我」脫離束縛而得超昇而言；亦即是指「束縛」與「苦難」之滅。由「苦」諦而揭示自我在現象層中之「苦難」，由「集」諦而揭示自我之「不自由」及「束縛」；故「滅」一諦亦可視為針對「苦」及「集」二諦而言。此表示佛教教義所肯定之基本方向；實亦即承印度傳統中一向肯定之「離苦」觀念而來。故專就此點言，佛教雖自有獨立學說，然並非完全與印度傳統無關也。

---

❷ *Sanyuttan*, Vol. II, p. 114

一論及「自我之超昇」，或「主體自由之完成」，理論地必涉及「過程」問題。此所謂「超昇之過程」又實即只是所謂「修持」問題。就四諦言，即屬於「道」一諦。「滅」諦則只涉及此一目的之定立而已。由此可知，「道」諦較「滅」諦所含內容為繁；然就「滅」諦本身而言，其重要性並不因其所涉只是「方向」而減低；蓋此一方向如不定，「道」諦即根本無從說起也。

在論「道」諦以前，關於「滅」諦，尚有一點應加說明者，即此所謂「滅」，乃關聯於「主體」與「最高自由」而言；「主體」作為「經驗自我」(Empirical self) 或「現象自我」(Phenomenal self) 皆是在「條件系列」中，故可說是一「假我」，乃無「最高自由」者。今說「滅」諦，即是要通過一自覺努力以使「主體」自身突破此一層面，而成為有「最高自由」之「真我」。因此，當學者讀佛教經論中之「無我」理論時，必須明白此所謂「無我」，皆是對「假我」之否定，並非指「主體」之完全取消，不然則「滅」、「道」二諦將完全不可了解，甚至整個佛教立說之本旨亦將成為不可解。

「滅」諦之要旨在於肯定此一「實現真我」或「完成最高自由」之方向，已如上述。以佛教自身所用詞語表之，即為經論中常見之「解脫」(Mokka) 或「涅槃」(Nibbana 或 Nirvana)。「解脫」乃對「束縛」說；「涅槃」則對「生死」說。此種詞語皆偏重在超離義或否定義一面。至於如何達成此種「自我超昇」或「自我轉化」，則屬「道」諦中之問題。

第四、「道」。就佛教早期文件而言，則說明修持過程之詞語甚為繁瑣，其中每涉及宗教生活之實踐方式。在本章中，只以佛教之理論為敘述對象，故不能一一論列。下文專就「道」諦或「修持工夫」所關涉之理論問題作一析論。

首先應注意者，為「業」(Kamma 或 Karma) 及「輪迴」(Samsara) 之觀念。欲對此二觀念作一展示，又必須涉及佛教對生命及世界之基本看法。

佛教論及「生命」時，所用之基本詞語為「有情」(Satta)；所謂「有情」即「有感受貪欲」之意。故佛教描述經驗意義之「主體」，不作為一「知者」，而作為一「感受者」；同時，相應於此種主體觀念，佛教教義又將「客體」視為「感受對象」，而不作為一「知識對象」。於是整個「世界」或存在領域，在此觀點下，完全吸入或化入一「感受圈」中；此一「感受」乃就情欲意義說，亦與認知意義之「感性」完全不同，因此，此一「感受圈」實是一「情意圈」。主體是情意性之主體，客體亦是情意性之客體。此即佛教對「生命」及「世界」之基本看法。

但此「生命」與「世界」，自皆與「自我」不同。「自我」既非「世界」之一部分，亦與「生命」不是一事。具體之「有生命之存在」，如一個人或一匹馬，依佛教教義說，乃「自我」顯現於生命中，並非等於「自我」。欲說明此一基本觀念，即須通過「輪迴」觀念予以解釋。

「輪迴」本是「流轉」之意；此所謂「流轉」即指「自我」在不同生命體中之「流轉」。此亦印度之傳統觀念，佛教初期論及此觀念時，原大致與當時流行想法相類；大意即是說，每一具體生命有生有死，故此種具體生命歷程與軀體之成壞歷程實不可分；但「自我」則通過不同軀體而流轉，因此，有一歷輪迴之「自我」。此與通常所謂「靈魂」，極為近似。

「輪迴」之觀念與「靈魂」之觀念互相依賴。說及「輪迴」時，必假定有某一意義之「靈魂」，反之亦然。學者於此須留意者，是此種「歷輪迴之自我」乃一「個別自我」(Individual self)；如稱之為「靈魂」，則在流轉中之「靈魂」是多數，而非獨一者。此即引至「業」觀念。

所謂「業」，即指活動之結果；但此結果重在「活動者」自身一面，至少在佛教教義中是如此。「業」觀念之根本功能即表現於對「個別自我」之「特殊性」之說明。

首先，就一具體生命而言，其所以成為如此，悉由於「業」(此「業」係指何種活動之結果，下文再予說明)，故云：

> 有情以業為自體，為業相續，業為母胎，業為眷屬。❸

又如中譯《本事經》云：

> 二法相隨，謂業與壽；有業有壽，無業無壽。❹

此皆對一具體生命而言。譬如，一馬或一人其如此成為此馬或此人，以及此馬或此人之生命長短，皆由「業」決定。但此是就此一部分「業」而言；一具體生命終止，「業」並未全部終止，反之，將導使「自我」進入另一具體生命歷程。故小部經典中《彌鄰陀問經》云：

> 有業報，無作者；此陰滅畢，餘陰相續。❺

此所謂「陰」(Khandha) 或譯為「蘊」，即指構成生命之「色、受、想、行、識」等；故所謂「此陰滅畢，餘陰相續」者，即指一具體生命終結，另一具體生命出現。如扣緊「自我」而論，則即是「自我」由自身之活動而形成之「業」，使「自我」由一具體生命轉至另一具體生命，此即所謂「輪迴」或「流轉」也。

此處應加解釋者，則為「業」何由生？蓋「業」作為一活動之結果看，則畢竟此「活動」是誰之活動，應加說明。說及此點，即涉及「欲」(Tanha) 及「無明」(Avijja) 二觀念。

---

❸ *Majjimanikaya*, Vol. III, p. 203

❹《本事經》，第五，辰六

❺ *Milindapanha*, p. 49

蓋依佛教之根本觀點，生命活動基本上乃「自我」在昏迷中之活動；故以「無明」表之。而「自我」在昏迷中，即呈現為一「盲目意志」，此即所謂「行」。就其活動為不斷追求言，即稱為「欲」。「自我」在「無明」之掩覆下，即成為一由欲推動之盲目意志；由此再生出「五蘊」等，遂成為具體生命。依此，所謂「業」即「自我」在昏迷中之活動之結果。此種結果「生出」具體生命，且造成繼續之「流轉」，即「輪迴」。

此處順便補述一點，即當佛教宣說此種教義時，既以為具體生命乃由自我之昏迷而「生出」，則常識中所謂「經驗存在」，顯然皆須說為由「自我」生出；不然，則不可通。因具體生命本身是一經驗存在，與其他經驗存在固不能分為兩種「存在」也。故此種原始教義實已留下日後唯識論之種子，而佛教之否定「宇宙論」及「本體論」亦皆是理所當然。此亦即佛教斷定經驗界為虛幻，又否認「獨立實有」之基本立場。

「自我」由「無明」及「欲」而生出具體生命及與此種生命對峙之外境；此即吾人之經驗世界。由於「自我」在「無明」中即分裂，故有欲之「自我」乃多數者，各有其活動，各有其「業」，遂形成「個別自我」或「靈魂」，永在生死流轉中。而此種「流轉」之領域即表示自我受束縛而失去「自由」之領域。由此，「自我」必從此領域脫出，然後方能恢復自身之自由；此即所謂「解脫」及「涅槃」之根本涵義，亦即「道」諦之主旨所在也。

純從理論立場觀之，則論及求解脫及涅槃之「道諦」時，必然涉及此種要求如何可能達成之問題。佛教對此問題之答覆，則為一「覺」觀念。此義乃直承「最高自由」之觀念而來；蓋「真我」既應是「自由」之「主體」，則其迷或不迷，亦由自主；所謂「覺」即「不迷」之義。「自我」能「覺」，即得解脫。但此乃就根本理論方向說；若專就教義而論，則有所謂「戒」、「定」、「慧」。

「戒」(Sila) 指行為之約束；「定」(Samadhi) 指禪定工夫——即意志之鍛鍊；「慧」(Panna) 即指對生命、

世界真象之解悟而言。三者合成，乃達成「正覺」。若再分之，又可說為「八聖道」。此處不一一列舉。總之，自我之超昇，在於一「覺」；「覺」有培養階段，故有種種工夫。但在究竟義上，此各種工夫皆「自我」養成其自身之覺之過程，不受任何外在條件決定。此義在日後大乘教義——尤其中國佛教中——愈說愈明；原始教義則只表示此種方向而已。

以上說「四諦」之義。此中涉及「個別自我」之形成問題及「無明」之意義問題，皆非易解；為使學者對此類問題有更明確之了解，吾人即應再略述「十二因緣」之說。

㈢十二因緣

所謂「十二因緣」之說，亦佛教早期教義中一重要部分。其目的在於說明「個別自我」之形成過程；可視為對「生命現象」之總說。又因佛教本不另建立一「客觀世界」之概念，故「世界」之解釋亦可說包含於此理論中。然吾人解釋「十二因緣」時，仍須注目於「個別自我」或「靈魂」之觀念，否則即不能確切了解其各階段之意義。

又在巴利文資料中，每每只論及十支；而中譯之《雜阿含》則又為十二支。至律部皆說為十二支，故在佛教內部，對十支與十二支之問題，亦尚有爭論❻。然學者如就整個早期佛教教義觀之，則十二支之說，起於無明，終於「生」及「老死」及輪迴，固與釋迦之根本立論態度相符；故今日論「十二因緣」，仍可視為釋迦教義而無嚴重問題。

---

❻《雜阿含》中論及「十支」時，乃止於「識」及「名色」，而不說最早二支——「無明」及「行」；但《中阿含》中又論及「無明——行——識——名色……」等，略去最後四支。大約此類記載皆表一時說法之繁簡有殊；合而觀之，仍是「十二支」也

「十二因緣」之說，日後一直為佛教之重要論題，自小乘至於大乘諸宗，幾無例外。本節以純理論眼光對此說作一展示，不涉及其教派間之小爭執。

十二因緣之名如下：

第一、無明 (Avijja)。
第二、行 (Sankhara)。
第三、識 (Vinnana)。
第四、名色 (Namarupa)。
第五、六入 (Sadayatana)。
第六、觸 (Phassa)。
第七、受 (Vedana)。
第八、愛 (Tanha)。
第九、取 (Upadana)。
第十、有 (Bhava)。
第十一、生 (Jati)。
第十二、老死 (Jaramarana)。

此就其「順生」系列而言。由「無明」起，步步生出以下各項，每一項為後一項之因緣；若就「還滅」系列而言，則當與此相反，不待贅述。

茲再對十二因緣之涵義逐步說明如下：

所謂「無明」，即指「自我之昏昧」而言；此非客體意義之存有，而指主體活動之一狀態。此狀態乃主體自由開始喪失之狀態，故以喪失光明喻之，而稱為「無明」。此一說法，在《奧義書》中已開始萌芽，蓋印度傳統早已有視經驗世界全體為一束縛之說；而此種束縛之最早根源，即以「無明」或「無知」一類詞語表之。此處所最可注意者，仍在於如此說「根源」時，純是依主體意義立論；此亦佛教之基本立場所在。

其次，由「無明」而有「行」；所謂「行」即盲目意志之活動。「自我」或「主體」在昏昧之中，故即有此種活動。此見佛教以「意志」為先於「認知」者。

由「行」而有「識」，此始指基本認知能力之出現；對此「認知主體」(Cognitive subject)，乃同時呈現「對象性」；所謂「名色」，即「對象性」是。在如此主客對立之境域中，認知能力分化為各種感覺，對象方面亦呈現各種感覺性質。此即是「六入」(或「六處」)；原字雖是「六感官」之義，但此偏重感覺能力而言；非描述一經驗事實也。

至此，「經驗主體」方出現，其下乃有經驗活動。「觸」即指主體接觸經驗對象；「受」指由接觸而得之感受；「愛」則指有感受後，對某種感受之不捨；「取」即是「執著」，主體由對某種感受依戀追逐，故遂成為一「執著」。此所謂由「愛」生「取」。

在此階段中，主體之個別性或特殊性遂形成，故至此方標出一「有」字。所謂「有」，即指「個別主體」或「靈魂」之形成。在此以前雖論及經驗活動，然只是就抽象意義說。至「有」，方進入「個別主體」出現之階段，方涉及當前之具體經驗現象。

在「個別自我」或「個別主體」或「靈魂」形成後，遂有一流轉過程。即每一既成為「有」之靈魂，由生而老死，再轉入生，再至老死；此即所謂「輪迴」，亦即當前世界之真象也。

以上理論，最重要之樞紐在於「識與名色」及「有」兩點。前者說明經驗界整體之起源，後者說明「個別自我」之形成。「十二因緣」舊解雖多，然若未能扣緊此二關鍵之確切意義立論，即失其本旨矣。

又以上之系列，乃佛教或釋迦本人對當前之現象世界之解釋；若就「超昇」而言，則應是「自我」從「生」及「老死」之循環或輪迴中脫出。故在工夫過程上，即有一所謂「還滅」之系列，至滅「無明」為止；滅「無明」即得大解脫，或得「無上正覺」矣。

故「十二因緣」之說，不僅解釋現象界之起源，而且亦包括工夫理論之基礎。實是初期教義中最重要之理論。舊說多以為「十二因緣」之說，既歷舉十二條件，即應視為對「集」諦之闡述；此自不為無據。然若就理論重要性說，則「十二因緣」說實以揭示「客體性生於主體性」（即關於「識」與「名色」一段），以及「個別主體之形成」（即「有」）二點為主，而為早期佛教教義中最明確之理論。其重要性非「集」諦一觀念可及也。

以上已據「三法印」、「四諦」及「十二因緣」闡述原始佛教教義之大旨。除具體修持工夫，因非明確理論，故不詳論外，此種教義之要點皆已說明。以下當論大乘教義。

二、大乘教義

所謂「大乘」(Mahayana)，指「大事業」而言。釋迦滅後，弟子分為「上座」及「大眾」兩部，佛教遂進入「部派時期」。此一時期中，各種異說，紛紜並起。至公元二世紀（約為公元一五〇年左右），乃有龍樹(Nagarjuna)興起，建立般若中觀之系統，於是佛教之大乘教義乃開始出現。龍樹弟子提婆(Arya Deva)更繼為宣說，中觀之學，一時大盛。此派學說，以般若經典為據，故又稱「般若宗」或「般若之學」。此為大乘佛教之第一階段，亦即日後中國佛教徒所說之「空宗」，或「三論宗」。

其後，在公元三世紀至四世紀間（約為公元二七〇——三五〇年）有彌勒 (Maitreya) 其人，開始立新說，以「識」為主。四世紀時，無著 (Asanga) 及世親 (Vasubandhu) 建立系統學說；是為「唯識之學」，為大乘教義之第二階段。

「中觀」(Madhyamika) 及「唯識」（Yogacara 或 Vijnanavada）為大乘佛教教義中最重要之二派；所謂「大空」及「妙有」之說是也。大部分佛教大乘理論，不屬於此，即屬於彼。但除此二大派外，另有一系經文，以積極意義之「主體性」為論旨中心；宣說一有「真常」性之「如來藏」或「佛性」。此種經文包括《大涅槃經》、《法華經》及《華嚴經》等。此種立教方向，嚴格論之，確與「空」、「有」二支不同。在印度本土，此一系思想似不甚發達；故印度論師鮮見為此諸經造論者。然此一系思想本身則實能綜攝大乘教義，顯示最高哲學問題；故在理論上應有極高地位。尤其可注意者，是中國佛教日後建立自身學說時，大體上即以此種「真常心」之教義為主，故應視為大乘教義之第三支。

現代中國佛教高僧印順大師，曾以「性空唯名，虛妄唯識，真常唯心」三義，判一切大乘教義；即針對以上所舉三支而言。其說甚確，因附及之。

以下即先說「中觀」，次說「唯識」，最後說及「真常」一支，皆只述其基本理論特色。

(一)中觀之學

《大般若波羅蜜多經》為龍樹所宗之「經」，《中論》及《大智度論》則為龍樹所著之「論」；故論中觀教義，即應以上舉之經論為題材。《大般若經》卷帙浩繁，然多是就某觀念反覆陳說，並非每節皆有特殊理論。「大智度」原即是 "Maha Prajna-Paramita" 之意譯，其音譯即「大般若波羅蜜多」；故此「論」實與「經」同名，乃發揮經意之作。其說甚繁。但就中心觀念論，亦可歸納為數點。《中論》則自成一論辯系統，最足以表示此派之特色。以下就此派全部理論著眼，選出其基本觀念作一闡釋。

1.「空」及「假名」

「空」(Sunya 或 Sunyata) 觀念本是佛教之共同觀念，但其確義，則在般若經論中方嚴格界定。若離開佛教之特殊用語，純就理論意義說，則所謂「空」即指「獨立實在性之否定」；說「一切法空」，即指一切法皆不是獨立實在；故所謂「空」並非指「無」或一般意義之「不存在」。此點在早期教義中未有確切說明，而在般若經論中則有嚴格之解釋。

先從《大般若經》本身而論，經中〈教誡教授品〉假託佛與善現（即「須菩提」）之對話，即首先論及此問題。佛命善現向各菩薩摩訶薩說「般若波羅蜜多」之法門，善現即謂「我不見有法可名菩薩摩訶薩，亦不見有法可名般若波羅蜜多」，於是佛告善現，一切法皆是「假名」；「施設言說」，故「說名為……」。

此乃《般若經》文開宗明義之論點。所謂「假名」，意即一切所謂對象，皆只在言說過程中獲得意義；一切法皆非實有。不僅經驗事物如此；即所謂覺悟之境界及覺悟過程，亦不是離開主體而自存之實在。如此，「但是假名」一語，即顯現《般若經》文說「空」之本義。

「假名」乃主體所立。一切法「但是假名」，即一切法皆主體所立。其所以「立」此種種意義符號者，又因「施設言說」之故。此處不涉及某對象之「有無」之判斷，而涉及「有無」自身之真象；換言之，所謂「有」，即主體「使之有」；根本無所謂「獨立實有」也。

佛教例以「經」表示一態度，而以「論」證立其肯定及否定。故此一「空義」之證立，即見於《中論》之文。

《中論》六卷，自〈破因緣品〉至〈觀邪見品〉，對佛教教義中各部派之觀念以及原始教義之觀念，皆一一析論；其說似繁，然其原則至為簡明。一言以蔽之，即說明所謂「獨立實有性」本身乃「不可解」者；故無論就任何觀念著眼，皆非歸至「空觀」不可。此即所謂：

> 以有空義故，一切法得成；若無空義者，一切則不成。❼

此可見其基本論旨，但就理論結構言，則《中論》自有一內層結構，與經文之泛說不同。後節依次述之。

2.「因緣」與「無自性」

「因」(Hetu)與「緣」(Paccaga)本為兩個不同意義之詞語；「因」指有決定力之條件，「緣」則指輔助條件。又佛教論「四緣」時，以「因緣」為「四緣」之一；蓋是以「緣」指一般意義之「條件」，故以「因緣」為一種條件也。此又是另一用法。但「因緣」二語相連而言時，亦常即總指一切條件；此即佛教論者所謂「廣略」二義。《中論》析論「因緣」時，原取廣義，即總指一切條件而言。唯〈破因緣品〉中分論「四緣」時，則又取「因緣」之「略義」；但就〈破因緣品〉一篇名說，所謂「破因緣」又是總指一切條件。此種文字上之問題，略作說明即足，不待詳論。以下所討論之「因緣」則取廣義。

《中論》運用「因緣」觀念，原以釋所謂「空」之詞義，故云：

> 眾因緣生法，我說即是空，亦為是假名，亦是中道義。❽

此偈表示龍樹通過「因緣所生」一觀念以界定其所謂「空」之詞義；且同時亦標出《般若經》文所提出之「假名」觀念，作為「空」之另一解。換言之，說「一切法空」，與說「一切法皆因緣生」，「一切法但是假名」，乃對同一論點之不同描述，此論點即「無任何獨立實有」是也。

---

❼《中論．觀四諦品第二十四》

❽ 案此偈之中譯用字偶有小異，茲據鳩摩羅什譯文

何故說「亦是中道義」？所謂「中道」乃對「有」與「無」而言。龍樹之論點既在於否定「獨立實有」之可能，故其說非以萬法或萬物為「有」，亦非以為「無」。非有非無，故名「中道」。蓋此所謂「有」與「無」皆就對象說，是同層觀念；龍樹欲說者是一切對象（包括內在與外在）皆非獨立實有，而是依主體以成立，故不說客觀意義之「有」或「無」，此所以稱其說為「中論」。

但《中論》全文，皆依次辯明各種觀念皆不表示實有，且以〈破因緣品〉開始；此中涉及一大問題。即是：既依「因緣」以說「空」，何故又「破因緣」？此問題亦即是關涉般若宗之根本立場者，茲作一析示。

首先，學者應知所謂「破因緣」之確切意義。所謂「破」者，乃「破」其「獨立實有性」之意；換言之，《中論》以「因緣生」界定「空」之意義，但又進一步點明：此所謂「因緣」者，亦並非客體意義之實有，而只是主體活動所顯現。如此，就主體性說，「因緣」可以安立；但離開主體性，亦無所謂「因緣」。依《中論》本文之論辯方式說，則是表明所謂「因緣」若當作「獨立實有」看，亦成為不可解者；此即所謂「破因緣」之意義。

由此亦可揭示般若教義之基本旨趣。般若經論，千言萬語，主旨只是破除對「獨立實有」之「執」；確切言之，即是要揭明所謂「有」及「無」根本乃依主體活動而決定者；故說「中觀」。又此所謂「有」及「無」不僅對於感覺對象及具體事物說，且廣及於一切概念、一切意義。學者固不應以為事物「實有」或「無」，亦不應以為「理」是「實有」或「無」；一切一切，皆依主體而顯現。此所以「中論」須「破因緣」；至於破其他概念之「實有性」，亦復類此。

論及此一「破獨立實有」之觀點，又可依「無自性」之義說之。此在《中論》有一專章，即〈觀有無品〉。

眾緣中有性，是事則不然，性從眾緣出，即名為作法。❾

此所謂「性」，指「獨立實有性」；偈意謂一切法皆從因緣生，故其存在內容皆由緣決定。既是被其他條件決定，則即不能具「獨立實有」之意義；若是「獨立實有」，必涵「不受其他條件決定」一義。故云：

性若是作者，云何有此義？性名為無作，不待異法成。[10]

此「作」字乃被動語調之分詞；偈意已如上述。

然則，諸法若「無自性」，是否可說諸法非實有，但由其他實有之條件生出？此即所謂「自性」及「他性」之問題。「他性」即由其他條件得來之實有性；蓋若「法」非實有，「條件」為實有，則仍可說，諸法無「自性」，但有「他性」。偈云：

法若無自性，云何有他性？自性於他性，亦名為他性。[11]

此處譯文稍有難解處；其意謂：「條件」若是「實有」，則即是說作為「條件」之法有「自性」，但此種法亦應由眾緣生，何得有「自性」。即釋中所謂：「他性於他，亦是自性，亦從眾緣生，相待故，亦無，無故，云何言諸法從他性生？他性亦是自性故。」譯文所謂「自性於他性，亦名為他性」者，即是說，倘謂「A」無實有性，但造成「A」之諸條件其實有性，則應知此諸條件之所謂「自性」，又仍應是「他性」所生，即又應由另一組條件得其「實有性」；故「條件」是與「被決定者」相待而立。所謂"conditions"乃對"the conditioned"說；每一法均可成為其他法之條件，亦均是以另一些法為條件。如此，說「條件」具「實有性」，實無意義。

其下再說，離開「自性」與「他性」，則更不能說「有」任何「法」；因一切法只能由「自性」及「他性」

9 《中論・觀有無品第十五》

10 同上

11 同上

解釋為「有」，否則不能說「有」。故下文偈云：

離自性他性，何得更有法？若有自他性，諸法則得成。⑫

如此已破「有」觀念，即已證所謂「有」不能是「實有」；然則能否說有獨立意義之「無」，或「客體意義」之「無」？偈云：

有若不成者，無云何可成？因有有法故，有壞名為無。⑬

「有法」如不能成立，則亦不能說「無」。故必離「有無」，方見主體性之本義；《中論》即以此為「佛法」之真義。偈云：

若人見有無，見自性他性；如是則不見，佛法真實義。⑭

凡執著「獨立實有」或「無」者，均不見「主體性」，故即不見「佛法真實義」。此即所謂「破有無」，亦即「無自性」之說。簡言之，仍是否定「獨立實有」或「客觀實有」也。

於是，《中論》乃揭「八不中道」之義。

3.「八不中道」

如上所論，「客觀實有」或「獨立實有」既不能成立，故一切表述實有之謂詞，皆實不可用。龍樹在《中論》中，取四對相反謂詞為例以示此義，合而為八，故名「八不中道」。偈云：

不生亦不滅，不常亦不斷，不一亦不異，不來亦不去（案或作「出」，應正為「去」）。能說此因緣，善滅

⑫《中論．觀有無品第十五》

⑬ 同上

⑭ 同上

諸戲論。我稽首禮佛，諸說中第一。⑮

案此偈書於《中論》卷首，雖繫於第一品，實全書之總綱。此中以「生滅」、「常斷」、「一異」、「來去」八項為代表，各施以否定，表明此一切謂詞，均不可用以描述主體性；自另一面言，此諸謂詞依「客觀實有」或「獨立實有」之義而立，「實有」既不可立，故諸謂詞均不能成立。此所謂「八不」也。

得如此觀後，何所歸宿？於此即應說「涅槃義」。

4.「涅槃」

「涅槃」指主體自由而言，故不可以對象性視之。偈云：

無得亦無至，不斷亦不常，不生亦不滅，是說名涅槃。⑯

所謂「涅槃」，原取斷離寂滅之義；但既說一切法空，則何故又有「斷離」？世俗之人，可能於此有疑；故龍樹乃點明說，所謂「涅槃」，即「主體」不成為「對象」，不受一切條件所決定，即所謂「不受因緣」。偈云：

受諸因緣故，輪轉生死中；不受諸因緣，是名為涅槃。⑰

「不受諸因緣」，即主體自由之充足實現。此即佛教所肯定之最高境界也。

般若中觀，大義如此。以下略說唯識之學。

(二)唯識之學

大乘「唯識」一支教義，廣義言之，即統指一切大乘經論中言「妙有」之理論。此種理論，從哲學史眼光

---

⑮《中論・破因緣品第一》

⑯《中論・觀涅槃品第二十五》

⑰ 同上

看，即屬小乘「上座部」之「一切有」宗之說受大乘般若教義影響後之發展成果。因吸收般若教義，故其說「有」，不與小乘之「有執」同，乃名「妙有」。

此一支佛教理論，發展歷時頗長，故理論之內部構造，亦係逐漸形成。就所據之經而言，有《解深密經》、《入楞伽經》、《密嚴經》、《菩薩藏經》等；此外，亦有人以為《華嚴經》亦屬此系經典；但嚴格言之，《華嚴經》之立場以專說佛境界為主，非以「現象論」為主，故不應列入。解《華嚴》之說則另是一事。

且即就以上所舉各經而言，其立場雖可說代表唯識教義之根據，但就理論內容言，則與日後定型之唯識教義尚有相當距離。且印度佛教之經向例只標示態度及方向，詳細理論皆例見於「論」中，唯識一支自亦不例外。

就論而言，此一系中主要著作自為：《瑜伽師地論》、《辨中邊論》、《攝大乘論》、《十地經論》、《唯識三十論》、《百法明門論》、《觀所緣緣論》，以及日後玄奘編譯之《成唯識論》等。此中《瑜伽師地論》乃最早之文獻。其後，《攝大乘論》、《十地經論》各自發展為一分支。以《唯識三十論》及解此論之十論師之說為據者，即發展為玄奘所宗之一支；因十論師之說即構成《成唯識論》，故此一分支亦可稱為「成論」一派，以與「攝論」、「地論」分別。就理論觀點講，此三分支之說亦頗有不同；後節論之。此處因述唯識一系之「論」，略及數語。

唯識論著既繁，發展演變亦不單純。本節只依本書之需要略說印度佛教教義之支派，故下文述唯識教義，亦只撮述要點；旨在揭示其大方向，標指其特色，因凡屬瑣細之處，儘量從略。

唯識之學之主旨，略分為以下各點述之。

1.「妙有」之意義

《解深密經》曾立三「法輪」或三「時義」之說，謂佛初說小乘，次說般若，最後說唯識。此自非歷史事實。但觀此說，即可知此家一開始即自認為與般若一支不同；其主要不同處即在於般若言「空」，而此支則言「有」。

此所謂「有」，例稱「妙有」，以別於世俗或小乘學人之「有執」；故欲明唯識之基本方向及特色，應先說明「妙有」之意義。

處理此一問題，應自佛教教義本身之反省著手。小乘及原始教義，皆以離苦證果為宗旨；只有對自我之感受圈及其解脫之說明，而對於「對象界」本身之建構，避而不論。大乘性空之教興起，以般若智觀一切法空；離有無而顯超越主體，將「獨立實有」全部解消於「因緣」觀念中；此即所謂「一切法空」。但學者如在此稍作反省，必可發現一根本問題，須加解釋。此問題即是：如「空性」可建立，則建立空性之「理」必不能不加肯定；此「理」可以與客觀對象義無干，然其本身必有可說。依此，妄執之為妄執，應是有「理」者；破妄執時之建立觀念言說，亦應是有「理」者；而且如此施設言說，破除妄執之目的，本身又應是有「理」者。於是，儘管「一切法空」，至少有三種「理」可說。

唯識經論，即依此建立「三自性」（見下）。此「三自性」不等於一「空」觀念，但亦非違背「一切法空」之義；故一方面是「有」，另一方面非對象意義之「有」；別於俗諦之有執，於是乃稱「妙有」。

故順理論脈絡看，言「妙有」首先涉及「三自性」。

其次，「三自性」既立，整個「對象界」亦可得一解釋；由此可以引出一「現象論」之系統或構圖。此是「妙有」之教之第二產物，亦代表空有二宗之主要殊異。

此一現象論系統，既須說明整個「對象界」之建構，則此中之主動因素自最為重要；故代表現象論部分之「百法」，即以「心法」為先。由此再作進一步之討論，處理「未覺」及「已覺」之境界描述問題，遂又有「種子」、「轉識成智」等觀念出現。此即「妙有」之教義之大致輪廓。以下先論「三自性」，再依次陳述其他各點。

2.「三自性」

所謂「三自性」，《解深密經》中已正式提出；此三者為：

第一、遍計所執性。

第二、依他起性。

第三、圓成實性。

所謂「遍計所執性」即指虛妄所以為虛妄之「理」而言。「遍計」指經驗意識之活動。人所以會覺得經驗世界實有，只因人有如此一種意識活動；由此活動而將「實有性」投射於經驗內容上，便成為「有執」。就此「執」依「遍計」而立並生出以經驗世界及一切對象為「有」之圖象而言，即稱「遍計所執性」。因此，人如了解所謂有一切對象以及有經驗世界等意識內容，不過只是「遍計」之「執」，便知外境之「獨立實有」實是一虛妄意念之產物。

其次，所謂「依他起」性，即因緣觀之「理」，亦即指破虛妄時所顯之「理」而言。「依他」即否定「依自性」，亦即是否定「獨立實有」。一切法本皆因緣所生，此即是「依他起」。人未覺時，對一切法執以為實有，是「遍計所執」，一旦能觀因緣，則見一切法皆依他而起，並非實有，故「依他起性」恰對治「遍計所執性」；所謂「遣遍計執」、「顯依他起」，乃一活動之二面，亦即由未覺轉向覺時之關鍵也。

至此，則既離「遍計執」後之已覺境界，亦應有一「理」可說；於是乃有「圓成實性」。所謂「圓成實性」，即破妄後所顯之真；亦即是覺境本身之「理」（此不是「過程意義」，而是「歸宿意義」）⓲。

在《攝論》中，稱此三性為「所知相」——相當於吾人所說之「理」；原文云：

⓲ 可參閱《解深密經》

> 已說所知依；所知相復云何應見？此略有三種：一、依他起相；二、遍計所執相；三、圓成實相。⓳

此文所以用「相」字，因取「所知」一義而言；且原論先說「所知依」，故言及對象界之「理」時，即稱為「相」。此無著之用語。

世親《唯識三十論》中則謂：

> 由彼彼遍計，遍計種種物，此遍計所執，自性無所有。依他起自性，分別緣所生。圓成實於彼，常遠離前性。

此頌略陳「三自性」之本義。以「遍計」而執種種對象之「有」，實則「自性無所有」。此說明「虛妄」；以「分別」及「緣所生」說明「依他起」，即破除虛妄；以「遠離」虛妄之「遍計所執性」說明「圓成實」，即表示覺境本身，以離虛妄故，異於未覺。

但此「三自性」並非離主體而自存之「理」，只徵示主體之三種活動；故扣緊「不離主體」一義而言，此三「理」雖可說，卻又並非「對象意義」之「有」；於是《解深密經》中即說「三無性」，以補充此義。「三無性」者，即分別就「三自性」說明其依於主體，而無獨立性或離主體之存在性。如此建立「三無性」後，唯識之真義始明白顯出。

《解深密經》中稱「三無性」為：「相無自性性」、「生無自性性」、「勝義無自性性」，分別對應於「三自性」。

世親《唯識三十論》中則以長頌說明此意云：

> 即依此三性，立彼三無性，故佛密意說，一切法無性。初即相無性，次無自然性，後由遠離前，所執我法性。此諸法勝義，亦即是真如；常如其性故，即唯識實性。

⓳ 《攝大乘論》，卷四，〈所知相分第三之一〉

如此，「三自性」與「三無性」相配；斷定一切法唯識，即一切攝歸主體性是也。

其次當述其「現象論」部分。

3.「百法」

唯識教義為展示現象界之建構，故有一套「現象論」學說；其大綱即見於《百法明門論》中。此論亦世親所造，其本旨原乃說明「一切法」之義；包括所謂「無為法」。「無為法」自應在「現象」範圍之外。但此論之理論意義，則主要表現於列舉各種「法」，以提供一「現象論」；故現代哲學研究者，對此論應作如是觀。

《百法明門論》首先對「一切法」作一分劃，謂：

> 一切法者，略有五種。一者，心法。二者，心所有法。三者，色法。四者，心不相應行法。五者，無為法。

如是五類，其次序亦有一定理據。原文云：

> 一切最勝故。與此相應故。二所現影故。三位差別故。四所顯示故。如此次第。[20]

所謂「一切最勝」，意謂一切餘法皆由「心法」所生，而「心法」即指「八識」而言。所謂「與此相應」，意謂「心所有法」（簡稱「心所」）乃心識之活動，故皆「相應」於「心法」而建立。所謂「二所現影」，意謂一切「色法」——即感覺經驗——皆由識及其活動而顯現，譬如「影子」。案此即對於經驗界之解釋；蓋「被經驗之對象」與「經驗活動」兩面均包括於「色法」中。所謂「三位差別」，意謂心、心所及色法三者之間有種種不同關係；為表此類關係，乃有所謂「心不相應行法」——即抽象形式概念是也。所謂「四所顯示」，意謂由前四者可反顯出所謂「無為法」；蓋前四者說明現象界，而超現象之無為法，即由對此現象施以否定而得。

---

⑳《百法明門論》

此中心法分為八，即八識。心所有法分為五十一，乃表種種意識活動及心理活動。色法分為十一，即眼、耳、鼻、舌、身五根外加色、聲、香、味、觸及由第六識決定之對象性質；蓋謂經驗對象除具相應於五種感官能力之五屬性外，當有對應於心理活動之屬性；故列為六。

至於心不相應行法則分為二十四，皆屬形式概念一類，其中包括時間（時）、空間（方）等。無為法則分為六，包括各種不同程度之「超現象」之境界。

此中如五十一「心所」之類，實與印度傳統思想有關，未必有理論必然性。學者亦不必在此等細節上爭論。只須了解此種理論之目的，在於運用八識以說明一切現象，即得其要旨矣。

此一現象學系統，自可有種種繁瑣枝節，但大要是說明一切法皆「識」所生，故其基本重點在於「八識」。此亦是唯識之學之理論基石所在。下節即專對「八識」作一論述。

4.「八識」

「八識」之說，始於何時，頗有疑問。蓋世親已立「八識」固無可疑，無著在《攝論》中尚只說「阿賴耶」及前六識而不及「末那識」。若就經部而言，則《解深密經》立「阿陀羅識」，相當於「阿賴耶識」，皆取持藏種子之義。《楞伽》之文，則一方面有「心、意、識」或「心、意、意識」之說，另一方面又別標「真識」。如云：

> 大慧，略說有三種識，廣說有八相；何等為三？謂真識，現識，及分別事識。㉑

此中「現識」即相當於「阿賴耶識」，同經後文亦稱「藏識」；但「分別事識」不應包括「末那」，所謂「真識」則指本覺清淨心，相當於真諦日後所立之「第九識」，義與「末那」之為染汙適相反。然則《楞伽》中究竟有無相當於世親所言之「八識」之觀念，亦頗難定；蓋他處所謂「心、意、意識」，前一「意」字可能即「末那識」，

㉑《楞伽經．一切佛語心品第一之中》

然上引之文，總定識名，又無「末那」。後世注《楞伽》者，每引後出之八識為說，並不能證經意實有此「八識」也。

此類問題在佛教文件中甚多，不易解決。玆當以「八識」作為世親在《百法明門論》及《唯識三十論》中所立之說，略作解釋。

所謂「八識」者，即指眼、耳、鼻、舌、身、意、末那、阿賴耶而言。此中前六識在佛教早期即有；「阿賴耶」之名亦見於小乘經典。但確切闡明「阿賴耶」為「藏識」，並決定其地位，則始自無著之《攝論》。「末那識」在世親上引之著作中方建立，日後論師皆據以立說，然非經部所有也。

前五識分別指五種感覺能力，自不待言。意識原指心理活動。「末那識」乃"Mana"之音譯，原亦指「意念」而言，但在世親理論中，則以「末那」為產生「我執」之意識活動，成為一特殊能力。至於「阿賴耶識」，則因原字"Alaya"係「無沒」之意，故可意譯為「藏識」，而唯識教義中最重要之觀念即落在此第八識上。

第八識（阿賴耶識）之意義，可分兩方面說明；其一，就自我或主體一面說：阿賴耶即表示「個別自我」(Individual self)，由此而涵有印度傳統中之「靈魂」觀念，所不同者是傳統印度思想常以為「靈魂」是萬有之一，乃取「存有意義」而言「靈魂」；佛教從頭即不承認客觀存有之觀念，故立阿賴耶時，乃取主體性之意義。但就眾生各有一阿賴耶講，則屬於「靈魂」觀念之一切屬性（除存有性外），皆可收入阿賴耶中。

由於阿賴耶即是個別自我，故個別自我之一切特性，皆依阿賴耶而得保存；此即阿賴耶持藏種子之說。此是阿賴耶之根本義；自《阿毗達摩大乘經》、經《攝論》、《三十論》直至日後中國之玄奘，對此根本義皆無異說。如《攝論》云：

復何緣故，此識說名為阿賴耶識？一切有生雜染品法，於此攝藏為果性故；又即此識於彼攝藏為因性故；

是故說名阿賴耶識。或諸有情攝藏此識為自我故，是故說名阿賴耶識。㉒

世親亦云：

初阿賴耶識，異熟一切種。㉓

皆以持藏種子為阿賴耶最主要之特性。玄奘則云：

受熏持種根身器，去後來先作主公。㉔

此中「去後來先」即指個體生命之「死後生前」，足見阿賴耶持藏種子，即與「靈魂」或「個別自我」為一事也。其次，就世界或萬有一面說：佛教既本不承認獨立之外界存在，唯識之學更構造一「現象論」，將萬有皆收入「識」中，作為「識變」之結果；於是阿賴耶識另一面又是萬有或現象界之根源。此因其他轉識皆依阿賴耶而運行，而現象界既由識生出，則最後自亦依阿賴耶而立。此亦是阿賴耶之另一根本義。

「阿賴耶」之涵義既明，由此可引出「末那」觀念。如上所說，「阿賴耶識」即是「個別自我」；此只是一描述語，未涉及「應然」問題。若問：阿賴耶識作為「個別自我」是否「應有」之狀態？則唯識教義之答覆是：此乃一迷執；蓋「個別自我」及「現象界」本身皆屬虛妄，乃一根本肯定。吾人以「阿賴耶」說明「個別自我」及「現象界」如何而成，並非謂應該如此。反之，此種迷執本應破除。

然則，「阿賴耶識」作為「自我」，是自身如此「執」？抑或為另一能力所「執」而成？此在世親晚年著作及其後學之理論中，即提出「末那識」以作解答。大意以為：「執」第八識以為「自我」（即形成「個別自我」）

㉒《攝論》，卷一，〈所知依分第二之一〉

㉓《唯識三十論》

㉔《八識規矩頌》

乃「末那識」之特殊作用；由此，一切虛妄皆自「末那識」生出；而生死涅槃之關鍵，亦在此矣。

倘依知識論及解析觀點看此問題，則似無確定理由將「末那識」與「阿賴耶識」分為二識；因「阿賴耶」既是一「識」，自可以有此種「恆審思量」或「執」阿賴耶為「我」之能力。但此將牽涉許多理論問題，在此姑不深論。

八識之義既明，以下當論及「覺」或「解脫」之問題。此在唯識宗派中，乃一有爭論之問題；故下節專作一討論。

5.「阿賴耶」之染淨問題

「阿賴耶」（或作「阿黎耶」、「阿羅耶」，皆"Alaya"之音譯）一詞，在妙有一系之經論中出現歷史甚長；而對此識與「解脫」之關係，每有不同說法。因此，廣義之唯識理論，即由對「阿賴耶」解釋之殊異，而可分為三支。

第一支，以《攝論》為據。《攝論》以阿賴耶識為一切法所依；但強調阿賴耶之雜染義；故必轉阿賴耶方得清淨。如云：

> 應知法身由幾佛法之所攝持；略由六種。一，由清淨，謂轉阿賴耶識得法身故。㉕

「清淨」指轉阿賴耶識而言，則阿賴耶識自指「雜染」。此外，解釋《攝論》者亦多如此說。但案《攝論》本文，雖確有此義，但亦不完全排斥阿賴耶識中之「解性」或「覺性」。徹底主張以阿賴耶為染汙及煩惱根本，實是《決定藏論》之說；唯在中國譯講《攝論》之真諦，即取《決定藏論》之說，以立其「攝論宗」；故通常學者皆謂：攝論一支以阿賴耶為染汙。

㉕《攝論．彼果智分第十一之一》

案《決定藏論》乃《瑜伽師地論》中〈攝抉擇分〉之異譯；其言以為"Alaya"表凡夫性及煩惱根本，而別出一「阿摩羅識」(Amala)作為「解脫」或「得道」之根本能力。原文云：

> 斷阿羅耶識（案即「阿賴耶識」），即轉凡夫性。捨凡夫法，阿羅耶識滅；此識滅故，一切煩惱滅。阿羅耶識退治故，證阿摩羅識。
>
> 阿羅耶識是無常，是有漏法；阿摩羅識是常，是無漏法。得真如境道故，證阿摩羅識。
>
> 阿羅耶識為麤惡苦果之所追逐；阿摩羅識無有一切麤惡苦果。阿羅耶識而是一切煩惱根本，不為聖道而作根本；阿摩羅識亦復不為煩惱根本，但為聖道得道而作根本。㉖

案佛教言一切法，詞語雖多，大抵皆可依染淨或迷覺等對立義先判為雙行，然後再設一中立之行列，共為三行。茲引《決定藏論》之文，顯然以「阿賴耶」歸於「染汙」及「煩惱」一行，其立場固明顯無疑。而所謂「斷阿羅耶」及「轉凡夫性」，與《攝論》所謂「轉阿賴耶」而「得法身」，其旨極近似，亦無大問題。此所以真諦倡《攝論》義，而以《決定藏論》之說補成其系統。然此處有一大問題不可不注意者，即「阿摩羅」之觀念。真諦以「阿摩羅」為「第九識」；其「第七識」取《解深密經》之「阿陀那識」當之。此亦與《唯識三十論》一支以「末那」為第七者有異（此見圓測之《解深密經疏》）。而第九識以真如為體，純代表覺性；亦即《決定藏論》所謂「但為聖道得道而作根本」。如此，「阿摩羅識」成為覺悟或解脫之真根源，阿賴耶乃與其他各識同屬染汙法矣。

若依字義而言，則「阿摩羅」乃「無垢」之義，自與清淨義合；故至少《決定藏論》原旨應與真諦說相符；且亦與《攝論》之立場相近。由此，以「阿賴耶」為染汙，即決定此支在唯識之教義中與其他宗派有殊。

㉖《決定藏論》，卷上

第二支則以《地論》為據。《地論》即世親《十地經論》之簡稱。原文本以解釋《華嚴經》之〈十地品〉為課題，但論及「阿賴耶」及「阿陀那」等；強調「三界虛妄」，謂是一心所作。此自與唯識教義之基本立場相同。而日後講述《地論》者，取《楞伽》文中「真識」之名，與此配合，於是遂以「阿賴耶」為清淨，即是「如來藏」。中國之慧遠（法上弟子），在《大乘義章》中云：

前六及七，同名妄識；第八名真。㉗

此即與「地論宗」說法相同。此種說法，在《地論》本文中雖非無據（如論中言「依阿賴耶」而後解脫），但其理論大半與其他經典有關；故此一支教義雖亦據世親之作，但與世親晚期之《唯識三十論》思想距離甚大，反與《楞伽》、《密嚴》諸經之立場較為接近。

又「地論宗」有「南道」、「北道」之分，均俟下節論佛教在中國之發展時再述之。

攝論宗以「阿賴耶」為雜染，地論宗以「阿賴耶」為清淨；二說恰成對立。此外則有據世親晚期思想而發展之《成唯識論》一文。

第三支以《成唯識論》為據。所謂《成唯識論》即世親後學諸論師解釋《唯識三十論》而逐步建立之學說，其內容即十大論師解世親《三十論》之說法。中國之玄奘承此一支理論。日後中國之言「唯識」者，即皆取此一支之立場。近代中國之「內學院」，更全守此派立場，以為所謂「唯識」之說，只此一支方是真傳。然以哲學史眼光論之，則只能說此支代表世親晚年及其後學之說，與「攝論」一支、「地論」一支既皆有不同立場，則亦只能作為「唯識教義」之一支也。

此說以為「阿賴耶識」本身非染非淨，故名「無覆無記」；然「轉識成智」之過程，仍就「阿賴耶」中本

㉗《大乘義章》，第三，〈八識義〉

有之「無漏種子」說明。此說有其精巧處，亦有根本困難。因後文有專論玄奘之學一節，故此處不詳作引述。學者但知「阿賴耶識」視為「中立」（「無覆無記」）而與視之為「雜染」，視之為「清淨」均不同，即知此應屬第三支理論矣。

此處關於用語問題，尚有應加說明者，即「唯識」一詞之用法，在本書中與通常習慣稍有不同。通常將「成唯識論」一支稱為「唯識」，此不獨屬於此一宗派者最喜如此說，其他佛教學者亦每每如此說。例如，當代高僧印順釋《大乘起信論》時，語及此三支教義，即謂：

中國古代的唯識學，可有三大家：即地論宗、攝論宗、唯識宗。㉘

此中「唯識學」一詞，自即與本書所用之「唯識教義」或「唯識之學」相當；但後面「唯識宗」一詞，則指「成唯識論」一支。本書但稱此支為「成唯識論」（或簡稱「成論」），而不號為「唯識」，因「唯識學」既有三支，則其中一支又名為「唯識宗」，顯然易生誤解，使「唯識」一詞有複義之病，不如逕稱為「成論」，以與「攝論」、「地論」二宗並立，較為明白也。

總之，本書用「唯識之學」是一總名，即指梵文中“yogacara”而言；三宗各依其所據之主要論籍立名，故即應稱為「攝論」、「地論」、「成論」等三宗，各表「唯識」之一支。下文用法同此。

以上已說「唯識之學」因對「阿賴耶」之解釋不同，而分三宗；由此推進一步，即可知三宗對「解脫」之動力說法亦不同。

「攝論」一支，依真諦說，既立第九識，則「轉識成智」之動力，皆依此第九識或「阿摩羅識」為根本，此即肯定「阿賴耶」以外之主體性。

㉘《大乘起信論講記》，頁六七

「地論」一支，取《楞伽》之義，以「阿賴耶」為真識，即「阿賴耶」本身即是「解脫」之動力，即表最後主體性。

「成論」一支，強調「種子義」，此雖是《攝論》中之種子理論之發展，然其論「解脫」只以「無漏種子」為動力，於是「阿賴耶」本身中立，主體性不明。

此是三宗論「阿賴耶」之大旨。

所謂「轉識成智」之問題，亦由上述之立場可以推其解答。

6.「種子」與「種性」

「種子」之說，《攝論》已大致提出；但其發展成為一複雜理論，即在《成論》中。

《攝論》說「種子」，先舉六義，然後又說明唯「阿賴耶識」能受「熏」。原文云：

> 外內不明了，二種唯世俗，勝義諸種子，當知有六種：剎那滅俱有，恆隨轉應知，決定待眾緣，唯能引自果。堅無記可熏，與能熏相應，所熏非異此，是為熏習相。六識無相應，三差別相違。二念不俱有，類例餘成失。㉙

此段大意謂：「種子」有世俗意義之「外種」，如稻麥種子之類；有「勝義」之「內種」，即阿賴耶識中之種子。種子之特性可分六義說明；即⑴剎那滅。即種子永在變化之中。⑵俱有。即種子與果同時存在。⑶恆隨轉。即種子發用不息。⑷決定。即種子雖運行不息，但各自之功能皆是已定。⑸待眾緣。即種子生果，尚待其他條件。⑹唯能引自果。即謂某一種子只對某種果言是種子。

其下論「熏習」，謂一「法」成為「所熏」，必須：⑴堅住。即不斷。⑵無記。即本身有中立性（案「無記」

㉙《攝論・所知依分第二之二》

是對善惡之中立性，與「無覆」對「染淨」為中立性者不同)。(3)可熏。即能接受熏習。(4)與能熏相應。即能熏與所熏有一定對應關係。如此條件滿足，方為「所熏」。

《攝論》以為六轉識（前六識）皆不能滿足此種種條件，唯「阿賴耶識」能滿足，故唯有「阿賴耶識」是「所熏」。

又「外種」或有熏習，或無熏習；「內種」則皆有熏習。其實所謂「外種」乃現象界之一部分，自與「內種」不能相混。《攝論》所以在此等處屢加解說，正反映此論之作，必在種子理論初起之時，故處處恐人誤解也。

種子說發展至《成論》階段，日見複雜。茲分數點說明。

(1)種子之分類

「種子」就染淨而論，可分為「無漏種子」與「有漏種子」。前者為解脫之根源，後者決定生死流轉中之個別自我之特性。

若就「種子」本身之成立而言，又可分為「本有種子」與「新熏種子」。十大論師中，護月之說，以為一切種子皆「本有」；難陀之說，則以為一切種子皆「新熏」；護法則綜合各家，說諸法種子，皆有「本有」及「新熏」兩種。換言之，在無限之時間中，阿賴耶識原有各種子，而各種子在無限時間中亦不斷接受熏習。此說乃成論宗所取者，視為「正義」。

有漏種子又可再分為「名言種子」及「業種子」等，無漏種子亦可再分為「生空無漏種子」、「法空無漏種子」、「俱空無漏種子」等。茲不備述。

(2)種子及現行

《成論》以為「阿賴耶」本身無覆無記，但接受種子之熏習而成為種種狀態；而阿賴耶識表「個別自我」，故在某種「種子熏習」之條件下，即有某種現行之活動；而此種活動又回頭影響「種子」；換言之，自我之狀態決定其所作之活動，而其活動又影響自我之狀態；此即所謂「種子」與「現行」互相影響之說。若專就此處著眼，則只有「決定論」色彩，未見「主宰性」立於何處。學者對此種關節，最宜留意。

(3)種　姓

倘若「無漏種子」有多種，且個別自我之狀態及其所含之種子又互不同，則一切有情（生命）由其「阿賴耶」中之「種子」不同，便有「種姓」之不同。

「成論」一宗認為種姓可分為五：A.聲聞種姓。B.獨覺種姓。C.菩薩種姓。D.不定種姓。E.無性有情。此五類中最後一類即指最低劣之「一闡提」(Isanti)，永不能「成佛」者。

觀此益可見《成論》中決定論色彩極濃。關於此中所涉問題，皆留俟後文論中國玄奘一派之說時再作探究。

× × × ×

以上已說唯識之學之大旨。此外，印度佛教教義中，尚有屬於大乘思想，而在印度未有大發展，而日後在中國大盛者，即所謂「真常之教」。此一支與「般若之學」、「唯識之學」均有不同。就佛教本身立場看，或不加重視，但就中國哲學史立場看，則中國佛教建立自身理論時，正全取此種立場；故其重要性反在其他印度教義之上。以下略述此一思想在印度經籍中之萌芽。

(三)真常之教

印度佛教唯識一支之經文中，每有論及「如來藏」者，似承認一真常之主體。然最能代表此種肯定之文獻，則為《妙法蓮華經》（簡稱《法華經》）、《大方廣佛華嚴經》（簡稱《華嚴經》）及《大般涅槃經》三者。此三經在印度均未有著名疏論。傳入中國後，方有依三經立論開宗之事；故「真常之教」獨盛於中國。而所謂「中國佛教」之三宗（天台、華嚴、禪宗）實亦皆以真常為歸宿；不過或依般若而發展至真常，或依唯識而發展至真常，或依自性直揭真常，稍有取徑之異耳。關於各經在中國之流轉發展，以及中國三宗所立真常教義，皆在下文另有專節論之。此處只略據經文，述印度文獻中已有之真常一系之觀念，以結束對印度佛教教義之敘述。

1.「一乘」觀念

所謂「一乘」之觀念，具體言之，即指一切眾生皆可「成佛」之主張。因傳統佛教，本有「聲聞」、「緣覺」及「菩薩」等三乘之分，而以「佛」及「菩薩」列為同一層級；今《法華》、《涅槃》與《華嚴》教義，皆只言「佛乘」，故稱「一乘」，以與「三乘」相別。此義在《法華》中明白提出，且《法華》全文主旨亦實即在於作此肯定，不過以種種譬喻寓言多方闡說而已。經文云：

> 所以者何？諸佛世尊唯以一大事因緣故，出現於世。舍利弗，云何名諸佛世尊唯以一大事因緣故，出現於世？諸佛世尊欲令眾生開佛知見，使得清淨故，出現於世；欲示眾生佛之知見故，出現於世；欲令眾生悟佛知見故，出現於世；欲令眾生入佛知見道故，出現於世。[30]

案此所謂「一大事因緣」，即是說佛之說法立教，只有一目的，即是使眾生皆能成佛。故下文即云：

> 舍利弗，如來但以一佛乘故，為眾生說法；無有餘乘，若二，若三。[31]

此即是明白宣示「一乘教義」，而此所謂「一乘」亦即「佛乘」也。但此顯與佛教傳統不合，故經中文重複說明，已往之三乘教義，皆是權假之說，究竟義則是一乘教義。如〈譬喻品〉中提出「火宅」之喻，以三種車譬三乘教，而云：

---

[30]《法華經．方便品》

[31] 同上

……如來亦復如是，無有虛妄；初說三乘，引導眾生，然後但以大乘而度脫之。……舍利弗，以是因緣，當知諸佛方便力故，於一佛乘，分別說三。㉜

本節點明為「引導眾生」故說「三乘」；此只是「方便」說法，實則只應有「一佛乘」；亦即謂最後真象是「一乘教義」所說。再進一步說，則所以有此方便說法，又實因眾生根性不同；立種種法門，欲使其易於受益而已。故云：

佛平等說，如一味雨，隨眾生性，所受不同；如彼草木，所稟各異。佛以此喻，方便開示，種種言辭，演說一法。㉝

此以草木受雨為喻，言佛法究竟只有「一法」；而設「種種言辭」者，因眾生稟賦能力有高低，必須如此，方能使一切眾生各隨其自身能力而得開悟也。但此並非謂眾生中根性鈍劣者，永只能得較低之果；反之，最後目的正是欲使眾生同得無上之果。故云：

今為汝等，說最實事：諸聲聞眾，皆非滅度；汝等所行，是菩薩道，漸漸修學，悉當成佛。㉞

此即辨明「根性」之限制只影響最初入門之難易，而不影響最後之成就。依此，《法華》否認「種姓」之分別，與唯識之教大異。此所以法華為「一乘教」之經典也。

若從純理論觀點看，佛教既以自學為依歸，則最高主體性所在，自必不能再受外在限制；故通過「眾生成佛」之肯定，以顯此最高自由，乃理論之當然結果；故《法華》此義，不能不視為佛教之究竟義。

㉜《法華經・譬喻品》
㉝《法華經・藥草喻品》
㉞同上

學者若順「眾生成佛」之肯定再作解析，極易發現，此一肯定必須預認眾生基本上皆能通至此最高主體性。由此，「眾生成佛」之義，乃直通《大般涅槃經》之「佛性」觀念。

《大般涅槃經》亦提及「一乘」，如云：

> 諸佛菩薩演說三乘，而是經中，純說一乘，謂大涅槃。35

此所謂「大涅槃」自即與《法華》所言「成佛」意義相等，不待析論。但此經所反覆申說者，並不在「一乘」觀念，而在「佛性」觀念，以及由「佛性」觀念所引出之種種理論問題。

以下從「佛性」問題說起，引至其他有關問題。

2.「佛性」觀念

「佛性」觀念，在中國論之者極多，但在印度經籍中，則唯有《大般涅槃經》對此一觀念詳加辯說。「佛性」觀念之提出，目的原在於肯定自覺心之主宰力，亦即肯定主體自由；故落在實際主張上，即是肯定一切眾生皆可成佛；再納入印度之傳統思想中觀之，則更具體之主張即是：否認「一闡提不能成佛」之說。故《涅槃經》中論菩薩修大涅槃所得智慧功德時，即云：

> ……云何為知？知無有我無有我所；知諸眾生皆有佛性；以佛性故，一闡提等捨離本心，悉當得成阿耨多羅三藐三菩提。36

案所謂「阿耨多羅三藐三菩提」，即"Anuttara-Samyak-Sambodhi"之音譯，意即無上正等正覺，亦指最高最完整之覺，即與佛果相當；可知上引之語，雖用字有異，實與《法華》意指全同。

35 南本《大般涅槃經・高貴德王菩薩品》

36 同上

如此肯定「佛性」時，只是肯定自覺心有此主宰能力；故此一肯定只是顯現主體之自由實不受限定，並非說眾生不須努力，即可實現最高自由；亦非說眾生必然皆能有此覺悟。覺或不覺，實現或不實現，皆是自己之事。「佛性」之肯定，只遮撥外在限制，並非以覺為必然也。欲說明此義，故經中借師子吼菩薩之辯論，設立許多問題；然後由佛答語中澄清此各種有關「佛性」之理論問題以明本旨。

首先，師子吼菩薩問：

……云何為佛性？以何義故，名為佛性？何故復名常樂我淨？若一切眾生有佛性者，何故不見一切眾生所有佛性？[37]

此所問者乃最基本之問題，佛答語則謂：

善男子，汝問云何為佛性者，諦聽諦聽，吾當為汝分別解說。

善男子，佛性者名為第一義空，第一義空名為智慧。……智者見空及與不空，常與無常，苦之與樂，我與無我。空者，一切生死；不空者，謂大涅槃；乃至無我者，即是生死；我者，謂大涅槃。見一切空，不見不空，不名中道。中道者，名為佛性。以是義故，佛性常恆，無有變易；無明覆故，令諸眾生不能得見。

聲聞緣覺見一切空，不見不空，乃至見一切無我，不見於我；以是義故，不得第一義空；不得第一義空故，不行中道；無中道故，不見佛性。[38]

此即以「佛性」為「真我」或最高主體。所謂「空」、「無我」、「無常」等，皆是對現象界說；經驗自我屬於現

[37] 南本《大般涅槃經・師子吼菩薩品》

[38] 同上

象界，故非真我；但破除此經驗自我，並非取消最高主體；故說「我者，謂大涅槃」；此「我」即指「真我」也。「真我」為「無明所覆」，故眾生不見真我，然「真我」在一念間即可湧現，故「佛性常恆」。觀此，可知本經之旨在於掃除小乘至般若教義中所易引起之誤解。而「中道」一詞，實指超有無之主體性言，亦與《中論》之說遙相契合；然已往佛教教義只說「我空」及「法空」，而避免提起「主體性」或「真我」，最易使人誤解，以為根本取消主體，故本經暢說「常、樂、我、淨」以正此失。關於「常、樂、我、淨」，下文當另述其義；此處仍先觀師子吼菩薩之辯論。

佛續答師子吼所提出之問題謂：

> 善男子，如汝所言，以何義故名佛性者；善男子，佛性者，即是一切諸佛阿耨多羅三藐三菩提中道種子。㊴

此處「種子」一詞，最宜注意；蓋本經說「佛性」只指能力說，並不包含其發展或完成，故「佛性」只是佛果或大覺之「種子」。但「佛果」畢竟亦只是此「佛性」之實現或發展；故從一方面說，「佛」與「佛性」不二，從另一方面說，最高自由作為一能力看，則每一「自我」均不能說「無」此能力，但其實現或發展又是或「有」或「無」。二義固不妨礙，但常人易有疑難；故經中皆假師子吼菩薩之問以辯明之。經文云：

> ……以是義故，十二因緣名為佛性，佛性者即第一義空，第一義空名為中道，中道者即名為佛，佛者名為涅槃。師子吼菩薩摩訶薩白佛言：世尊，若佛與佛性無差別者，一切眾生何用修道？㊵

此段先以「佛性」、「佛」、「涅槃」等不二之義引出問題如上，下文再答之云：

> 佛言，善男子，如汝所問……佛與佛性雖無差別，然諸眾生，悉未具足。……

㊴ 南本《大般涅槃經・師子吼菩薩品》

㊵ 同上

……一切眾生未來之世，當得阿耨多羅三藐三菩提，是名佛性；一切眾生現在悉有煩惱諸結，是故現在無有三十二相，八十種好。41

此所謂「未來」、「當得」，皆是就「可能性永遠成立」說；蓋「佛性」作為一「能力」看，則現在縱未發展，未來終可發展也。其下文更點明眾生所以現在未得大覺，正由於「不修行」，故云：

……以首楞嚴三昧力故，而令諸佛常樂我淨；一切眾生悉有首楞嚴三昧，以不修行故，不能得見，是故不得成阿耨多羅三藐三菩提。42

依此，則雖有「佛性」，必待「修行」方能得果。換言之，「佛性」之顯現及發展，皆是一努力過程。然佛教教義，向說因緣業報；一切現象皆通過此類條件關係予以解釋。倘學者誤將「主體」作為「對象」，以為「真我」亦同於現象界中一存在，則自我之覺悟亦將全歸於因緣；然「自我」之昇降，最後只以自由自覺之活動為因緣，不同於現象界中之諸對象。為解說此問題，經文又另設師子吼問難云：

……人天無性；以無性故，人可作天，天可作人；以業緣故，不以性故。菩薩摩訶薩以業緣故，得阿耨多羅三藐三菩提。若諸眾生有佛性者，何因緣故，一闡提等斷壞善根，墮於地獄？若菩提心是佛性者，一闡提等不應能斷。若可斷者，云何得言佛性是常？若非常者，不名佛性。若諸眾生有佛性者，何故名為初發心耶？……

……世尊，如乳不假緣，必當成酪生酥；不爾，要得因緣；所謂人功，水、瓶、鑽、繩。眾生亦爾。有佛性者，應離因緣得阿耨多羅三藐三菩提；……亦不須修六波羅密，即應得成阿耨多羅三藐三菩提；如

41 南本《大般涅槃經．師子吼菩薩品》
42 同上

乳非緣而得成酪。然非不因六波羅密而得成於阿耨多羅三藐三菩提，以是義故，當知眾生悉無佛性。……世尊，若使眾生，從本已來，無菩提心，亦無阿耨多羅三藐三菩提心，後方有者，眾生佛性，亦應如是，本無後有。以是義故，一切眾生，應無佛性。[43]

此段包含數點。其一是「初發心」問題。意謂：若眾生皆有佛性，則不應有表示「開始覺悟」之「初發心」；此顯然將「能力」與「能力之顯現」混淆，故答云：

……汝言眾生若有佛性，不應言有初發心者；善男子，心非佛性。何以故？心是無常，佛性常故。[44]

此謂「心」與「佛性」所指不同；蓋「心」是一般性詞語，或迷或悟皆是此「心」，「佛性」則指「悟」之能力說。此能力是否顯現，乃無定者；「心」或在「佛性顯現」之狀態中，或在其未顯現之狀態中，自身狀態變化不定，故是「無常」，然此能覺悟之能力本身，則是「常」，故「心」非「佛性」。

其次，「覺」既不是現成已有，則「已覺之心」與此覺悟能力亦是不同，故又云：

此菩提心實非佛性。[45]

「菩提心」即指「已覺之心」言。「發菩提心」表示開始覺悟，即「佛性之顯現」，然此「顯現」乃自覺努力中事，故既非現成已有，即與此能力本身不同。

其二是「緣」之問題。問者謂：如眾生有「佛性」，則應不待其他條件而即成「佛」，故說「不應假緣」。此仍是將「佛性」與「佛境界」相混，故答云：

---

[43] 南本《大般涅槃經・師子吼菩薩品》

[44] 同上

[45] 同上

善男子，汝言：眾生若有佛性，不應假緣，如乳成酪者；是義不然。何以故？若言五緣成於生酥，當知佛性亦復如是。……眾生佛性，不名為佛，以諸功德因緣和合，得見佛性，然後得佛。㊻

此處之「見佛性」即「佛性顯現」之義；「佛性」之「顯現」須有條件（努力或「功德」），顯現之後，即是「得佛」，亦即「心」駐於「佛境界」；此與「有佛性」亦不是一事。

此點是順第一點而來，但強調「顯現佛性」之待「緣」，故雖涉及同一問題，而層次有別。

此義既明，則何以修持者有退有不退，何以有「斷善根」而常不能覺悟之「一闡提」等問題，皆可獲得解答。總之，即是：「佛性」乃基本能力，求覺悟之努力乃使「佛性」顯現之過程；此二條件，對成佛而言，缺一不可；經文中為明確指出此二條件，故云：

善男子，以是義故，我說二因：正因、緣因。正因者名為佛性，緣因者發菩提心。㊼

必須有「佛性」，又有「發心」之努力，方能顯佛性而得佛，故得佛亦待因緣和合也。

就理論意義看，德性價值之所以成為可能，自然必須預認有一能力；但此能力之發展實現又必是另一事。以上經文所辯者重點在此。此種分別，亦實是一切價值理論所不能忽略者。譬如中國先秦心性之論，亦常涉及此問題（參閱本書第一卷，論孟荀之學各部分）。本經所釋疑難，乃學者最易遭遇者，然其理固不難解也。

其次是「自覺努力」本身之解說。上文說二因時，易令人有一種誤解，以為一切皆由「條件」決定，即無「自主」可言；其實經文本意只將「自覺努力」本身作為一條件；然此處必須肯定此種努力之可能，並說明其途徑，否則，學者不明其義，又將懷疑：此種努力是否亦是被決定者。故經文本品後半即涉及此問題。此即所

㊻ 南本《大般涅槃經・師子吼菩薩品》

㊼ 同上

謂「縛解」問題。

其三，「縛解」問題。所謂「縛解」問題即求解脫如何可能之問題。經文先舉疑難云：

師子吼言：世尊，如佛所說，一切諸法有二種因：一正因，二緣因；以是二因，應無縛解。是五陰者，念念生滅；如其生滅，誰縛誰解？[48]

此即以「決定論」立場發問，所謂「五陰」即「五蘊」——色、受、想、行、識。現象界由五陰決定，乃佛教之基本教義；此中不說「真我」，故論者迷惑，每以為佛教教義中無「主體性」。本經既立「真常」之教，故必說明「主體性」，點明一切屬於「幻妄」之「現象界」，只表示自我之一狀態或一種活動方向；自我如此活動，則其結果是立現象界而自陷於其中，「五陰」等等，皆就此一面作解釋，然自我若覺悟，則即捨離此種活動，彼處即顯現主體性。故經云：

……善男子，如日垂沒，山陵堆阜，影現東移，理無西遊；眾生業果，亦復如是。……含愛無明，二因緣故，所見境界，皆悉顛倒。……以四倒故，作善惡行；煩惱作業，業作煩惱，是名繫縛。以是義故，名五陰生。[49]

此先說「五陰」乃解釋迷妄中一切而設；自我如此自陷，成為「繫縛」，即自鎖於現象之條件系列中，但自我若能得智慧，超越此迷妄，即得解脫。此乃自覺努力及教化之問題，並非被決定者。故云：

是人若得親近於佛，及佛弟子，諸善知識，便得聞受十二部經；以聞法故，觀善境界；觀善境界，故得大智慧；大智慧者，名正知見。得知見故，於生死中而生悔心；生悔心故，不生歡樂；不生歡樂故，能

[48] 南本《大般涅槃經・師子吼菩薩品》

[49] 同上

破貪心；破貪心故，修八聖道；修八聖道故，得無生死；無生死故，名得解脫。㊿

此段大體用小乘詞語說，然其旨自可推及大乘中一切修持工夫。總之，「有佛性」只是基本能力之肯定，然一切自我境界皆待努力而成；而此種努力本身即是一「緣」。故云：

……佛性亦爾；一切眾生，雖復有之，要須修習無漏聖道，然後得見。51

〈師子吼菩薩品〉甚長，原經分為六段，以上所引已見其大要。最後，為徹底點破「自覺努力」及「主體性」，經文同品中又通過「不定得果」之觀念而別作解釋。此點亦應略說。

所謂「不定得果」，即指一切條件系列中每一環節雖皆是被決定者，但自我並不必然在此系列中被決定；自我由其主宰能力，可自覺活動，生出新條件（或「緣」），因此，對自我言，迷妄則被決定，一念覺即超越條件系列。故云：

善男子，若言：諸業定得報者，則不得有修習梵行，解脫，涅槃；當知是人非我弟子，是魔眷屬。若言諸業有定，不定。定者，現報，生報，後報。不定者，緣合則受，不合不受；以是義故，應有梵行，解脫，涅槃，當知是人真我弟子，非魔眷屬。善男子，一切眾生，不定業多，決定業少；以是義故，有修習道，修習道故，決定重業，可使輕受。不定之業，非生報受。52

其下又謂智者即應逐漸減其業報；所謂「智者」，即能自覺努力者。經文云：

一切眾生，凡有二種：一有智，二愚癡。若能修習身戒心慧，是名智者；若不能修身戒心慧，是名愚癡。53

㊿ 南本《大般涅槃經・師子吼菩薩品》

51 同上

52 同上

此所謂「身戒心慧」泛指各種修持工夫或努力而言，其下又以「修心」與「禪波羅蜜」相配而言，可知「心」即與「定」相類，「身」及「戒定慧」作為修持之四方面，亦方便例示而已。此中「身」之修持，實指破除形軀之執，經文中亦有說，茲從略。「戒定慧」則是習用之語也。

總之，眾生能作自覺努力，從事修持，則可逐漸決定自身，故「修持」一觀念，即預認「主體性」及「主體自由」；對此「主體」言，一切條件系列皆不能成立。因此說「不定得果」、「不定受報」時，意即謂：自我之昇降迷覺，皆無限定，亦無保證，全在自身。此所謂「主體性」之肯定也。

由此可知，「佛性」觀念在《大般涅槃經》中已有相當明晰之理論；故此經所立之教義，屬於「真常之教」，與他支教義之不正面言「主體性」者不同。

《法華經》對此點所說反少，因此，本節述真常之教中「佛性」觀念，即以《涅槃經》文為主。

3.「法身」

「佛性」是就眾生皆能有主體性說，「法身」則就主體性之完滿實現說。「法身」(Dharmakaya) 原與「報身」(Sambhogakaya)，「化身」(Nirmanakaya) 並列，乃「佛」之三面。但此處但用「法身」一辭，指真常之自我。《涅槃經》及《法華經》，均說真常之義；但《法華經》只強調「佛」之「常住」，《涅槃經》則說「常、樂、我、淨」，針對原始教義及小乘教義而立教，故在哲學史觀點下，頗為重要。本節即依此一部分資料，對此點略加解說。

《涅槃經》開卷述釋迦將入涅槃時，令諸弟子發問；諸比丘遂言修無常想、苦想、無我想等；以為是最高教義。且謂眾生不修此諸想，即永不能離幻妄；如醉人視山川城郭，恍如迴轉，此種人亦只見幻相。此原即佛

---

53 南本《大般涅槃經・師子吼菩薩品》

教早期教義之常談，但本經中即託佛語駁之云：

爾時，佛告諸比丘言，諦聽諦聽；汝向所引醉人譬者，但知文字，未達其義。……我者，即是佛義；常者，是法身義；樂者，是涅槃義；淨者，是法義。汝等比丘，云何而言：有我想者憍慢貢高，流轉生死？汝等若言，我亦修習無常，苦空，無我等想，是三種修，無有實義。我今當說勝三修法。54

此乃正式宣示「真常之教」；其中以「常」表法身，以「我」表佛，皆直顯主體自身；以「樂」表涅槃，以「淨」表法，則兼顯境界及理序。既建立如此肯定，遂須對所謂「無常」……等等觀念之使用，作更明確之說明。其說大旨謂：所言「無常」等義，乃就未覺之自我講，即是指「世間法」；「世間法」中實無「常、樂、我、淨」；世間說此等語，皆無實義；另一面，就覺境講，則「無常」等等，又無實義；故現象界只是幻妄，只能說「無常」等，究竟義則不然。經文云：

世間亦有常、樂、我、淨；出世亦有常、樂、我、淨。世間法者，有字無義；出世間者，有字有義。何以故？世間之法有四顛倒，故不知義。55

所謂「四顛倒」即指以「常」為「無常」，又以「無常」為「常」等。換言之，純就究竟義說，則最高主體、最高自由只能以「常」等四義表之；在現象界中則反是。故重要問題在於不將「無常」者誤作為「常」，亦不將「常」作為「無常」；而破除幻妄，亦不礙真常，故經文中又並列說之云：

無我者即生死，我者即如來。無常者，聲聞緣覺；常者，如來法身。苦者，一切外道；樂者即是涅槃。不淨者即有為法，淨者，諸佛菩薩所有正法。是名不顛倒。56

54 南本《大般涅槃經．純陀品》

55 同上

真妄分明，即不顛倒；其義甚明。由此，傳統教義中之「無常」、「無我」、「遍苦」、「不淨」等，皆只能用以描述幻妄，並非描述真我。此一大關鍵在此經中明白顯出，與《法華經》中所強調之佛常住義互伴，而形成「真常」之教義。

4. 佛境界與「法界」

《法華》及《涅槃》二經，皆託為佛將入涅槃前所說，暗示其內容為最後之教義。《涅槃經》先後有多種，最早者亦在小乘時期，至於最後出現之《大般涅槃經》，則顯在般若教義之後。就歷史言，自不能是佛所說。《法華》亦是晚出之經。二者因以究竟義自許，故如此依託，亦不難了解。情形較為特殊者，則為《華嚴經》。

《華嚴經》與上舉二經相反，託為佛初成道時之記載。此經之歷史，至今尚多疑問。即依傳說及神話而論，亦謂龍樹於「龍宮」中取得此經，則其晚出，亦甚明顯。蓋只能後於龍樹，不能早於龍樹也。《華嚴》傳入中國，最早僅經文之一部，其後漸漸增加，其中六十卷本，乃東晉義熙時支法領所攜回者，後由佛陀跋多羅（覺賢）於公元四一八至四二〇年間譯出。唐代又續有新經文傳來，至唐證聖元年，公元六九五年，乃有八十卷本由實叉難陀譯成，其後又經賢首大師整理，完成所謂《八十華嚴》。但至公元七九六年，又有〈普賢行願品〉傳來，為晉唐二譯本所無。觀此可知，所謂《華嚴經》，大抵係一種逐漸形成之輯本，非一時一手之作品。觀其內容，則觀念甚多，明顯理論則無。而全經之長，又甚為罕見。若當作輯本看，則亦不足為奇矣。

《華嚴》日後由中國佛教徒造論，遂成為一宗；然其理論大抵皆不包含於經文中，故留俟下文論「華嚴宗」時，再加敘述。此處但就經文提出其重要觀念，略說其立場。

此經之重要觀念有二，其一為佛境界之觀念，其二為法界觀念。茲先論「佛境界」。

56 南本《大般涅槃經・純陀品》

《華嚴》因託為佛初成道時所作，故經文內容大部皆記他人之語，其中讚佛者最多；此即可看作描述「佛境界」之資料。經文開始即云：

……爾時，世尊處於此座，於一切法，成最正覺；智入三世，悉皆平等。57

此處最宜注意者，是「悉皆平等」一語；蓋《華嚴》所顯示之「佛境界」，不僅在於出離一切法，或觀一切法空，而在於能對一切法各予安立；「平等」之義，即指此而言。依此，可知《華嚴》之基本方向既對真幻諸法欲作一解說，則是近於「妙有」或「唯識」一系之經文；不過其強調「真常」，則又近於《法華》及《涅槃》二經耳。

一切法「悉皆平等」之旨，亦可進一步描述；經文云：

佛子，菩薩摩訶薩應云何知如來應正等覺境界？佛子，菩薩摩訶薩以無障無礙智慧，知一切世間境界是如來境界；知一切三世境界，一切剎境界，一切法境界，一切眾生境界，真如無差別境界，法界無障礙境界，實際無邊際境界，虛空無分量境界，無境界境界是如來境界。58

案此所謂一切一切境界皆屬於「佛境界」。佛經每多重疊之語，此段無非欲窮舉一切境界，其所用各詞語，亦不必一一討論；知其本旨在說一切境界皆不能外於「佛境界」，即無誤解。

發揮此義之讚頌，經文中甚多；以下再引數節：

如來不出世，亦無有涅槃，以本大願力，示現自在法，是法難思議，非心所行處，智慧到彼岸，乃見諸佛境。色身非是佛，音聲亦復然；亦不離色聲，見佛神通力。少智不能知，諸佛實境界。59

57 《華嚴經・世主妙嚴品》

58 《華嚴經・如來出現品》

59 《華嚴經・兜率宮中偈讚品》

以上為金剛幢菩薩之頌；頌中直說「佛境界」；此境界即主體最高自由之境界，故決不能對象化；非思維對象，故言「難思議」；更非知覺經驗對象，故言「佛」不可以色或音聲求之。又如同品中，光明幢菩薩頌云：

人間及天上，一切諸世界，普見於如來，清淨妙色身；譬如一心力，能生種種心，如是一佛身，普現一切佛。(60)

此言最高主體涵有一切，且具獨一性，故一切世界、一切佛皆現於一佛身中。又如離垢幢菩薩頌，則言修持之道在於專求最高自由，故云：

以佛為境界，專念而不息，此人得見佛。……佛身及世間，一切皆無我，悟此成正覺，復為眾生說。……如來普知見，明了一切法，佛法及菩提，二俱不可得。(61)

此則謂超越一切對象性，即顯主體性；「無我」及「不可得」，皆承般若用語。然專以「佛境界」為目標，則固已含有一乘教之主張矣。其下，星宿幢菩薩讚頌，則強調語言論辯之為施設，其言云：

了達法性者，無佛無世界。……言語中顯示，一切佛自在；正覺超語言，假以語言說。(62)

其下，法幢菩薩之頌，則強調修持必得佛果及法性真常之義；其言云：

若有智慧人，一念發道心，必生無上尊，慎莫生疑惑。……諸法不可壞，亦無能壞者；自在大光明，普示於世間。(63)

(60)《華嚴經．兜率宮中偈讚品》
(61) 同上
(62) 同上
(63) 同上

此與《法華》、《涅槃》所言一切眾生皆可成佛之旨相同；對此點更明確之宣示則見於〈十迴向品〉。經文云：

> 佛子，菩薩摩訶薩以諸善根如是迴向，平等饒益一切眾生，究竟皆令得一切智。

觀上引經文可知，《華嚴經》描述「佛境界」時，一則強調一切不能外於主體，二則強調主體非任何意義之對象，三則肯定一切眾生皆具此最後之主體自由；雖未言「佛性」，其旨則大致同於《法華》、《涅槃》二經。

其次，應說「法界」觀念。《華嚴經》中常有「法界」或「一切法界」字樣；但就經文本身言，並未詮解「法界」之確義。然觀經文大旨，可知此經重視「一切由主體性生起」之義，故所謂「法界」者，乃包羅一切真妄淨染諸法，亦指「總領域」說。蓋分而言之，則主體有各種境界、各種活動，相應即有各層次之種種法；合而言之，或昇或降，皆是一主體，故各層次之種種法亦可視為屬於一總領域；《華嚴》立此說時，原欲對一切法各作安頓，故只重在合說，不作分別說，後世中國華嚴宗則主四法界以分說一切法，乃「法界」觀念之新解釋，非經文所有，然亦不悖經義也。

若專就佛境界言，則對此最高主體，一切法顯現為融通之整體，此即後世華嚴宗論者強調之「因陀羅網」之說，然此義在經文，亦略提及。如云：

> 如來能於一微塵中，普現一切法界影像不思議故。[64]

此即謂從最高主體境界看，每一點均可涵有一切法，交互相涵，重重無盡；正日後華嚴宗論者常用之說法也。

以上說《華嚴經》之大旨。

「真常之教」，尚有他經，但重要代表作自屬《法華》、《涅槃》、《華嚴》三部。印度佛教之教義，亦應以此三經為最高發展；其後依經立論，則屬中國佛教教義範圍。本節論印度佛教教義，即在此結束。

---

64 《華嚴經．入法界品》

此外較少理論性之宗派，如淨土宗、律宗、密宗等，則不詳述；因本書乃哲學史而非宗教史，其取捨標準自應如是也。

參　佛教在中國之流傳及講論

以上各節已撮述印度佛教教義之大要；茲當對此種教義在中國之流傳及講解討論情形，作一概略敘述。

佛教流入中國，原在漢代；論者對於佛教是否在東漢明帝時方來中國，尚有爭辯。但一種思想或教義由某地傳入某地，本非突然發生；吾人亦不必勉強確定其年代。大致言之，東漢初年，佛教已初步流入中國，然中國人研究其理論者尚少；其後譯經者逐步東來，由晉代至南北朝，方有各宗興起，直至隋初為止。其後遂有中國人自立之三宗。關於中國人自立之教派，歸入下節「中國佛教之三宗」中再作論述。本節只論佛教由初入中國至分為各宗而暢演印度教義一段期間之概況；故以下分為三步論述。其一為初期概況，其二為北中國之佛教，其三為南中國之佛教。

學者所宜注意者，是此一時期中講論之佛教教義，基本上皆屬印度思想；無論講說者為中國人或外國人，其講說內容只能視為印度教義之發揮及解釋，不能視為「中國佛教」之理論也。但所謂「中國佛教」之理論，固仍是印度佛教教義在中國之發展；故其思想之演變歷程，亦必須說明，否則學者亦無由了解中國三宗之說。因此，本節所述，雖只是中國人如何了解印度教義之過程，然同時亦可視為對中國三宗教義之醞釀之描述。

一、初期之概況

佛教流入中國，自是先入邊界，後入內地。此所謂「邊界」，即昔人所謂「西域諸國」。通常以為漢明帝永平十年（公元六七年），秦景、蔡愔、王遵等奉明帝命，由西域迎沙門竺法蘭及迦葉摩騰還洛陽，乃佛教入中國之始。實則此一事件僅表示中國政府正式為佛教建寺，允其流傳之開始而已。在此以前，依史籍所載，顯然可見佛教原已非正式流入中國。如《後漢書》記楚王英之事云：

> 英少時好遊俠，交通賓客；晚節更喜黃老學，喜為浮屠齋戒祭祀。八年，……英遣郎中令奉黃縑白紈三十匹，詣相國曰：託在蕃輔，過惡累積，歡喜大恩，奉送縑帛，以贖愆罪。65

案傳中所謂「八年」，即永平八年；而在此年以前，楚王英固已喜為浮屠齋戒祭祀，可知佛教之某種教義，固在永平十年以前，已為中國少數貴族所信持，不過尚無政府正式建佛寺之事耳。

但佛教初入中國，僅自附於祈禱方術以接近貴族，所傳教義，大抵零星淺薄。其時中國人亦將當時流行之黃老神仙之術，與「浮屠」視為同類。桓帝時且在宮中祀「浮圖老子」以求福，蓋不知佛教教義之本旨，竟以為是神仙方技之一種矣。此種情形在安世高等大譯小乘經論以後，方漸有改變。

安世高本名安清，安息國貴族，在桓靈時，居洛陽，譯述經典多種。其確數雖不可知，然為最早廣傳小乘教義之人，則無可疑。

此後，西域來華之佛教徒續譯各經，以下略列其重要人物及譯作。

支婁迦讖（簡稱支讖），月支國人，桓帝末至洛陽，靈帝時譯出《般若道行品》、《首楞嚴》、《般舟三昧》

65 《後漢書・光武十王列傳》

等經。

案此為大乘經入中國之始。龍樹立教約在公元一五〇年，其前大抵已有不完整之《般若經》文，試圖立大乘空觀之教；而漢靈帝即位在公元一六八年，則支讖來中國時，大約方值龍樹立教不久，故攜來《般若經》文。安世高則於公元一四八年已至洛陽，故只知小乘之說也。

安玄，安息人，與中國嚴浮調同譯《法鏡經》，述禪觀之義；其時乃靈帝末年。所持論調，大抵仍屬小乘。竺朔佛，天竺人，靈帝時在洛陽譯出《道行經》，即《般若經》文中之一部。又曾與支讖合譯《般舟三昧經》，亦般若一系之經文。

總之，漢代初見佛教傳入，其始但附於方術，其後則漸有譯經之事；小乘及般若之部分經文開始流傳，然其理論之講習，則尚少見。

漢代傳佛教者，大抵多屬月支人、安息人及康居人，故其稱號分用「支」、「安」、「康」等字；天竺人則用「竺」字；其後因有徒從師姓之習慣，於是中國人出家，亦隨師姓「竺」；然此是後來之事。晉末以後，佛教在南方大盛，故後世記載每誇稱南方佛教流行之早，其實漢代佛教先由西域傳至洛陽，則是無可疑之事實。

但在三國時，則北中國之魏，與南中國之吳，皆有佛教流行。魏地有曇摩迦羅、曇無諦等，講律戒。吳地傳教，則有支謙及康僧會。

支謙，月支人，其祖歸化中國，故支謙實在中國出生者。支謙乃支亮弟子，支亮乃支讖弟子，故支謙乃支讖一系之傳人。獻帝末年，支謙至吳；從事譯經；所完成者據傳有三十部；現存者亦有《維摩經》、《大明度無極經》（即《般若經》之小品）、《瑞應本起經》、《大般泥洹經》（即小乘部之《涅槃經》）等。其中《維摩經》譯文或經後人修改。然大體言之，支謙乃三國時譯經之重要人物，則無可疑。

其次，有康僧會，康居國人，世居天竺，後移交趾；為不經北方而來中國之佛教人物，曾譯《六度集經》，並注釋《安般守意經》等。

此外，魏地有朱士行，由雍州入西域，取《般若經》之梵本回；是為中國人西行求經之始。亦中國佛教史上一重要事件。

司馬氏既統一中國，西晉時代佛教徒之譯經工作仍繼續進行，其重要代表人物有竺法護。

竺法護，本月支人，世居敦煌；因從師為竺姓，故改姓「竺」。晉武帝太始二年（公元二六六年），法護至長安，其後又至洛陽；自太始至永嘉二年（公元三〇八年），四十餘年，譯經甚夥；其中有《光讚般若》（即《大品般若》）、《維摩經》、《正法華經》、《無量壽經》、《漸備一切智德經》（即《華嚴・十地品》）等，皆大乘重要經典。此外尚譯出小乘經多種。貢獻甚大，乃佛教在中國流傳之初期中之重要人物；故日後釋道安在《漸備一切智德經・敘》中云：

> 夫諸方等，無生，諸三昧經，類多此公所出，真眾生之冥梯。66

蓋西晉之佛教人物，實以竺法護成就最大也。此外有帛法祖（中國人，姓萬）、法祚，及竺法蘭、支孝龍等，皆在北方講論般若，然著述甚少，乃染有名士習氣之僧人，當時雖皆享名，在哲學史上則無甚地位也。

西晉亡後，中國南北分裂；就中國政治史說，是進入衰亂時期，然就佛教之流傳而論，則反是一發展期。下節即分別論述南北佛教思想之進展。至此為止，初期概況已明。合而觀之，此一階段之工作，由依附方術進而譯講諸經，可視為下一階段之準備。

66《祐錄》

二、北中國之佛教

自魏朱士行西行求經之後，般若之學即日漸轉盛。北中國之佛教，由西晉亡後，南北分立時起，亦即以般若之教為主流；故論北中國之佛教，應先從般若之學說起。

在北中國講論般若之學，前有道安及其弟子，後有鳩摩羅什及其門下諸僧；故道安及羅什實為主要代表人物。但道安同時從事般若研究者，人數頗多；亦非皆宗道安之說。羅什則理論造詣較深，門下人才亦眾，在般若之學中，建立權威地位。此又二人處境之不同也。本節先述道安及同時講般若之宗派，再述羅什及其門下之工作。

(一)道安與六家七宗

道安生於公元三一二年（永嘉六年），卒於公元三八五年（太元十年）；乃中國佛教運動之重要人物。其學以般若為主，同時亦倡導禪定功夫；亦曾整理戒律；平生注釋經論既多，又能宏揚教義。就兩晉之際而論，道安實為佛教之中心人物。其生平年歷略列如下：

公元三一二　道安生於常山扶柳縣。

三三五　西域僧佛圖澄至鄴，道安入鄴為澄弟子。

三四九　居華林園，其後避難至晉護澤縣，又往飛龍山。

三五四　在太行、恆山立寺，後往武邑。

三五七　還河北，住受都寺，復渡河居陸渾。

三六五　南至襄陽，留居十四年。

三七九　赴長安。

三八二　赴鄴。

三八五　二月某日卒於長安（案舊傳卒於二月八日，有誤）。

釋道安對中國佛教之貢獻，主要在於三點：

第一、整理經籍，改正譯文，加強理論之了解。

佛教經典之譯文，本多是外國人習中文後所為，其運用詞語，已多不合中文習慣；且皆屬直譯，每有謬誤或欠通之處。西晉名僧多半依附老莊以談佛理，雖易獲名士稱讚，然所謂「格義」之運用，既是借別派思想以講解經籍，則其不能嚴格，自不待言。道安對《般若》、《道行》、《密跡》、《安般守意》諸經，皆詳作注疏，並析論疑難，使經義漸明；又比較文句，廣作校閱，使佛教教義之講論，漸脫離依附階段而進入獨立階段。其工作雖未臻完美，然已有劃時代之意義及影響。

第二、制定戒律，條分三例，使天下僧寺有共同軌範。

道安以前，言戒律者大抵零亂無統。道安制定三種法規，即「行香定座上經上講之法」、「常日六時行道飲食唱時法」、「佈薩差使悔過等法」。其後「天下寺舍，遂則而從之」（《高僧傳》語）；此乃中國佛教徒有共同戒律之始，亦一大事。

第三、分遣弟子，往各地傳教，推進佛教運動。

道安南行避亂時，在新野即遣竺法汰赴揚州宏法；後在襄陽，又遣慧遠往荊州；其後慧遠成為南方佛教運動之領袖人物，實道安之影響。

此外，道安晚年至長安，又主持譯經之事，使竺佛念、曇摩侍、耶舍、僧伽跋澄、鳩摩羅跋提等譯出經論多種；且完成《增一阿含》之翻譯；範圍包含小乘大乘及一切有部之作品。其立場乃佛教運動之推行者，雖原致力於般若之學，固未嘗以宗派自囿；此亦道安之特殊作風也。

道安之生平及貢獻，大致如上所述，若專就理論之成就言之，則道安早年原亦循「格義」之法，依附他派之說講經，中年後方漸改正；而其時許多重要論著尚未傳來中國，如《中論》即在公元四〇九年方譯為中文，道安皆未及見；故即就般若之學而言，道安亦尚未能確切掌握其論旨。與道安同時之治般若者，大體亦同此病。觀所謂「六家七宗」之說，則鳩摩羅什來華昌明般若本旨之前，中國佛教徒對般若義理之不能得要，實甚明顯；道安之說亦在六家之中，固不可視為真知般若也。

以下即略論「六家七宗」之問題。

所謂「六家七宗」，乃指劉宋時釋曇濟所作之〈六家七宗論〉。唐時元康作《肇論疏》，即謂：

> 梁朝釋寶唱作《續法論》一百六十卷，云宋莊嚴寺釋曇濟作〈六家七宗論〉。論有六家，分成七宗。第一，本無宗；第二，本無異宗；第三，即色宗；第四，識含宗；第五，幻化宗；第六，心無宗；第七，緣會宗。本有六家，第一家分為二宗，故成七宗也。

此中第一、第二兩宗，蓋一派之兩支，故「六家」可稱「七宗」，而道安本人則屬「本無宗」。此種說法在吉藏之《中觀論疏》、日本安澄之《中論疏記》中，均無異辭。但所謂六家或七宗之說，其原始文件皆已不可得；其中一部分亦可能僅由口說，並無代表文件。現論此各家之說，大抵即以吉藏與安澄之引述為據。

以下依次分別觀七宗之理論。

第一、本無宗。

此宗即代表道安本人之理論立場。吉藏云：

什法師未至長安，本有三家說。一者，釋道安明本無義；謂無在萬化之前，空為眾形之始。夫人之所滯，滯在末（原誤作「未」，今正）有，若託（原誤作「詫」，今正）心本無，則異想便息。67

又云：

安公明本無者，一切諸法，本性空寂，故云本無。

依此，則道安乃以「無」與「空」為同一事，又以「無」或「空」為在萬化眾形之先者。其旨頗近於老子之說。但《名僧傳抄》述曇濟著〈七宗論〉時，則云：

……第一，本無，立宗曰：如來興世，以本無弘教（案「弘」誤作「佛」，今正），故方等深經，皆備明五陰本無。本無之論，由來尚矣。何者？夫冥造之前，廓然而已，至於元氣陶化，則群像禀形；形雖資化，權化之本，則出於自然。自然自爾，豈有造之者哉？由此而言，無在元化之先，空為眾形之始，故稱本無。非謂虛豁之中能生萬有也。68

此段所述，未知有多少成分屬於曇濟之解釋；但大旨當是道安本人之說。安澄《中論疏記》所說，大致與此相同，不再贅引。觀此，可知道安所說之「本無」，基本上乃取形上學思路，全未涉及主宰義或生起義；以此釋般若空義，自有基本距離。但既「非謂虛豁之中能生萬有」，又與老子「有生於無」之觀念稍有差別；蓋道安雖受道家思路影響，因而設立一客體意義之「本體」，然亦取法性不動之義；唯理論界限未明，遂不能契合般若空義之本旨也。

第二、本無異宗。

67 《中觀論疏》，卷二

68 《名僧傳抄‧曇濟傳》

此宗各家解釋指為竺法深之說（「深」或作「琛」），或謂是竺法汰之說，但據《高僧傳》所記，但云竺法汰與郗超論「本無義」，而法汰原與道安同學，其所論應屬「本無宗」，未必是此所謂「本無異宗」。茲仍據吉藏及安澄之說，以竺法深為此宗之代表。吉藏云：

> 次琛法師云：本無者，未有於無，先有於無，故從無出有；即無在有先，有在無後，故稱本無。69

安澄則云：

> ……《山門玄義》第五卷，二諦章下云：復有竺法深，即云：諸法本無，壑然無形，為第一義諦；所生萬物，名為世諦。70

依此，則全與老子之說同，以為「有生於無」矣。其執著一形上意義之「無」，較道安說尤甚，亦離般若空義愈遠也。

第三、即色宗。

此在吉藏《中觀論疏》中，謂有兩支；其言云：

> 第二，即色義。但即色有二家，一者，關內即色義；明即色是空者。此明色無自性，故言即色是空，不言即色是本性空也。71

其下又云：

> 次支道林著〈即色遊玄論〉；明即色是空，故言〈即色遊玄論〉。此猶是不壞假名，而說實相，與安師本

69 《中觀論疏》，卷二

70 《中論疏記》，卷三

71 《中觀論疏》，卷二

性空故無異也。[72]

吉藏分「即色宗」為二支，並以為僧肇所破者屬於前一支；但作《肇論疏》之慧達及元康，則皆謂僧肇所破之「即色義」即指支道林之說（見《中論疏記》）。案所謂「關內即色義」不知究何所指；湯用彤先生《漢魏兩晉南北朝佛教史》第九章中，談及此問題，以為「吉藏之言實誤」。然安澄亦似認為有此兩支，故云：

此師意云：細色和合，而生粗色；若為空時，但空粗色，不空細色。[73]

案此即是「極微」之說，故「不空細色」。而安澄下文又另論支道林之說云：

《山門玄義》第五卷云：第八，支道林著〈即色遊玄論〉云：夫色之性，色不自色；不自，雖色而空；知不自知，雖知而寂。彼意明：色心法空名真，一切不（無）空色心是俗也。述義云：其製〈即色論〉云：吾以為即色是空，非色滅空，斯言至矣（原脫「至」字，據日本《續藏》二編乙，慧達《肇論疏》所引補正）。何者？夫色之性，不自有色。色不自有，雖色而空，知不自知，雖知恆寂。然尋其意，同不真空；正以因緣之色，從緣而有，非自有故，即名為空。不待推尋破壞方空。[74]

然則支道林之說如此，顯與「不空細色」之說全非一事矣。案不空細色，實是一種「實在論」立場，支道林以為「即色是空，非色滅空」，則是謂一切感覺即在呈現處亦無實在性，不待「色滅」方為「空」也。安澄原文「然尋其意」以下，乃後人評語，以為此即「不真空」義，則屬過分擴張。實則，支道林並未能以「因緣生」確說「空」義；否則僧肇何必破斥其論乎？後人已解《中論》思想，故能如此說；六家七宗時則尚無此明確了解。

---

[72] 《中觀論疏》，卷二

[73] 《中論疏記》，卷三

[74] 同上

即視支道林屢以「知不自知」與「色不自色」並論，亦可見其別有論調；雖現存文件不足，不能詳悉，但其意非如上引文後半所說，則可斷言也。

第四、識含宗。

此為于法開之說，吉藏列之於「心無宗」之後，故云：

第五，于法開立識含義。三界為長夜之宅，心識為大夢之主；今之所見群有，皆於夢中所見。其於大夢既覺，長夜獲曉，即倒惑識滅，三界都空。是時無所從生，而靡所不生。㊷75

安澄則云：

《山門玄義》第五云：第四，于法開著〈惑識二諦論〉曰：三界為長夜之宅，心識為大夢之主；若覺三界本空，惑識斯盡，位登十地。今謂以惑所覩為俗，覺時都空為真。76

以兩段記述比較，可知「三界……」二句為于法開原文。其論旨以為一切有皆心識所生之虛幻相，故如夢中見萬物，覺後都空；此殆受早期識變觀念之影響，略有唯識傾向者。以此立場解般若空義，自亦不契合；然不以「無」或「空」作為形上學觀念，又稍勝本無諸說矣。

第五、幻化宗。

此乃釋道壹之說。吉藏云：

第六，壹法師云：世諦之法，皆如幻化；是故經云：從本以來，未始有也。77

75 《中觀論疏》，卷二

76 《中論疏記》，卷三

77 《中觀論疏》，卷二

此所謂「經云」，乃指《大集經》。其論旨甚明，即以一切對象為幻化，由此說空，但此非謂主體亦幻，故安澄云：

《玄義》云：第一，釋道壹著〈神二諦論〉云：一切諸法，皆同幻化；同幻化故，名為世諦。心神猶真不空，是第一義；若神復空，教何所施？維修道，隔凡，成聖？故知神不空。[78]

此即萬有皆空，心神不空之說；此雖似肯定主體之不空，然所肯定者究是個別之主體，抑是超「個別性」者，則未確說。如指「個別主體」，則正般若教義所欲破除者。學者未可遽以為此說符合印度教義之本旨也。

第六、心無宗。

吉藏列此為第三，謂是溫法師所立。《世說新語》之〈假譎篇〉則說支愍度與傖道人「共立心無義」。《高僧傳》在〈竺法汰傳〉文中則又云：

時沙門道恆，頗有才力，常持心無義，大行荊土。

並謂道恆最後被慧遠駁倒云云。此所謂「心無義」，彼此是否相同，亦難確知。但溫法師之說則論旨甚明。吉藏云：

第三，溫法師用心無義。心無者，無心於萬物；萬物未嘗無。此釋意云：經中說諸法空者，欲令心體虛妄不執，故言無耳。不空外物，即外物之境不空。[79]

此是只就禪定一面說「空」；以為「空」只是一境界，不涉對象。此是常識想法。安澄之解較詳，其言云：

《山門玄義》第五云：第一釋僧溫，著〈心無二諦論〉云：有，有形也；無，無像也。有形不可無，無

---

[78] 《中論疏記》，卷三

[79] 《中觀論疏》，卷二

像不可有；而經謂色無者，但內止其心，不空外色。[80]

其下又引《二諦搜玄論》，謂竺法溫製〈心無論〉，以為「有為實有，色為真色」云云。依此，則竺法溫之「心無宗」完全取粗淺實在論立場，全與般若之學相悖。

支愍度之「心無義」，在元康《肇論疏》中以為即「萬物未嘗無」之說，則似與竺法溫之說同；然《世說新語》劉注，則謂其說與「舊義」不同，而云：

……而無義者曰：種智之體，豁如太虛，虛而能知，無而能應；居宗至極，其唯無乎！[81]

此則全是另一議論，論題在於「心體」，立場接近道家；與竺法溫之說全不相干。且所謂「舊義」，亦是就心體說；不知指何人之理論。竺法溫年輩晚於支愍度，其立「心無義」當與支愍度所論者偶然同名，不可混為一談。以六家七宗而言，仍當以溫法師義代表「心無宗」也。

第七、緣會宗。

此指于道邃之說。于道邃與于法開同為于法蘭弟子，死時年三十一；其著作不傳。吉藏云：

第七，于道邃明，緣會故，有，名為世諦；緣散故，即無，稱第一義諦。[82]

安澄亦云：

《玄義》云：第七，于道邃，著緣會二諦論云：緣會故有是俗，推拆無是真；譬如土木合為舍，舍無前體，有名無實；故佛告羅陀，壞滅色相無可見。[83]

---

[80]《中論疏記》，卷三

[81]《世說新語．假譎篇》

[82]《中觀論疏》，卷二

案此說以「緣會」解釋萬法皆空，似接近般若本旨，然只重在說對象之空（或「色空」），則亦未能深契般若之學。

以上論六家七宗既竟，吾人可知此種種說法，皆不能得般若之學之本旨；其主要障礙在於受道家形上學影響，每每從「本體義」看般若空義；主體性既不顯，則何能知「般若」？此是專就理論問題本身說。若著眼於歷史過程，則吾人可說，此乃早期試探之情況。蓋真正講明般若之學，須待般若諸論譯傳之後，此即鳩摩羅什及其門下之工作也。

道安及其同時之早期般若講論，概況已如上述。下節當進而敘述羅什一派。

(二)鳩摩羅什及其弟子

道安及同時期之佛教徒，雖多治般若之學，然既受「格義」之影響，遂每每取道家立場以觀佛教理論；結果雖所見或有深淺之別，終皆不能深契般若本旨。般若空義，重在緣生；故梵文中“Sunyata”一詞，原表示「獨立實有」之否定，本身非一本體論或形上學觀念。但此義在諸經中並不顯豁。其確解在於空宗諸論——如《中論》、《大智度論》、《十二門論》等等。道安時期，諸論尚未譯出，則其時佛徒易生誤解，亦是情理之常。此種情況至鳩摩羅什來華，譯講諸論後，乃有一大改變；故言般若之學在中國之真正流傳，應自羅什傳教始。羅什及其門下諸人，在哲學史上之地位，亦應通過此點估定。

鳩摩羅什約生於公元三四三或三四四年，龜茲人，幼習小乘；祖籍原是天竺人，其父始居龜茲。羅什屢遊西域各國，在沙勒始遇大乘僧人，受般若之學。羅什於公元三八五年至涼州；其年姚萇稱帝於長安；居涼州凡十七年，於公元四〇一年至長安，時年已五十餘。公元四一三年四月十三日，羅什在長安逝世。

---

83 《中論疏記》，卷三

羅什之生平，大致如此。其所譯經論極多，最重要者為《大品般若經》、《法華經》、《維摩經》、《小品般若經》、《金剛般若經》、《首楞嚴經》、《阿彌陀經》等，論部則為《大智度論》、《中論》、《十二門論》、《百論》及《成實論》等。其中心工作在於闡明般若教義，自不待言。

羅什除譯講外，又喜與人討論。其時道安門下之慧遠，在南方已成為重要人物，而羅什入關，便通書致意，二人其後屢作問答；後人集為三卷，題名《鳩摩羅什大乘大義章》，亦代表羅什思想之重要文件也。

此外傳羅什曾著《實相論》，今已不可見。又曾注《維摩經》，今尚存一部。

羅什論空，全承龍樹諸論，如辯明「有」、「無」皆非「中」義云：

有無非中，於實為邊也。84

故所謂「空」，非「有無」一層面上之意義，此亦即「中邊」之分。故云：

摩訶衍法雖說色等至微塵中空，心心數法至心中空，亦不墜滅中；所以者何？但為破顛倒邪見，故說不是諸法實相也。85

此即極力說明般若空義，非指對象性之一狀態，乃針對誤執「獨立實有」之「顛倒見」而立。

又已往之佛教徒，每以「個別自我」與「真我」相混，即不能分辨「經驗主體」及「最高主體」，故每每言「神」，言「壽命」，使覺性與所謂「靈魂」混淆不明。羅什譯出《中論》等，方明所謂「無我」之義，而使人了解「法身」不唯非「形軀」，亦不同於個別「靈魂」也。

但羅什雖是首明般若之學於中國者，其著作既不流傳，僅有零星論斷，不成系統文件。羅什門下之僧肇則

---

84 《維摩經注》，卷二

85 《大乘大義章》，第十五

著〈不真空論〉、〈物不遷論〉，及〈般若無知論〉等，成為中國人確解般若之學之主要文件。故僧肇乃羅什門下第一能承繼發揚師說者。

此外，羅什門下有竺道生，亦中國佛教之極重要之人物，但竺道生日後在南方立「涅槃宗」，故與道安門下之慧遠同歸入下節敘述。此處只略述僧肇之學，作為羅什門下之代表。茲先觀〈不真空論〉。

所謂「不真空」者，意指「空」即「不真」，換言之，以「不真」界定「空」之詞義；非謂「不」是「真空」；此點首須留意。

以「不真」界定「空」，正顯龍樹立說之本旨；蓋此所謂「不真」，即對「獨立實有」之否定，直承「因緣所生法，我說即是空」之旨。論云：

> 夫有若真有，有自常有，豈待緣而後有哉？譬彼真無，無自常無，豈待緣而後無也？若有不自有，待緣而後有者，故知有非真有。有非真有，雖有不可謂之有矣。不無者，夫無則湛然不動，可謂之無；萬物若無，則不應起；起則非無；以明緣起故不無也。86

此處「緣起故不無」與「待緣而後有」乃兩邊之遮撥，即顯「空」非「有」義亦非「無」義；馮友蘭先生在《中國哲學史》第七章中，引用此文，誤斷句為「以明緣起，故不無也」，則不可解矣。

其下續云：

> 然則萬法果有其所以不有，不可得而有；有其所以不無，不可得而無。何則，欲言其有，有非真生；欲言其無，事象既形；象形不即無，非真非實有。然則不真空義，顯於茲矣。故放光云：諸法假號不真，譬如幻化人；非無幻化人，幻化人非真人也。87

---

86 《肇論・不真空論》

此則點明一切法作為現象看，自有其呈現；但此種呈現非表「獨立實有性」；故說「一切法空」，不是說「一切法無」，只指「一切法無獨立實有性」或「一切法不真」而已。所謂般若經文，即「一切法但是假名」之意；蓋「假名」一詞，亦正表示般若空義之根本立場。現代中國高僧印順法師所以立「性空唯名」一義，亦同此旨；蓋於般若空義作正解者，莫不如是也。

「空」義既明，僧肇再論「法性」之超「動靜」，故有〈物不遷論〉。

所謂「物不遷」者，蓋謂時空變化等等觀念，皆是一心所生，或依於認知活動而立，本身亦非實有；自另一面言，即可說「法性」並不能加以此類陳述詞也。如此說時，「法性」亦即「真如」，無生滅來去可說。此義可自《中論》之「八不中道」之說中推繹而得之。《肇論》本文亦仿《中論》思路，以言不往不來；未特標「法性」字樣，然其意固在此也。原文云：

> 夫人之所謂動者，以昔物不至今，故曰動而非靜；我之所謂靜者，亦以昔物不至今，故曰靜而非動。動而非靜，以其不來；靜而非動，以其不去。88

此謂變化觀念，自身不可通；正仿《中論》思辯方式。其意非欲證事物之「常」，乃欲破「往來」或變化觀念（馮友蘭對此點亦完全誤解，蓋不解《中論》，故不知此說之淵源；讀者可參閱馮書第七章）。故其下續云：

> ……求向物於向，於向未嘗無；責向物於今，於今未嘗有。於今未嘗有，以明物不來；於向未嘗無，故知物不去。覆而求今，今亦不往。……如此，則物不相往來，明矣。89

87 《肇論・不真空論》

88 《肇論・物不遷論》

89 同上

此即謂無往無來也。案此論原以釋「法無去來」為主旨，故原文曾謂：

> 放光云：法無去來，無動靜者，尋夫不動之作，豈釋動以求靜？必求靜於諸動。必求靜於諸動，故雖動而常靜；不釋動以求靜，故雖靜而不離動。然則，動靜未始異，而惑者不同。[90]

此皆謂「動靜」本身非實有；第其論辯方式既仿《中論》，故取一對觀念交互言之，以明「動靜未始異」而已。湯用彤先生在《漢魏兩晉南北朝佛教史》第十章中，引用此段，以為「肇公之學說，一言以蔽之，曰即體即用」；其言似是而非，蓋此種思路及所涉問題，皆不能以「即體即用」一語解之。其本旨在於遮撥，非作肯定也。

除以上二論外，僧肇又有〈般若無知論〉，則專描述主體境界；蓋〈不真空論〉既立「空」義，以觀一切法之呈現，〈物不遷論〉則明法性之無去來，於「般若」本身自應有所闡述，故僧肇乃作此論。

論中用「聖智」一詞，表般若智慧；其言云：

> 智雖事外，未始無事；神雖世表，終日域中。所以俯仰順化，應接無窮；無幽不察，而無照功。斯則無知之所知，聖神之所會也。然其為物也，實而不有，虛而不無；存而不可論者，其唯聖智乎。欲言其有，無狀無名；欲言其無，聖以之靈。聖以之靈，故虛不失照；無狀無名，故照不失虛。……是以聖智之用，未始暫廢；求之形相，未暫可得。故寶積曰：以無心意而現行；放光云：不動等覺而建立諸法。[91]

案此論主要論點，不過謂「聖智」不可用「虛實」、「有無」等詞語陳，乃超言說思議者。又「聖智」代表主體自由，故雖照而不滯於事象或規律，即以「虛」字狀此「不滯」之境界。蓋主客對立中之認知活動，乃雙方互相限定者，故認知主體即無此種「自由」；僧肇所以特標「無知」一詞，即表示欲說「般若智」之主體性，異

---

[90] 《肇論・物不遷論》

[91] 《肇論・般若無知論》

於一般認知之主體性也。其立論仍取《中論》理路，故以「有無」、「實虛」等表兩邊而施以否定；此在熟知般若三論之讀者，固可一目了然。

論中引「放光」經語，以表所依乃般若經義，然嚴格論之，則所引之語，乃涉及最高主體與對象界之層次者，與論意未能密合。後文又有「不知而自知，不為而自為」等語，尤屬浮詞；蓋此時代之佛教徒，雖已漸脫「格義」之影響，然終不能全除魏晉名士浮談陋習，僧肇此文語調近於談玄之作，亦屬未能免俗。學者但取其大旨可也。

僧肇乃中國最能闡明般若空義之人；般若之學在中國之發展，至此亦可說已有確定成果。其後般若雖暢行於南中國，然其理論固未嘗超過僧肇。此所以學者以哲學史眼光談北中國之佛教時，必須以般若一系為其主要成就也。

但佛教流入中國，原多取徑西域。故許多經論皆先至北方。般若之學固由羅什僧肇而大明，其他各宗亦尚有流行北方者，故下節略論「北方四宗」之說。

㈢北方四宗

僧肇卒於公元四一四年，其後二十餘年，元魏統一北中國，而此時期中北方佛教轉見衰落。至公元四四六年，又有太武帝毀法之舉。其後旋盛旋衰，政府及社會人士多有排斥佛教者；蓋佛教在北方之勢力，已引起現實主義者之仇視，固非理論之爭。但另一面，北魏以下，僧人治學亦多駁雜；且常有談陰陽術數者，其自身之理論立場亦每每模糊；生活態度，亦每每可議；故內部精神亦不見發展。總而言之，羅什僧肇之後，北方佛教實已日漸沒落。

然在此一段時期中（自北魏至周亡），北方仍有許多佛教宗派；後世論者，如吉藏安澄等，皆列為「四宗」。

北齊僧人法上之弟子慧遠（此非道安門下之慧遠，學者不可混淆），北朝末年，頗享盛名；曾著《大乘義章》，論敘各家之說，亦述及「北方四宗」。以下略引此種記述，分說四宗之意。

慧遠稱四宗為：「立性、破性、破相、顯實」四宗；分別相應於所謂毗曇宗、成實宗、般若宗、地論及涅槃宗。

慧遠云：

> 言立性者，小乘中淺；宣說諸法各有體性。雖說有性，皆從緣生；不同外道立自然性。此宗當彼阿毗曇也。92

案所謂「阿毗曇」，即梵文之"Abhidharma"；本為一般性詞語；許多論釋，皆冠以此稱。但中國人所言之「阿毗曇」則專指小乘「一切有部」之論釋而言；又簡稱「毗曇」，益失原義。此宗所承實是印度上座部之舊說，可視為唯識妙有教義之前身。其論以為一切法既經呈現，即皆有一定體性，故稱「立性宗」。

其次，慧遠又云：

> 言破性者，小乘中深；宣說諸法虛假無性，不同前宗立法自性。法雖無性，不無假相。此宗當彼成實宗也。93

案《成實論》乃羅什晚年所譯。北方有僧嵩，南方有僧導，皆傳成實之義。此論以二諦之說為主，謂二諦相即；但此相即究應解為「二諦一體」，抑或「二諦異體」，成實學者中意見亦頗不同。如僧旻、智藏皆以為「二諦一體」，僧禪則只說「二諦相即」，但不以為「一體」。實則此論本身似代表一種過渡性之思想，於大空妙有皆無究

92 《大乘義章》

93 同上

竟解說。雖初傳此論時，持者自命為「大乘」之學，然其後天台智顗，及慧遠、吉藏等人，皆判成實為小乘。然其旨較近三論，故慧遠名之為「破性宗」，謂能破「自性」見也。

慧遠以般若之學為第三宗。其言云：

> 破相宗者，大乘中淺；明前宗中虛假之相亦無所有；……雖說無相，未顯法實。[94]

慧遠乃地論涅槃一系之佛徒，故謂般若言空，不及真常之義；是「未顯法實」。關於般若之學，前已詳述，茲不贅。

最後，第四宗即真常之義。慧遠云：

> 顯實宗者，大乘中深；宣說諸法妄想故有。妄想無體，起必任真。真者，所謂如來藏性。恆沙佛法，同體緣集，不離不脫，不斷不異。此之真性緣起，集成生死涅槃。真所集故，無不真實。辨此實性，故曰真宗。[95]

觀此種論調，知慧遠心目中之「顯實宗」，實以地論宗為本；而尤與《大乘起信論》接近；蓋其說專就生死涅槃出於同一「真心」而立論，正《起信論》所謂「一心」開「二門」之旨也。此類理論，大抵重在最高主體之肯定。地論宗、涅槃宗固是如此，日後中國佛教自立之三宗，亦是如此。以純哲學標準論之，此種理論自較他說為能得要，然般若之學亦非不肯定主體性，第立說方式有異而已。慧遠所言之「淺深」，亦不可執為定評也。

涅槃宗乃竺道生在南方所立，下節論「南中國之佛教」時，另有論述。此處對地論宗，尚須略作說明；因此宗乃妙有教義中三支之一，頗有重要性也。

---

[94] 《大乘義章》

[95] 同上

所謂《地論》，指世親所著之《十地經論》，原為解釋《華嚴・十地品》之作，代表世親早期之思想。此論在北方譯出，其說亦在北方發展，故屬於北中國之佛教。

公元五〇八年，即北魏宣武帝永平元年，印度僧人菩提流支（意譯為「道希」），與勒那摩提（意譯為「寶意」），在洛陽譯出《地論》；其中傳語者則為佛陀扇多。

勒那摩提與菩提流支議論不合；其後流支弟子道寵，與勒那弟子慧光，遂各立宗派。因當時此論之講說，以相州（今河南彰德）為中心，故二人分派後，道寵一派即稱「相州北道」；慧光一派即稱「相州南道」。而著《大乘義章》之慧遠，及其師法上，即皆屬於「南道」者也。

慧光再傳弟子曇遷，於周武帝禁佛教時，避禍南遊；其時《攝論》已在南方流傳，故曇遷後遂吸收《攝論》之義，成為融會二宗之人物，亦南道一支之特殊事件。

地論宗南北二道，持說之不同，乃在於對阿賴耶（或作「阿梨耶」）識之解釋不同。就《地論》之根本立場言，本以阿賴耶識為如來藏自性清淨心，而以阿陀那識作為妄識（案世親著《地論》時，尚未立「末那」之名，故與《唯識三十論》之說頗異）。然進一步作解釋時，南道地論師以為一切法依真如；而阿賴耶即是真如，以隨妄流轉，故成阿賴耶，但其體不壞。北道地論師則只以阿賴耶為一切法緣起，謂阿賴耶為真妄和合。由此，就宗派而言，北道之說轉與攝論宗相近。雖曇遷出身南道，又往南中國講《攝論》，畢竟是個人之事也。

後世論者如智顗、吉藏等，皆言「地論師」以第八識為「真」為「淨」，即指南道地論師而言；蓋北道本不昌盛，日後又為攝論宗所合併，故代表地論者終是南道一支。

法相唯識之學，在此階段中，即分為南北兩大宗。南有攝論宗，北有地論宗。地論宗論師除道寵及慧光兩開派者外，應以慧遠為最重要。以上已屢引其《大乘義章》之說，茲再略述其生平，以結束對「地論宗」之敘述。

案慧遠，本姓李，敦煌人，十三歲出家，二十歲依法上為師；曾習《四分律》，又承法上地論之學。周武帝禁佛教時，慧遠獨作抗辯。其後隱居汲郡西山，至周大象二年開禁，乃講經於少林寺。隋開皇初年，在洛陽傳教；後居長安淨影寺。開皇十二年逝世。著有《大乘義章》、《十地經論義記》、《涅槃經義記》等，又疏《華嚴》、《法華》諸經；晚年除持地論義外，亦兼取攝論、涅槃諸宗之說。在中國三宗盛興以前，慧遠實治真常教義之代表人物，亦北中國佛教之最後人物，蓋親見南北分立之結束者也。

以上已述北中國佛教之概況。下節當轉述南中國佛教發展情形。

三、南中國之佛教

自西晉亡後，中國即已分裂；但在公元四二〇年劉裕篡位自立以前，司馬氏之皇室，尚能統治南方；故依舊史習慣，仍稱此一時期為「東晉」。但就事實而論，則南中國與北中國已在西晉亡時開始分裂，更無統一性之中國政府存在，故本書對東晉及宋、齊、梁、陳，皆視為南中國之政權，亦依此以論「南中國之佛教」。此與舊習慣所謂「南北朝」之年代劃分，稍有不同，故略釋數語。

南中國佛教之重要人物及宗派，大半皆與北中國有關；唯印度真諦在梁陳間留居中國，大宏《攝論》之學，自公元五四六至五六九年中，經二十三載而未嘗至北方，可視為此時期中南中國獨有之佛教宗派。以下依其時代次序，分別略述南中國佛教之重要人物及宗派。

(一)東晉玄風與慧遠之佛教運動

如前文所屢述及，魏晉名士談玄，蔚為風氣，其時佛徒亦受影響；故名僧名士每多互相標榜。就講論教義而言，亦有所謂「格義」之說；於是僧人欲演印度佛教之義，亦每比附老莊之言。此在道安及其同時人之理論中，尤時時可見確據。晉室南渡之後，名士巨族，隨而南行。雖過江名士，身經喪亂，而猶不改玄談之習；故東晉之玄風亦歷久不歇。而此時期宏法南方之僧人，遂亦不免多與玄談之士交往；而其立論之方式，仍常有比附佛道之色彩。若以哲學史之標準言之，則可說此類講論，只代表雜駁之說，未能確實表現印度教義之本旨。

此時期最有代表性之人物，應推釋慧遠。慧遠為道安弟子，隨道安由北方至襄陽，然後受命南行傳教。其生平年歷大致如下：

公元三三四　慧遠生於雁門樓煩。
三五四　道安在太行恆山立寺，慧遠從道安出家。
三六五　至襄陽。
三七八　別道安，東下，先留荊州，後住匡廬。
三八六（前後）　東林寺建立。
三九一　僧伽提婆至廬山；慧遠時居東林寺，請提婆譯《阿毗曇心》。
三九九　桓玄經廬山。
四〇一　鳩摩羅什至長安，慧遠致書，其後屢函論大乘義。
四〇二　與劉遺民等同作誓願文。
四〇四　與桓玄書，論拜俗及政府反佛問題。
四〇五　晉安帝致書慧遠。
四一〇　盧循過廬山見慧遠。

四一〇至四一一　佛陀跋多羅（覺賢）在長安為羅什一派所擯斥，南至廬山。慧遠請其譯禪經。

四一六　慧遠卒於廬山東林寺。

觀慧遠生平，可知基本上慧遠乃一佛教運動者，而非一理論建立者。慧遠承道安之學，自以般若教義為本，此外參以禪定法門；但慧遠本人並不固守宗派立場，而於佛教各支之活動，無不支持鼓勵。例如覺賢原承「一切有部」之學，兼精禪律，與羅什宗派不同，在長安即被擯斥；但至廬山，慧遠則反支持其譯經說法。覺賢譯出《華嚴經》，固在慧遠逝世之後，然若非慧遠護持於先，覺賢極可能無法在中國南方立足，更無由從事工作矣。又僧伽提婆講阿毗曇之學，全屬小乘；慧遠自身勤習大乘義，然於提婆之工作，亦鼓勵支持。此外如淨土宗等，慧遠亦皆提倡。蓋凡西域佛徒，對某支教義造詣較深者，慧遠無不虛心諮訪，助其完成工作；其自處亦實是一佛教運動之領導者，非一宗之論師。且慧遠不僅能廣容各派之說，又曾遣弟子法淨、法領等西行求經，得《華嚴》梵本外，且取得禪律梵本資料，有助於佛教組織規律之統一。此所以不僅後世論者每謂慧遠乃南方佛教之中心，即在南朝人物之言論中，亦常見此種說法。如謝靈運云：

> 昔釋安公振玄風於關右，法師嗣沫流於江左；聞風而說，四海同歸。爾乃懷仁山林，隱居求志；於是眾僧雲集，勤修淨行，同法餐風，棲遲道門；可謂五百之季，仰紹舍衛之風；廬山之嵎，俯傳靈鷲之旨。洋洋乎，未曾聞也。[96]

謝氏之描寫，使慧遠作為運動領袖之面目，躍然紙上。又《高僧傳》亦云：

> 葱外妙典，關中勝說，所以來集茲土者，遠之力也。[97]

---

96 《廣弘明集・遠法師誄》

97 《高僧傳・慧遠傳》

此即言慧遠能廣取西域及中國北方之說，而推動南中國之佛教運動也。

但若就佛教理論之發展說，則慧遠本人之貢獻殊不甚大。慧遠少喜雜博之學，故既通六經，又善莊老，講佛經時亦善引用莊子之說；對佛教本身之精要理論，殊不能掌握。至於般若之學，慧遠所知大抵不超過道安；傳曾著〈法性論〉，但其文已佚，唯《高僧》中引有二語云：

> 至極以不變為性，得性以體極為宗。98

觀此，則慧遠之了解般若，仍偏在形上學意義，以「法性」為「本體」或「極」，而未深究「般若」之主體義；其思想決未達到僧肇之程度。今存之慧遠重要著作有以下數者：〈沙門不敬王者論〉、〈釋三報論〉、〈明報應論〉、〈與什公書問大乘義〉、〈與劉遺民〉等書。此外又有經序多種；並曾作〈大智度論抄〉，係《智論》之提要，今佚。

慧遠曾論涅槃生死之意云：

> ……是故經稱泥洹不變，以化盡為宅；三界流動，以罪苦為場。化盡則因緣永息，流動則受苦無窮。何以明其然？夫生以形為桎梏，而生由化有；化以情感，則神滯其本，而習昏其照；介然有封，則所存唯己，所涉唯動；於是，靈轡失御，生塗日開，方隨貪愛於長流，豈一受而已哉？是故反本求宗者，不以生累其神；超落塵封者，不以情累其生。不以情累其生，則生可滅；不以生累其神，則神可冥。冥神絕境，故謂之泥洹。99

此中明顯可見慧遠對涅槃（或「泥洹」）之了解，大致取小乘觀點；但知說「因緣永息」而已。且其用語，如「生

98 《高僧傳・慧遠傳》

99 〈沙門不敬王者論〉

以形為桎梏」、「化」、「神」等，皆有比附《莊子》用語之氣息。而以「情」、「生」、「神」三層分說時，其意亦欠嚴明；然「生可滅」、「神可冥」等語，顯然皆與大乘涅槃義相去甚遠；蓋實未能體悟最高主體之義，故只能言「不累」。

其次，又論「法性」云：

無性之性，謂之法性。法性無性，因緣以之生；生緣無自相，雖有而常無；常無非絕有，猶火傳而不息。[100]

此蓋慧遠受羅什一派影響後之說；能講「因緣」與「無性」等觀念；又能知「法性」即「空」之義；然以為「因緣」為「法性」所生，則遺去佛教理論中一重要問題，足知慧遠見理甚淺也。

慧遠雖習般若，又兼受羅什影響，但其重視生死報應，則全屬小乘學人一路；故對淨土宗極感興趣，曾與劉遺民等共立誓往生淨土。此則落至凡俗一流，不待深論矣。

總之，慧遠在佛教運動中，貢獻極大，在理論造詣上，則成就甚小。本人之智慧悟境，亦多可疑。然就南中國佛教之昌盛言，則慧遠為最早有功者。故本節首及之。

慧遠之外，南方另一重要人物為竺道生。

(二)竺道生與涅槃宗

竺道生，彭城人（或云鉅鹿人，寄居彭城）；本姓魏，幼從竺法汰出家，故從師姓。竺道生出生之年無明確記載。然竺法汰隨道安至新野，然後南遊，其年為公元三六六年；至公元三八七年，法汰卒於南京。其居南方共二十二年，竺道生之拜師，當在此一時期中。又竺道生「中年」至廬山，從僧伽提婆習小乘「一切有部」義（見《廣弘明集》，釋慧琳作〈竺道生法師誄文〉）；而提婆於公元三九一年在廬山譯《阿毗曇心》，公元三九

[100] 〈大智度論抄序〉

七年即離廬山至南京，故竺道生從學，應在公元三九一至三九七年中；此時竺道生假定為三十歲左右，則其出生當在公元三六一年前後；又案誄文謂竺道生十五歲即能講經，則其出家自在十五歲前；依以上假定之年歲推之，講經當在公元三七六年前後，此時竺法汰在南方已越十載，則在其前收竺道生，亦無難通之處。

竺道生從提婆習所謂阿毗曇小乘義後，乃與慧叡、慧嚴同往長安，受業於鳩摩羅什。案公元四〇九年，劉遺民寄僧肇書云：

去年夏末，始見生上人，示〈無知論〉。[101]

可知公元四〇八年，竺道生已返廬山，攜有僧肇作品，以示劉遺民，則竺道生從羅什習般若義，當在公元四〇一至四〇八年間（羅什公元四〇一年始至長安）。此有關竺道生年歷之可考者。竺道生卒於公元四三四年。自公元四〇九至四三四年二十五年中，竺道生先居建業，後乃隱居廬山，自倡涅槃宗義。

總之，竺道生早年先習小乘，然後從羅什習般若。南歸之後，思想另有新發展。適法顯西行歸來，攜有《六卷泥洹》（即《大涅槃經》之一部分），於公元四一七年左右譯出。於是竺道生乃據此經立「佛性」之說，謂「一闡提有佛性」，一切眾生皆可成佛；而因此被諸僧抨擊，遂先往虎丘，後居廬山，力倡涅槃宗義。此其生平思想發展之大致歷程。

案《高僧傳》記竺道生在南京被擯事云：

……又《六卷泥洹》先至京都。生剖析經理，洞入幽微；乃說一闡提人皆得成佛。於是，大本未傳，孤明先發，獨見忤眾。於是，舊學以為邪說，譏憤滋甚；遂顯大眾，擯而遣之。[102]

[101] 《肇論》附載

[102] 《高僧傳・竺道生傳》

可知竺道生初據《涅槃》經文立佛性義，不為同道所容者，主要在於「一闡提人」是否能「成佛」之問題，竺道生當時殊為孤立，故受擯斥；遂先往虎丘，其後即居廬山，然居廬山不久，《大本涅槃經》之譯文已傳至南方，果與竺道生之主張相合。於是竺道生之學乃大盛。

案《祐錄》云：

> 生以元嘉七年投跡廬阜，俄而《大涅槃經》至於京都。[103]

案北涼曇無讖譯《大涅槃經》全文，在公元四二一年，不過譯本傳至南方，已是公元四三〇年，即劉宋元嘉七年也。則道生至廬山之年，大本即傳至南方；故道生最後居廬山期間，已是由受排斥轉為被崇仰之階段；而涅槃宗之大行，當亦在此時。其前之被擯，大約是公元四二八至四二九年之事。

竺道生為羅什弟子，慧遠為道安弟子。二人弘教於南方，而師承皆出自北方，似有類似之處。但以慧遠與道生相比，大不同者有兩點：

第一、竺道生本南方佛徒，受業羅什，只是遊學北方而已；其受般若義，只為增益所知，非以般若宗派之論師自居。慧遠則基本上為北方般若學者，其南來乃欲傳北方之教義。二人立場不同。

第二、如上文所述，慧遠治學甚雜；在佛教運動中，雖屬領導人物，然在理論上則成就甚小。竺道生則具哲學智慧，對「最高主體」問題，自有所悟得，故不唯能通般若毗曇等大小乘教義，且能堅持佛性之說，成為中國最早立真常之教者。就理論之貢獻言，唯日後在隋唐時，創立三宗之論師，及主張歸向印度之玄奘等，可比道生並論。此外，如僧肇之智解，尚低道生一籌（不能掌握主體性問題之究竟意義），慧遠更非其儔矣。

竺道生之著作及理論，茲作一撮述。

---

[103] 《祐錄・道生傳》

道生之著作，大半散佚。略列其目如下：

〈善不受報義〉（《祐錄》十五）

〈頓悟成佛義〉（同上）

〈二諦論〉（《高僧傳》本傳）

〈佛性當有論〉（同上）

〈法身無色論〉（同上）

〈佛無淨土論〉（同上）

〈竺道生答王問〉（《廣弘明集》）

以上應屬較重要之文件。此外，竺道生曾作《泥洹經義疏》、《妙法蓮華經疏》、《維摩經義疏》等，《祐錄》均有記載，然其文亦僅有部分遺存。故今日談竺道生之理論或思想，實有困難。茲依現有之資料，述其重要論點如下：

1. 佛性即真我

小乘無「真我」義。即般若之教，雖預認主體性，亦只重破除，而未直言「真我」。竺道生則力持「真我」之肯定。《維摩經》有「於我無我而不二，是無我義」之語，羅什一支之注文，均只就遮撥一面說，道生則云：

> 無我本無死生中我，非不有佛性我也。[104]

此是直接肯定「佛性」代表主體性，亦即「真我」，故標出「佛性我」一詞。就理論本身看，此一對最高主體之肯定，乃佛教教義中必須安立者，然論者每拘牽經論表面文字，不能直接掌握此義；道生則明確言之。

[104] 《維摩經注》

「佛性」作為「真我」，自是就覺性一面說；但嚴格言之，則「覺」與「迷」皆依「真我」而立。蓋每一組相對詞語所表之意義，必依於同一主體能力而成立；故「真我」自身之活動，可「迷」可「覺」。用舊日習語表之，即所謂「涅槃用死不二」。此「不二」非取對象意義，而是就主體意義講；蓋二境雖殊，皆是「主體之境」。主體固「不二」也。道生云：

> 夫大乘之悟，本不近捨生死，遠更求之也。斯在生死事中，即用其實為悟矣。[105]

此處措詞雖欠明晰，然其論點乃說「涅槃生死不二」，則甚顯然。

又「主體」之義既初步安立，則應知此所謂「主體性」，不能更受任何外在決定，亦不能由他因生出；由此，引至「佛性」之「本有」一斷定。道生云：

> ……良由衆生本有佛知見分，但為垢障不現耳；佛為開除，則得成之。[106]

此釋《法華》中「開佛知見」一語，道生之疏即判定「佛知見」與「佛性」為一事，蓋皆指「主體性」而言也。

2. 法身無色

自小乘學傳入中國，中國佛徒每每將純粹主體與個別意義之自我，甚至經驗意義之個人相混。竺道生倡「法身無色」之說，以明所謂「佛」，非指釋迦牟尼其人；換言之，法身非色身。此理雖至顯，但對宗教徒言，亦是一大膽之宣說。《維摩經》有「如來非四大起，同於虛空」之語，道生注云：

> 向雖推無人相佛，正可表無實人佛耳；未足以明所以佛者竟無人佛也。若有人佛者，便應從四大起而有也。夫從四大起而有者，是生死人也。佛不然矣。[107]

---

[105]《維摩經注》

[106]《法華經疏》

此謂「人佛」之觀念不能成立，蓋「人」是經驗性之對象，從四大起——即表示受現象規律決定，「佛」表超越經驗條件之「主體性」或「主體自由」，自不能是一經驗對象。換言之，所謂「佛」乃一理境，非一「人」也。此點最能顯示竺道生之智慧，蓋真能不為盲信傳統所拘，難怪不為俗眾所容也。

若「法身無色」，則對「佛」之一切雜有經驗詞義或涉及時空等詞義之描述，皆不可視為真實，故由此引至「佛無淨土」之義。道生之《佛無淨土論》已佚，茲亦可由《維摩經注》中見其論旨。《維摩經》有「菩薩隨所化眾生而取佛土」之語，道生云：

> 夫國土者，是眾生封疆之域；其中無穢，謂之為淨；無穢為無，封疆為有。有生於惑，無生於解。其解若成，其惑方盡。[108]

此是說，「國土」之類之詞義，原屬經驗界所用，屬於「有」之範圍；一切「有」皆表「迷惑」（此是佛教之根本義），故在「覺」或「解」時，方能為「無」為「淨」。故不可以經驗意義之「國土」說別有時空中之「淨土」也。經論此類說法，道生以為不外權宜設教而已，故其下云：

> 聖既會理，纖爾累亡；累亡故，豈容有國土者乎？……故知國土，名號，授記之義者，應物而然；引之不足耳。[109]

此即視「淨土」觀念為方便之說也。

再由此推進一步，「善」之「受報」，亦是方便之說；蓋就經驗界言，「報」亦無定；就最高主體言，則非因

[107]《維摩經注》
[108] 同上
[109] 同上

果或條件系列所及；皆不能立「報應」之說也。道生云：

無為是表理之法，無實功德利也。[110]

又云：

貪報行禪，則有味於行矣。既於行有味，報必惑焉；夫惑報者，縛在生矣。[111]

此謂修持不應「貪報」，否則即是外求，而形成一迷妄或結縛矣。案此點就純哲學意義看，固無困難；然佛教言未覺領域中之「報」，則不是一方便說法，而是對於現象界之主要描述。竺道生在大處能悟見主體性之究竟義，但對佛教之現象論未加考究（代表佛教「現象論」之教義，道生時亦未流傳），故其說與佛教教義亦實稍有距離也。

3. 頓悟義與一闡提有佛性義

觀道生傳文所記，可知其所以為同時僧徒所排斥者，似以「一闡提皆得成佛」一論調為主因。然道生之作已佚，唯偶有間接徵引之語。如日本沙門宗和尚撰《一乘佛性慧日抄》引《名僧傳》文云：

生曰……闡提是含生之類，何得獨無佛性？蓋此經度未盡耳。

此蓋就《六卷泥洹》言；《六卷泥洹》中雖言「佛性」，但未說「一闡提皆可成佛」之義；故竺道生據理推之，謂此經文必未全，否則不能不立「一闡提皆有佛性」之義，因若不然，則主體之最高自由不顯矣。

若立「主體之最高自由」，則「頓悟義」即可由此推出。蓋一切程序，亦表示條件關係；主體之迷悟既是自身之活動，則無論是否通過某程序，皆不能與此程序有確定關係。換言之，迷是自己之事，悟亦是自己之事；

[110] 《維摩經注》

[111] 同上

既不能由任何程序或外在條件取得保證，則就「悟」說，皆不依程序而成立；此即表示無所謂「漸悟」。「頓悟」原對「漸悟」而言，亦即就「不依程序而受決定」說。此是「頓悟」之根本義。

其次，言「頓悟」尚有另一意義，即一悟便全悟，非先悟一部分，再悟另一部分。此即所謂「理不可分」之義。案慧達在《肇論疏》中言及竺道生之「頓悟」理論；其文云：

而頓悟者，兩解不同。第一：竺道生法師大頓悟云：夫稱頓者，明理不可分；悟語極照，以不二之悟，符不分之理。……見解名悟，聞解名信；信解非真，悟發信謝。[112]

此所述道生義，實謂此真正體悟，無步驟可說，因「理不可分」，「悟」本身亦是「不二」。但此指真悟見而言；若「聞解」則只是「信」，「信」是未「悟」前事。一旦真悟，則不須依賴「信」。足見竺道生對通常修持之程序，皆視為未悟前之事。未悟前可以有培養階段，但培養有無成果，仍仗自己，故真「悟」時仍是「頓」，因不能從培養中決定何時能「悟」也。故道生曾云：

一念無不知者，始乎大悟時也；以向諸行，終得此事，故以名焉。[113]

「大悟」指「頓悟」而言；「悟」指「主體性」之全面展露，故就此說「無不知」，非指經驗知識；學者不可在此等處誤解其意。其下謂以昔有之培養而終得「悟」，即指「漸修」而說；蓋道生亦非反對修持，但說「悟」由自己之主宰，故只能是「頓」耳。

至此，道生之說，大旨已明；其基本方向乃真常之教，而嚴分「信」與「悟」時，則已有棄傳統而歸於一心之意味。就此著眼，亦可說竺道生之理論，已隱隱走入日後中國禪宗之路數矣。

[112]《肇論疏》

[113]《維摩經注》

頓悟之義，謝靈運曾作〈辯宗論〉，力加支持。佛性之義，則慧叡作〈喻疑論〉，代為辯護。但此二人之說，大抵只循道生之說而發揮，乃道生僅有之同調者之言；在當時固極可貴，就哲學史立場言，則無特殊重要性。茲略引一二於下，以結束本節對竺道生之論述。

慧叡述《涅槃經》佛性義云：

> 今《大般泥洹經》，法顯道人，遠尋真本，於天竺得之；……此經云：泥洹不滅；佛有真我；一切眾生皆有佛性。皆有佛性，學得成佛。佛有真我，故聖鏡特宗，而為眾聖中王；泥洹永存，為應照之本。大化不泯，真本存焉。[114]

此中數語，足代表所謂「涅槃宗」之主要觀念，唯未提「一闡提」之成佛問題；蓋慧叡所論，係就《六卷泥洹》說，而六卷中本無「一闡提皆得成佛」之論，故慧叡雖贊成道生宗旨，仍未言此義。

其下，慧叡又云：

> 而復致疑，安於漸照，而排跋真誨；任其偏執，而自幽不救。其可如乎？[115]

案此是指反對者說，不待解釋。〈喻疑論〉中最有趣者乃慧叡引及羅什當年之語，以助佛性說之聲勢。此因慧叡亦曾在羅什門下，故有此種直接資料。其言云：

> 什公時雖未有《大般泥洹》文，已有《法身經》，明佛法身即是泥洹；與今所出，若合符契。此公若得聞此，佛有真我，一切眾生皆有佛性，便當應如白日朗其胸襟，甘露潤其四體，無所疑也。……或時有言，佛若虛妄，誰為真實？若是虛妄，誰為其主？如其所探。今言佛有真業，眾生有真性，

114 〈喻疑論〉

115 同上

雖未見其經證，明評量意，便為不乖。

而亦曾問：此土先有經言，一切眾生皆當作佛。此云何？答言：《法華》開佛知見，亦可皆有為佛性；若有佛性，復何為不得皆作佛耶？但此《法華》所明，明其唯有佛乘，無二無三；不明一切眾生皆當作佛。皆當作佛，我未見之，亦不抑言無也。若得聞此正言，真是會其心府，故知聞之必深信受。116

此段文字或小有訛脫，但大旨極明。所引羅什之答，表明羅什亦不反對一切眾生皆當作佛之說；並引《法華》為據。但羅什又以為《法華》本旨在於表明本經只說佛乘，而非立眾生皆當作佛之說；故最後謂「我未見之」，不下斷語。慧叡遂言，若羅什見《大般泥洹經》，必將信受；此蓋引羅什以支持《涅槃》理論也。

至於謝靈運則一向被認作述道生佛性及頓悟義者，且謝靈運曾參與《涅槃》南本之整編工作，則本身亦取涅槃宗立場者。慧達亦云：

謝康樂靈運〈辯宗〉，述生師頓悟也。117

但觀〈辯宗論〉之文，則仍不脫「格義」舊習，對儒佛強為拉攏，實非精嚴之作；然此文代表當時文人之一種思想趨勢，則無可疑，故亦有其重要性。

謝文云：

同遊諸道人，並業心神道，求解言外，余枕疾務寡，頗多暇日；聊申由來之意，庶定求宗之悟。

釋氏之論：聖道雖遠，積學能至；累盡鑒生，方應漸悟。孔氏之論：聖道既妙，雖顏殆庶，體無鑒周，理歸一極。

---

116 〈喻疑論〉

117 《肇論疏》

有新論道士以為：寂鑒微妙，不容階級，積學無限，何為自絕？今去釋氏之漸悟，而取其能至；去孔氏之殆庶，而取其一極。一極異漸悟，能至非殆庶；故理之所去，雖合各取，然其離孔釋矣。余謂二談救物之言，道家之唱，得意之說；敢以折中自許，竊謂新論為然。[118]

謝氏此說，若就嚴格標準觀之，可謂一片荒唐之語；蓋首先判釋氏與孔子之說，即屬揣想之辭；孔子何嘗說過「理歸一極」？何嘗涉及頓漸問題？而且「體無」乃王弼之語，本與孔子之學無干。謝氏乃引以為據，可謂夢中說夢矣。然六朝文人之淺陋，固不必再論；今就此文而看謝氏所代表之態度，則其可說者，是頓悟之義，為此類談佛教之文人所深喜，故以「新論」為是也。

謝文中又謂「華人易於鑒理，難於受教」，「夷人易於受教，難於鑒理」；此說雖亦是無根之談；若作為分別「宗教性」與「哲學性」看，則非完全無當；蓋印度傳統中宗教性特強，而中國儒學傳統則重「理」不重「教」也（所謂「教」，指信仰說；所謂「理」，指理性說）。

此外，論中又為問答之辭，說明雖有工夫，終須有一開悟時，故「悟」終是「頓」；此點前已說及，無甚深義蘊。茲不再贅引。

涅槃宗之說，最初雖為僧徒所反對，但非真有一定理論與之對抗。真在理論上對抗竺道生者，為其同學慧觀。慧觀作〈漸悟論〉，反對「頓悟義」。其立場特重「三乘」之別。其言云：

問三乘漸解實相曰：經云，三乘同悟實相而得道，為實相理有三耶？以悟三而果三耶？實相唯空而已，何應有三？若實相理一，以悟一而果三者，悟一則不應成三。答曰：實相乃無一可得，而有三緣；行者悟空有淺深，因行者而有三。[119]

---

118 《廣弘明集・辯宗論》

此文未知是否屬〈漸悟論〉之一部分；其論旨在於說明何以有「三乘」之別。三乘指自我之造境而言，故覺悟有高低深淺之殊，所至之境界亦因之不同，故實相雖不能有三，然「因行者而有之」也。

此說即隱含對「頓悟」義之否定，蓋如三乘之階梯不廢，則成無上覺自有等第工夫，不得不言「漸修」矣。此處所涉理論問題，後文論禪宗時當再評析。

此外，有託名僧肇之〈涅槃無名論〉。此論為後人偽作，蓋時代不符，茲不作討論。

道生創立涅槃宗，自某一意義說，可說為日後中國三宗之先聲；然流傳似不甚廣。南中國致力涅槃之學者，日後以寶亮最為重要。寶亮在梁武帝時，編撰《涅槃義疏》，收道生以下各論師之言。今本另標題為《大涅槃經集解》；或說此非寶亮之書，待考。

涅槃宗最大之意義，為影響日後之天台教義。天台雖宗《法華》而兼取《涅槃經》，其所以如此，當因《涅槃經》講論已久，適符《法華》旨趣，則道生之影響不止於本宗也。

(三)真諦與攝論宗

慧遠代表南中國佛教第一階段之領導人物；竺道生年輩實後於慧遠（慧遠約長於竺道生三十歲。湯用彤先生因法汰曾與道安同學，遂謂「故道生與遠公為平輩」。實則以年齒論，道生之時代顯然後於慧遠；以行輩言，則道生為羅什門人，慧遠與羅什乃以平輩禮交往，亦不可謂二人同輩也）。其立涅槃宗，可看作南中國佛教運動之第二階段。道生卒於公元四三四年，其後南中國之佛教宗派，大抵以小乘阿毗曇學、般若三論之學及涅槃之學為主。至公元五〇八年，《十地經論》在洛陽譯出，唯識妙有一系之說，方正式開始流行於北中國。再後四十年，公元五四八年，印度僧人真諦乃由南海至建業。此後無著世親之學乃開始行於南中國。故真諦與其所立之

---

119 〈三乘漸解實相〉，《名僧傳》鈔載此文，為慧觀作

「攝論宗」，實代表南中國佛教之第三階段。此階段實亦即中國南北分裂後，南方佛教之最後階段，蓋真諦逝世在公元五六九年，其後二十年，陳亡於隋，楊氏統一中國，南北分裂之局亦即結束矣。

茲先述真諦之來華年歷如下：

真諦生於公元四九八（或四九九）年。公元五四六年，真諦年四十八歲，始至南海。

公元五四八　真諦抵建業。

五五〇　在富春譯《中論》、《如實論》等。

五五二　重至建業。是年三月侯景敗遁。真諦居金陵正觀寺，譯《金光明經》。

五五三　仍在金陵譯《金光明經》。其時真諦漸通華語。

五五四　在九江，旋至豫章，住寶田寺。曾為警韶講《唯識論》。後往始興。據傳，是年出《大乘起信論》於始興。自此留始興二年。

五五七　二月至南康。

五五八　七月返豫章，在棲隱寺出《大空論》三卷。至臨川郡出《中邊分別論》三卷，並作講疏。後又往晉安，在佛力寺譯《正論釋義》五卷。

五五九　譯《立世阿毗曇》十卷。欲離華他往，僧俗留之。

五六一　真諦汎小舶至梁安郡，欲易大船返印度。太守王方奢留之，乃暫止。

五六二　重譯《金剛經》，依世親義作釋。此時已善解華語，不須傳譯。九月離梁安，欲返印度；十二月因遇風飄抵廣州。廣州刺史歐陽頠延住制旨寺，請譯經論。

五六三　應慧愷請，譯《大乘唯識論》（即《唯識二十論》）一卷。又作講釋。三月應歐陽頠子歐陽紇請，出《攝大乘論》；自譯其文，慧愷筆受；僧忍等同習。十月完成〈本論〉三卷，〈釋論〉十二卷，〈義疏〉八卷。是年九月，歐陽頠卒，子紇繼任。

五六四　譯《俱舍論》，慧愷筆受。又講說此論。

五六六　應慧愷僧忍之請，重譯《俱舍論》並重作講解。

五六八　真諦年七十歲，有厭世意；至南海，欲自殺；慧愷等勸止，還留王園寺。是年八月，慧愷講《俱舍》未終而病死。真諦傷痛，後亦病。

五六九　真諦作遺文，付弟子智休；正月十一日逝世。

真諦所譯經論，不詳譯年者甚多。其重要者，如《決定藏論》為其立說所依，亦不知何年譯出。又真諦來華，所攜梵本極多，其譯出者僅其中一部分而已。至於疏記之類，多屬自己講解經論之語，弟子記錄而存之，又與翻譯梵文之作不同。

真諦乃承無著及世親之理論者。其學最初頗不能為時人所接受；蓋唯識之學，在南方向所未有。南朝帝王，如梁武帝，皆好般若成實之說，陳武帝亦然。風氣影響，唯識理論遂受排斥。後真諦居廣州，其學方漸流布；逝世後，弟子法泰、僧宗、道尼等，始往建業九江一帶傳真諦之學。其後靖嵩北往彭城，《攝論》方漸漸流傳北方。而地論宗之曇遷，避難南遊，習《攝論》義，亦於彭城開講。曇遷至隋煬帝時始逝世；生平宣揚唯識之學，尤重《攝論》之講授，可謂「攝論宗」之主要人物。

攝論宗之理論，主要特色在於立「第九識」（「阿摩羅識」或「無垢識」），以說覺悟之動力。此點前文已有引述。此處當對此一理論稍作剖析。

北方「地論宗」雖依《十地經論》，但取《楞伽經》助成其說，故以為「第八識」是「真識」，今南方之「攝論宗」雖依《攝大乘論》，然取《決定藏論》為助，故主第九識。就理論問題本身著眼，則唯識之學中對覺悟之動力問題，解釋確有龐雜不明之苦。唯識理論本身與般若之學之最大差別，原在於唯識一支多一「現象論」成分；但此現象論結構本身只能顯出幻妄之成因，而不能提供破幻之動力。畢竟此「悟」或「覺」本身如何建立，乃有關全部修持之意義之問題；既不能自其現象論中獲得確解，於是理論上不外四種可能以說「轉識成智」（覺悟）問題：

第一、以八識中本有代表覺悟動力之識，此即《楞伽》、《地論》之說，以阿賴耶為真常淨識。即阿賴耶轉其他各識。

第二、在八識以外另立一覺悟動力，以轉八識。此即攝論宗依《決定藏論》所立之說——以第九識為對治阿賴耶者。

第三、以阿賴耶識作為「真我」之一狀態，換言之，真我不能覺，即成為「阿賴耶識」；一覺即成為清淨如來藏。此是以八識運行作為主體之一套活動，但以離此運行為主體之另一活動。於是，或迷或覺，皆是主體活動，此主體本身不名為「識」，只在「迷」時之活動，以「諸識」說之。悟時即無「識」可言。此即《大乘起信論》中「一心開二門」之論，亦與地論師之南道一支相近。

第四、在阿賴耶識中，取其一部分功能作為覺悟之動力；此則不於八識外另有所立（不立第九識，亦不立異於「識」義之主體或「心」），只就阿賴耶所藏「種子」立論。於是，持此說者，必以一雙無限性之軸，說明其間任何一點之地位。淺言之，即以「覺悟動力」為「無漏種子」，而以無限性之雙軸表明發展與交互影響。此說即世親後學依《唯識三十論》所立之教，即所謂「成唯識論」一支之說也。此種理論之現象論色彩特濃，其中含有微妙之"Paradox"。對「主體性」之根源問題，不作正面解答。從一角度看，此說最能守「唯識」之立場，蓋迷覺染淨，皆收入「阿賴耶識」中，真是「唯識」矣。但從哲學思想之發展看，則此說不能暢明主體性，而自造一概念迷宮，雖是「自足」，亦是「自限」也。

學者如對此四種理路有所了解，則真諦所立之「攝論宗」之立場即明。至於真諦本人之著作，則今已不傳。後人有述之者，茲略引一二，以結束本節之敘述。

唐代僧人圓測，解說《解深密經》時，曾云：

> 真諦三藏，依《決定藏論》，立九識業，如九識品說：言九識者，眼等六識，大同《識論》；第七，阿陀那，此云執持；執持第八為我我所；唯煩惱障，而無法執，定不成佛。第八，阿梨耶識，自有三種：一，解性梨耶，有成佛義。二，果報梨耶，緣十八界；故中邊分別偈云，根塵我及識，本識生似彼。依彼論等說，第八識緣十八界。三，染汙阿梨耶，緣真如境，起四種謗，即是法執，而非人執；依安慧宗，作如是說。第九，阿摩羅識，此云，無垢識；真如為體。於一真如，有其二義：一，所緣境，名為真如及實際等。二，能緣義，名無垢識，亦名本覺。[120]

圓測所處之記述，究竟與真諦本人理論之差異如何，殊難判定。但首先應注意者，是所說第七識，雖用「阿陀那」名，但圓測之解釋，顯與「末那」極為近似；然《解深密經》本文出「阿陀那」一名，即指「種子識」而言，所謂「一切種子如瀑流」；是則「阿陀那」相當於世親《三十論》中所說之「阿賴耶」；非「執持第八為我我所」之義。真諦為宗《攝論》而立說，不立「末那」之名，則其用「阿陀那」名時，何以又不取經義，轉以之作為「末那」之別稱；其理實頗難解（此可能涉及《決定藏論》之譯語問題。姑略）。

其次，依圓測所說，有「解性梨耶」，又另有第九識，則「解性梨耶」仍非「本覺」，不能自轉；然則其所

120 《解深密經疏》，卷三

謂「解性」，在何意義上成立？是否謂「阿梨耶」中獨此一部分能接受「本覺」之影響？若是此義，則整個「轉識成智」之說，亦將大有困難；因「識」若有「可轉」、「不可轉」之分，則四智何由成立乎？

至於謂「阿摩羅識」以「真如」為體，然後分別「真如」有主客（或「能所」）二義，以「阿摩羅識」表真如之「主體義」（即所謂「能緣義」），本無困難；但若參照他人之敘述，即又有不同。如定賓云：

真諦三藏云：阿摩羅識有二種，一者所緣，即是真如；二者本覺，即真如智。能緣，即不空如來藏；所緣，即空如來藏。[121]

此是以為「阿摩羅識」又分為「能所」，與圓測以「真如」為分「能所」之說大異。依圓測說，「真如」之「能緣義」，「名無垢識」。所謂「無垢識」即「阿摩羅識」也。依定賓說，則「無垢識」（阿摩羅識）本身又「有二種」，分為「能所」，此則使「阿摩羅識」不成為「主體義」矣。二人所述相異如此，畢竟何說是真諦之意，亦難斷定。

就理論言，謂「真如」與「無垢識」即一體在主客二義下之異名，自無不可；但此既不指「真如」有「二義」，亦不指「阿摩羅識」有「二種」。譬如，論感覺時，學者可說，主體一面有「感覺能力」，客體一面有「感覺內容」；此二者相依而立，乃「感覺活動」之二面；但不能說「感覺內容」分為二種，其一是「感覺能力」；亦不能說「感覺能力」分為二種，其一是「感覺內容」也。倘真諦立「阿摩羅識」之意，是以為「真如」與「阿摩羅識」為一體之兩面；則圓測定賓之說，皆非原意。惜今不得真諦之著作，以定其是非也。

又地論師慧遠之弟子有辯相，深受《攝論》影響；辯相弟子靈潤，專習《攝論》，並造義疏，為攝論宗之名僧。而後世記靈潤之學說，則謂：

---

121 《四分律疏・飾宗義記》，卷三

至如攝論梨耶，義該真俗。真即無念性清。諸位不改，俗即不守一性，通具諸義。轉依已後，真諦義邊，即成法身，俗諦義邊，成應化體；如未轉依，作果報體。[122]

此言梨耶轉依後，在真諦一面即成「法身」；俗諦一面，則轉依後是「應化」之「體」，未轉依便是「果報體」；此似謂阿梨耶本身即有兩面功能，其一面即通「法身」，然則何處安頓「第九識」乎？此表示攝論宗後學所說，實日漸與地論宗接近；而兩方之學說，均有步步肯定「迷覺乃一體之兩面」之趨勢。而此正《大乘起信論》中所謂「一心開兩門」，亦即上列之第三種可能成立之理論也。至此，本書當對《大乘起信論》之內容稍作敘述。

(四)《大乘起信論》

《大乘起信論》久已被學者斷為偽書，然所謂「偽」者，指其託名「馬鳴」而言；最多包括「非真諦譯」一點，並非說此書全無意義也。茲撇開此書之作者問題，專對此書之理論，作一敘述評估。

1.《大乘起信論》之真偽問題

《大乘起信論》舊傳為馬鳴作；譯本有二，一為真諦譯，稱梁譯；另一為實叉難陀譯，稱唐譯。但此書之作者及譯者，均有疑問。自隋時均正即謂，翻經目錄中不見此書；但吉藏仍稱之為「馬鳴論」。費長房著《歷代三寶記》，仍作「梁真諦譯」。近代日本考證者多謂本書並非真諦譯，梁啟超作〈大乘起信論考證〉，則進而斷為中國佛徒所作。另一面，專宗成論之「支那內學院」諸人，又皆說本書乃中國僧人所造之偽書。維護《起信論》者，則有太虛大師。然雙方之論皆無確定證據；大抵從理論是非著眼。其實一書之時代作者，與其理論之是非，不是同類問題；且馬鳴本人之思想事跡，原不可考。不論吾人今日謂《起信論》內容是好是壞，是正是謬，皆不能據此以推定此書與馬鳴之關係也。

---

[122]《續高僧傳》

然玄奘遊印度，其時發現印度並無此書，遂由中文還譯為梵文，以示印度僧眾；依此，則此書是否真由梵本譯出，亦確有可疑。至於是否為真諦所譯，亦難考定。不過真諦之思想，不似馬鳴之難知；故取此書內容與真諦理論比較，尚可觀其同異。但僧人譯經，亦未必皆限於與自身思想相近者。若嚴格論之，則此點實亦無法得確定結論也。

但有兩點是無問題者，即第一，此書出於南朝末年。第二，此書思想屬真常之教一系，與般若之學不同；與攝論、地論二說，則有近似處，亦有殊異處；可說代表一頗為特殊之態度。若以思想之深度言，則此書應成於攝論及地論二宗立教之後。此兩點亦適可互相證成。蓋隋以前，攝論、地論興起以後，即南朝最後二三十年也（參閱上文真諦之年歷，即可知）。

故此書之時代仍無大問題，但其作者譯者究為何人？甚至是否根本非譯本而是中國人自造之論？則皆不能決定。以下僅述此書之理論，不再涉及考證問題。

2.《大乘起信論》之理論

《大乘起信論》所立理論，就方向而言，屬於真常之教。蓋立論主旨，在於立一「心」表最高主體，亦作為萬法之源；對迷覺及染淨等佛教傳統問題，皆就此「心」之兩狀態說之。於是，一心二門，悉收萬法。此與避免說「真我」或「主體」之種種教義，皆顯然不同。若就此書之用語觀之，則書中以「阿梨耶識」為生滅心，又說「熏習」之理，皆與《攝論》極近；另一面說「心、意、意識」，又頗似地論家之義；則此書思想亦有濃厚唯識色彩（案此取廣義，非以《成唯識論》單獨代表「唯識」也）。故就全書觀之，此論可說是通過唯識學說而立真常之教者。

其次，略觀本論之內容。依現代高僧印順之講記，則可將全論分為六章：

第一章　歸敬與造論之意趣
第二章　造論因緣
第三章　成立大乘法義
第四章　大乘法義之解釋
第五章　修行信心分
第六章　勸修利益分

若依原書，則標為五分。原文云：

有法能起摩訶衍信根，是故應說。說有五分。云何為五？一者〈因緣分〉，二者〈立義分〉，三者〈解釋分〉，四者修行〈信心分〉，五者勸修〈利益分〉。[123]

此即除論本文前之頌而分全文為五部分，印順將頌文與此段五分之總說作為第一章。其他無大差異。本論之主要理論，見於〈立義分〉與〈解釋分〉，即印順所定之第三、第四兩章。其前之〈因緣分〉，說明造論之「因緣」，即造此論之理由；其語大抵皆常套，如救「眾生」之類；較可注意者是說：

如是，此論為欲總攝如來廣大深法無邊義故，應說此論。[124]

足見本論作者固以綜合者自居。亦可作為非「馬鳴」造之旁證；蓋此必成於眾說皆出之時，否則不能言「總攝」也。

其次，觀〈立義分〉。〈立義分〉說明「法」與「義」；「法」指大乘法之全面觀點說，「義」則分解「大」

[123] 《大乘起信論》
[124] 《大乘起信論・因緣分》

與「乘」之意義。故論云：

所言法者，謂眾生心；是心則攝一切世間法出世間法。依於此心，顯示摩訶衍義。何以故？是心真如相，即示摩訶衍體故；是心生滅因緣相，能示摩訶衍自體相用故。

此段包括兩要點。第一是「心」作為一切法之本，且即「眾生心」；第二是「心」有兩種活動，即有「真如」與「生滅」兩面，呈現為兩種境域。

就「心」作為一切法之本說，「心」即最高主體性；迷覺染淨，皆不外此「心」；於是此「心」不僅能觀一切法，且實生一切法。就此「心」即「眾生心」說，則最高主體性並非外在於當前之自覺；故此處即涵有「聖凡直通」之義。每一個體之自覺，皆通往最高主體性；此在眾生皆同。是義與中國先秦儒學之心性論較近，與印度之種姓觀念則大大不同矣。

此「心」既是最高主體性，則一切染淨諸法自不能不皆由此「心」決定或生出；因此，就迷覺或染淨分判，此「心」即應有兩面活動。此所以有「一心二門」之說。

關於釋「大」字及「乘」字一節，無甚新義，但論中表示此「乘」皆指向「如來地」，則隱隱有「一乘」色彩，然未詳說，茲不贅。

「一心二門」之義，在〈解釋分〉中方詳說。論云：

解釋分有三種。云何為三？一者顯示正義，二者對治邪執，三者分別發趣道相。

故〈解釋分〉劃為三部分；其一部分「顯示正義」，即其所持之正面理論。論云：

顯示正義者，依一心法有二種門。云何為二？一者心真如門，二者心生滅門；是二種門皆各總攝一切法。此義云何？以是二門不相離故。

此即所謂「一心二門」之義也。然有應加注意者，是二門「皆各總攝一切法」；此種說法乃佛教慣用之表述，須稍說明。

「真如」與「生滅」既分為「二門」，何以又「皆各總攝一切法」？此蓋將「二門」視為一「心」活動之兩方向而說。譬如，由甲地至乙地，所經之一切地點，與由乙地至甲地所經者，實無不同；然此二行程方向相反。就「真如」與「生滅」論，「生滅」一門是由「心」之某一方向之活動說；「真如」一門是就另一方向說。但一切法皆可由「真如」看，亦可由「生滅」看。「真如」指主體性之超「生滅」講，「生滅」指主體性之違「真如」講；由此，「真如」與「生滅」乃相依而立之概念。迷時一切迷，覺時一切覺；且「覺」是「由迷而覺」，「迷」是「由覺而迷」；此所以說「以是二門不相離故」，此與《成唯識論》之說「有漏種」、「無漏種」不同。

「心真如」即指最高主體性講，故「心真如」不生不滅，而且是一切法之總根源。故論云：

> 心真如者，即是一法界大總相法門體，所謂心性，不生不滅。[125]

所謂「法界」即指一切法之整體。一切法皆以「真如」為根源，故「真如」即涵攝一切法，亦即是「大總相」。就一切「法門」說，亦是以此「心真如」為「體」，故原文如此釋「心真如」（案此處語法欠順，似本論實屬譯文，或不精中文者所作）。其下，加「所謂心性」一語，表示「心真如」即「心性」，乃超生滅者。

其下續謂：

> 一切諸法唯依妄念而有差別；若離心念，則無一切境界之相；是故一切法從本已來，離言說相，離名字相，離心緣相，畢竟平等，無有變異，不可破壞；唯是一心，故名真如。[126]

---

125 《大乘起信論．解釋分》

126 同上

此謂「對象性」本身並非實有，故一切法皆依妄念而起，呈現種種屬性（分別）；離心念則無一切外境可說；此處「心念」乃指經驗意識。「對象性」既如此撤消，故可說「法性」即「空」；但本論立「主體性」以攝「對象性」，故進而說「唯是一心」。此與般若之說亦稍異。

其下文謂，一切言說原皆不能表此真如；蓋言說之用僅在於破除妄執。在究竟義上，一切法皆主體之活動，故一切法之實相則不可作為認知對象（可認知之屬性皆名為「差別」）。故論又云：

> 言真如者，亦無有相；謂言說之極，因言遣言；此真如體無有可遣，以一切法悉皆真故；亦無可立，以一切法皆同如故。[127]

由此，結論謂：

> 當知一切法不可說，不可念故，名為真如。[128]

「不可說」、「不可念」即法之實相非「認知對象」之意也。

以上釋「真如」非「認知對象」外，同時亦點出「理論」之作用，即「因言遣言」；一切言說雖不能真描述此「真如」，但有破除妄執作用，故亦可方便施設。此亦即《大般若經》中說「施設言說」之意也。

「真如」若依方便為說，亦可標出兩個根本意義；此即「空」與「不空」，故論云：

> 此真如者，依言說分別，有二種義。云何為二？一者如實空，以能究竟顯實故；二者如實不空，以有自體具足無漏性功德故。[129]

---

127 《大乘起信論·解釋分》

128 同上

129 同上

案此就「空」與「不空」二義說「真如」，二者皆是實相，故各加「如實」二字。就「空」義說「真如」，乃因觀「空」可以顯「實」；就「不空」義說「真如」，乃因究竟義之主體性，實生起一切；即作為價值根源之真我。換言之，說「真如」時，或從反面著眼，即由「對象性」非「實有」一真實道理，以顯「真如」；或從正面著眼，即由「主體性」為「大本」一真實道理，以顯「真如」。兩者皆是真實道理，故稱為「如實空」與「如實不空」；而所謂「無漏性功德」即指主體性之一切正面活動說；但此處「無漏性」一詞不可忽略，蓋本論雖肯定主體有正面活動，然此種活動只限於超經驗意義，非經驗意義；故標明「無漏」，以別於「有漏」。此是佛教基本立場，若不點明，則將與儒學立場相混矣。

其下釋「空」云：

> 所言空者，從本已來一切染法不相應故。……乃至總說：依一切眾生，以有妄心，念念分別，皆不相應，故說為空。若離妄心，實無可空故。[130]

案此表明「空」即「不相應」之意，是就「妄心」所生「染法」說。此所謂「不相應」指「與真如不相應」，即通常所謂「不合真相」之意。可知本論對「真」字用法不同，但以「不相應」說「空」，仍與般若空義無別；不過般若之學以「法性」、「真如」、「空」三者互解互詮；不說另有「不空」之「真如」。本論則依真常之教，肯定主體或真我，故說「不空」一面。論云：

> 所言不空者，已顯法體空無妄故，原是真心；常恆不變，淨法滿足，則名不空；亦無有相可取，以離念境界，唯證相應故。[131]

---

[130] 《大乘起信論・解釋分》

[131] 同上

此點「不空」義即就「真心」（最高主體）而言。此「真心」有完整之主體性，故常淨而名「不空」。但此主體性非對象，故說「無有相可取」，乃主體親證之境界，而非一觀念，故說「離念」，又說「唯證相應」。「證」即「親證」，以別於取相之認知。

以上論「心真如」一門，主要在「空」與「不空」二義。以下論「心生滅」一門。論云：

> 心生滅者，依如來藏故有生滅心，所謂不生不滅與生滅和合，非一非異，名為阿黎耶識。[132]

此處出「阿黎耶識」名，而即以此指「生滅心」。可知，在本論中，「阿賴耶」（或「阿黎耶」）實視為「真我」之一狀態也（參閱前文論「攝論宗」一段）。

論「心真如」時，說「不生不滅」；茲論「生滅心」或「阿黎耶識」，則說「和合」；此義應加說明。所謂「和合」或「非一非異」，皆須扣緊主體性說，其理始明。「心真如」表主體性之純粹境界，故超生滅，但一切「生滅」並非由外來，而實亦由此同一主體之活動而呈現；說「依如來藏故有生滅心」，便表明生滅非由外來。「生滅心」既依「如來藏」而有（亦即「依真心而有」），則主體作如此迷蔽之活動時，就此「迷蔽」境界說，非主體自由純粹之境界，故云「非一」；但畢竟迷蔽乃主體自身生出，作迷蔽活動者仍是此主體；故云「非異」。「非一非異」，乃稱「和合」。以此，說「阿黎耶識」有「生滅」與「不生不滅」和合之義，即是一面點出「迷蔽」之為「迷蔽」，另一面守定「迷蔽亦由主體生出」一義。此本論之大宗旨；其義接近《楞伽》、《密嚴》、《勝鬘》諸經。總之，即是以「阿賴耶」為真我之一狀態，如上文所論者。茲不詳作比較。

其下又以二義說「阿黎耶識」。論云：

> 此識有二種義，能攝一切法。生一切法。云何為二？一者覺義，二者不覺義。[133]

[132] 《大乘起信論‧解釋分》

此順上文而再作發揮。阿黎耶識既有染有淨，故即有「覺」與「不覺」二種意義。

以下即從「生滅心」一方面看一切法。所謂「覺」原即「心真如」所表之「主體性」。就「生滅心」或「阿賴耶識」一面看，此「主體性」時時仍在，但未能完全顯現；依此說「覺」。另一面「主體性」既未完全顯現，必有所蔽；依此說「不覺」。「覺」及「不覺」，正與「空」及「不空」相比而立。論云：

所言覺者，謂心體離念；離念相者，等虛空界，無所不遍；法界一相，即是如來平等法身。依此法身，說名本覺。何以故？本覺義者，對始覺義說；以始覺者，即同本覺。[134]

此先指出「覺性」本身，即是最高主體性，故亦即法身；然後以此「覺性本身」與「覺性之顯現」並立而說，遂有「本覺」與「始覺」之分。但「始覺」只指「本覺」之顯現，並非另有其性，故又謂「即同本覺」。「始覺」一觀念，乃依於「本覺」可能不顯現而立，若常顯現即不需要立此觀念，故論云：

始覺義者，依本覺故，而有不覺；依不覺故，說有始覺。[135]

換言之，因「本覺」之不顯，故有「不覺」；轉「不覺」為「覺」，乃有「始覺」觀念。如此「覺」之過程，又有階段不同，故又說：

又以覺心源故，名究竟覺；不覺心源故，非究竟覺。[136]

其下再舉「覺」之次第，茲從略。

---

133 《大乘起信論・解釋分》
134 同上
135 同上
136 同上

總之，所謂「覺」即是「離念」之主體自由境界，故眾生未曾離念，即「不名為覺」。「本覺」有所「染」，即有「不覺」，但此覺性並不滅壞；換言之，「心」雖在迷蔽之中，本身並不「滅」。主體之某種活動可以息止，主體本身則無生滅。故論云：

> 以一切心識皆是無明；無明之相，不離覺性；非可壞，非不可壞；如大海水，因風波動，水相風相不相捨離，而水非動性。若風止滅，動相則滅，溼性不壞故。如是眾生自性清淨心，因無明風動；心與無明俱無形相，不相捨離；而心非動性，若無明滅，相續則滅，智性不壞故。[137]

此處標出「無明」一詞。以「無明」為迷妄之源，乃佛教通義。「心」為無明所蔽時，即成為「不覺」；如風動水；但「心」之智性不壞，如水之溼性不壞；故「本覺」之顯現過程，即除「無明」之過程；其下又就「覺」本身立「四種大義」以描述之，從略。

就「覺」言如此。其下論「不覺」云：

> 所言不覺義者，謂不如實知真如法一故，不覺心起而有其念。念無自相，不離本覺。猶如迷人，依方故迷；若離於方，則無有迷。眾生亦爾。依覺故迷；若離覺性，則無不覺。以有不覺妄想心故，能知名義，為說真覺。若離不覺之心，則無真覺自相可說。[138]

此段先說所謂「不覺」，即不如實知「真如法一」，換言之，即不悟見主體性之統一。此即自我之封鎖。其次申說，「覺」與「不覺」二義相依而立；正如有一定「方向」觀念，然後能說某人「迷失方向」；倘無「方向」，亦無「迷失」可說；因此，說「不覺」乃預認「覺性」，而只以「覺性」之不顯說「不覺」。此即「若離覺性，

---

137 《大乘起信論・解釋分》

138 同上

則無不覺」二語之本旨。此是就意義本身說，非就工夫說。「不覺」之意義，依於「覺性」之意義方成為可解，並非謂如此作工夫。此等處不可誤解，否則頭緒即大亂矣。

其下又論「不覺」之「三種相」，為「無明業相」、「能見相」及「境界相」三者；換言之，由主體自身之昏蔽，故自身陷入「無明」，即有主客之分裂，而生出幻妄之客體性。但此中終以「無明」為主；故此段論各相後，結語云：

當知無明能生一切染法；以一切染法皆是不覺相故。[139]

以上所論，就「阿黎耶識」或「生滅心」言，即直扣當前之自覺意識講。此中主體性未純粹未顯現，故有不覺義；但非無主體性，故有「覺」義。而「不覺」之狀態即主體為「無明」所覆蔽之狀態。然則「無明」何來？此在佛教理論中，罕有作正面交代者，然其意自是謂「無明」亦主體自身所生。但風水之喻，則似使人以為無明在心外，猶風在水外，此亦一切唯識理論用比喻時不能免之語病也。

本論下文論「生滅因緣」，提出「心、意、意識」三觀念，說依「阿黎耶」或「眾生心」方能說「無明」。其言云：

生滅因緣者，所謂眾生依心，意，意識轉故。此義云何？以依阿黎耶識說有無明，不覺而起，能見，能現，能取境界；起念相續，故說為意。[140]

案此所謂「心、意、意識」即相當於第八、第七、前六識。將前六識皆稱為「意識」，是印度原有之一說。此處之「意」應即「末那」；「心」則指「生滅心」，即「阿黎耶識」。此處點明依阿黎耶方能說「無明」；又以「無

---

[139] 《大乘起信論・解釋分》

[140] 同上

明」為幻妄根本，但「無明」一現，即有第七識之發用，故下文點出「意」字。

然則由無明至一切妄幻雜染法之生起，皆是此「心」自陷幻妄之故，由此，論中作斷語以明宗旨云：

> 是故三界虛偽，唯心所作；離心則無六塵境界。此義云何？以一切法皆從心起妄念能生；一切分別即分別自心。心不見心，無相可得。當知世間一切境界，皆依眾生無明妄心而得住持。是故一切法如鏡中影，無體可得。唯心虛妄。以心生則種種法生，心滅則種種法滅故。[141]

案此所謂「心」皆指「無明妄心」，可知「無明」乃「心」或「主體」所生矣。全段立「唯心所作」義，即表明真妄染淨皆是主體活動；故雖在染妄之中，主體亦不滅壞，此所謂「真常之教」也。

此外種種析論，本書不詳及。上文所述，已足表明此論之宗旨。但論中總說工夫過程之語，仍當再作引述；此即原文中說從「生滅門」入「真如門」一段。其言云：

> 復次，顯示從生滅門即入真如門；所謂推求五陰，色之與心，六塵境界，畢竟無念；以心無形相，十方求之終不可得。如人迷故，謂東為西，方實不轉；眾生亦爾；無明迷故，謂心為念；心實不動。若能觀察，知心無念，即得隨順入真如門故。[142]

此即扣緊方向義說迷覺、說工夫；蓋若就體言，只有一最高主體；所謂「無形相」，即指無對象性而言。「心」之迷，在於誤取一活動方向，使自身失去主體自由；故能悟「心」之「無念」，即知由「念」所生之幻妄，皆可撤消；即入真如門矣。

以上說《大乘起信論》之大旨。約言之，即立最高主體之肯定；謂真妄同歸一「心」所生。此種立場，究

---

[141] 《大乘起信論・解釋分》

[142] 同上

與真諦思想之距離如何，仍難斷定，但可知者是：日後中國三宗之教義，皆在基本立場上與此論相近。若此論確為中國佛徒所造，則可說是中國三宗之先聲，若此論出自印度，則應作為《攝論》流傳後之作品看。蓋其思想實是收法性、法相諸觀念於一「真常心」中，斷非早期作品。由是亦知不能為龍樹以前之「馬鳴」所造也。

× × × × ×

附記：本時期之重要佛教史著作

印度教義在中國之流傳講論，已如上述。此外尚應補記者，乃此時期中有佛教史性質之著作。

第一、《出三藏記集》。梁僧祐撰。簡稱《祐錄》。

案此書記載中國所出之經、律、論譯文；分為〈緣記〉、〈名錄〉、〈經序〉及〈列傳〉四部分。對譯經之經過各有敘述。〈列傳〉內容，亦可供考史之用。

第二、《高僧傳》。梁釋慧皎撰。世稱《梁高僧傳》。案此書分為十門：一、譯經。二、義解。三、神異。四、習禪。五、明律。六、亡身。七、誦經。八、興福。九、經師。十、唱導。共二百五十七人，附見者又有二百餘人；大抵皆南中國之佛徒，蓋慧皎著書時，南北對立，形勢所限也。學者查北方佛教資料，則此書即無大用，轉不如唐《續高僧傳》矣。

第三、《弘明集》。梁僧祐撰。本書屬文選一類。依弘道明教之意，稱《弘明集》。卷末有僧祐自撰之〈弘明論〉。《四庫提要》稱之為「後序」，未得實也。

以上三書，後人皆有續作或模倣之作；如隋費長房撰《歷代三寶記》，即仿《出三藏記集》。唐道宣作《續高僧傳》，更明顯承《高僧傳》而來；又編《廣弘明集》，亦承《弘明集》；故此三書乃有開創性之佛教徒作品。附記於此。

又流傳中國之佛教各家中，有理論成分極少而頗為俗眾所信仰者，為「淨土宗」。就宗教意義而言，「淨土宗」重他力往生之說，易於為人接受；但實大悖於般若之義，亦與原始教義不符。若就哲學史立場看，則此宗理論幾同於無，故上文未特作論述。茲便補記數語，以備學者參考。

兩晉之時，所謂淨土經典，譯出者甚多。如：

《彌勒菩薩所問本願經》　竺法護譯
《佛說彌勒下生經》　同上
《彌勒大成佛經》　鳩摩羅什譯
《彌勒下生成佛經》　同上

以上皆屬於彌勒經典。又有屬阿彌陀之淨土經典，如：

《無量壽經》　安世高譯、又康僧鎧譯本
《大阿彌陀經》（即《大寶積經》中第五會部分）
《阿彌陀經二卷》　支謙譯

此外尚有《觀無量壽經》等，皆劉宋時譯。茲不備列。

「淨土宗」以念佛求往生淨土為宗旨，一部分修持方法原與禪定之說相近；但世間流行者，只屬「念佛」；形成一類似於「上天堂」之信仰，久久不絕。此宗之主要代表人物，應為釋曇鸞。

曇鸞雁門人，本喜方術，於梁時南來，欲求「長生不死之法」，曾從道教人士乞得「仙方」。北歸見菩提流支，始受《觀無量壽經》，遂從此倡導「淨土」之教。曾注菩提流支所譯之《往生論》（即《無量壽經論》），又著《略論安樂淨土義》等；曾取禪定義解釋「念佛」，以為所謂「念」非但口誦佛號之意，而是「想念」之意。

其說亦不成體系。

曇鸞其人，大抵未明佛教大義；本戀形軀，故求不死；其後力倡「淨土」，亦是作為求不死之方而已。

肆　中國佛教之三宗

佛教流入中國，經三國、兩晉與南北朝之長期講論，終在隋唐時期，出現中國佛教徒自開之宗派。此即所謂「中國佛教」。

中國佛教有天台、華嚴、禪宗三支。前兩者雖依印度佛教經籍，然自造諸論，建立新理論系統；禪宗則不依一定經論，且不重宗教傳統，稱為「教外別傳」；故此三宗皆有相當獨立性，大體不循印度教義之軌轍。三宗之教義，下文當再分論。此處須先概括說明者，有以下三點：

第一、三宗教義各殊，然皆屬真常一系。雖天台立說乃般若一支之發展，而華嚴立說乃唯識一支之發展（此處言「唯識」是廣義），其自創之新義實皆近真常之教。此所以論者每謂，真常之教實盛於中國；蓋印度僅有《法華》、《涅槃》、《華嚴》諸經；其所立之「佛性」、「法界」諸義，皆未流行也。但若取宗教保守立場，則亦可說此諸宗之理論非印度佛教本有，故應作為「異說」看待。茲就中國哲學史觀點論之，則中國自創之學說，正是中國哲學史中之重要資料，亦是基本論述對象；因此，前各節所述之印度教義及講論的印度教義之中國佛徒言論，與此三宗相較，其重要性轉是較低。顧此三宗之思想理論，又實是印度佛教在中國如此發展後所生出之新成果；故亦不能憑空了解。學者若只關心「中國佛教」，亦必須將前文各節視為了解此三宗理論之準備，否則，對三宗之說之真相即不能掌握。

第二、三宗之說，皆重主體性；就中國所出之佛教著作而言，先此唯有《大乘起信論》與此三宗主旨較近。若就佛教外之中國本有思想看，則先秦儒學之心性論，道家莊子之自我理論，亦可說皆在「肯定主體性」一點上，與此三宗有類似處。然此種類似，不可作為混同各家之論據。蓋縱不論及其他方面，專就「主體性」觀念言之，儒學之「主體性」，以健動為本，其基本方向乃在現象界中開展主體自由，故直接落在「化成」意義之德性生活及文化秩序上；道家之「主體性」，以逍遙為本，其基本方向只是「觀賞」萬象而自保其主體自由，故只能落在一情趣境界上及遊戲意義之思辯上；佛教之「主體性」，則以靜斂為本，其基本方向是捨離解脫，故其教義落在建立無量法門，隨機施設，以「撤消」萬有上。所謂涅槃及六度之義，為大乘諸宗所同；雖異於小乘之自了，終是以「度」為主。其所肯定在「彼岸」不在「此岸」。此即見其「主體性」亦與儒學所肯定者，根本不同。另一面，佛道雖皆言主體自由，佛教自小乘三法印及四諦觀，至般若空義，以及有宗之識變理論，無不以「撤消」此「幻妄」之現象界為主，與道家只能自保逍遙，「觀賞」而不能「撤消」萬象者，又有根本不同。由此，學者斷不可據一點之同，而遂誤以為儒佛同歸，或佛道不異。此一問題在論及中國宋明儒學時，尤為重要；但此處論述中國佛教之理論，亦應先指出此點，以防學者誤解。

第三、就大處而論，佛教自與任何其他學派，在理論及精神方向上根本不同。但專就中國佛教所強調之特有觀念（即為印度佛教所不甚重視或未明確決定者）而論，則至少有兩點，仍是接受中國本有之哲學思想或價值觀念之影響者。其一是德性之「自由」觀念，其二是德性之「不息」觀念。

就人在德性方面有最高自由說，德性之成就永無限制。此與印度種姓之說之衝突極為明顯，蓋依中國此一觀念看，所謂「一闡提」之名，根本乃多餘之說；因若說有某種人雖自覺努力亦不能有德性成就，則此義即表示人在德性上無自由，再進而言之，即使「德性」喪失意義。若說所謂「一闡提」指不求長進之人，則人人皆可能成為「一闡提」，亦不須設此種姓之名。故竺道生倡「一切眾生皆得成佛」之說，依中國原有之德性觀念看，則屬不疑之義；然此與印度業報種姓之說，皆不能契合無間。因此雖有《涅槃經》文強調此點，他宗承印度教義者，總不能坦然接受。此即表明德性之自由乃中國觀念，非印度之普遍觀念也。但中國佛教三宗，對此點皆採取中國式之肯定，認為無不可度之「一闡提」。

其次，德性自由表示人之德性成就永無限制，但另一面，有此肯定後，亦必須有另一肯定。此即人之德性升降，既全由自主，則人之德性成就亦無保障。「無限制」表示「凡」皆可成「聖」，「無保障」則表示「聖」隨時可下墮為「凡」。依此，中國先秦儒學即早有德性之不息觀念；《易傳》及《禮記》雖屬後出，且混雜許多駁雜之說，但在此點上則皆承先秦之義而發揮。佛教原對此點見解不同，如論「不退轉」之義等，即可見佛教基本上以為人之德性或自覺到某一程度，便可保障自身不再墮落。但在中國佛教之天台宗教義中，便有「一念三千」之說；此說固有客體性一面之意義，為人所熟知，但亦確另有主體性一面之意義，即與此點有關。論者每忽略此義，本書下節當詳論之。此處先須指出者，是此種觀念亦屬出自中國者，非印度教義所有。

至此，吾人可知，「中國佛教」一方面仍是「佛教」，自與他派根本不同，另一面則此三宗之說既為「中國」之思想成果，亦確吸收中國某種觀念。同異之際，但存其真，便不致強合儒佛，亦不致無視於「中國佛教」之特色矣。

以下分論三宗之說。

一、天台宗

就時間次序而論，天台宗智者立教，先於華嚴賢首及禪宗慧能之開宗；故先論天台，次論華嚴，最後論禪宗。

㈠天台宗簡史

天台宗立教，依《妙法蓮華經》及《大涅槃經》，亦採般若學觀念。其學說是般若一支轉向真常教義之產物。以建立理論而言，智者大師（智顗）乃真正之開宗者，但佛教習慣，每立宗派必上託古人，故天台宗自身說法乃以智者為「四祖」，其上則依次為龍樹、慧文、慧思。

龍樹乃由此宗佛徒有意依託而成為「初祖」，自不待言。慧文則為北齊人，初習般若經論，而就《中論》觀念立所謂「一心三觀」之旨。宋釋志磐著《佛祖統紀》述天台諸祖事，謂慧文讀《大智度論》中論「一切智」、「道種智」、「一切種智」之語，而有所悟。其言云：

> ……師依此文，以修心觀；論中三智實在一心中得，且果既一心而得，因豈前後而獲？故此觀成時，證一心三智；雙亡雙照，即入初住無生忍位。[143]

由此即開啟天台日後所立之「一心三觀說」；然案其實則與般若本義亦相去無幾也。慧文弟子有南宋慧思，即《佛祖統紀》中所稱為「三祖」者。

慧思始重《法華經》，由此建立一乘教義之初步基礎；又兼重「定」與「慧」，亦日後「止觀」之說之根源。《佛祖統紀》云：

> ……至於悟《法華》三昧，開拓義門，則又北齊之所未知。[144]

此即謂慧思能依《法華》立教，乃慧文所未能；蓋依《法華》立一乘，方使天台宗異於般若三論一派。慧思於

[143] 《佛祖統紀》，卷六

[144] 同上

此，實有關鍵作用也。又《續高僧傳》云：

自江東佛法弘重義門，至於禪法蓋蔑如也。而思慨斯南服，定慧雙開；……便驗因定發慧，此旨不虛。145

此即謂慧思不偏重理論（所謂「義門」），而兼重意志工夫，由此親證「定慧雙修」之境。依此，則日後天台教義之依《法華經》與倡「止觀」，皆起自慧思，不愧「三祖」之號。

然天台理論之大立，仍待智者大師。智者大師本名智顗，慧思弟子。於陳末居天台修禪寺，又講《法華經》於金陵；陳亡後雲遊說法。隋開皇十一年，至揚州；十二年，至荊州；十五年，復至金陵；十七年十一月逝世。智者平生罕執筆為文，所遺三大重要著作——《法華玄義》、《摩訶止觀》、《法華文句記》，皆是講論時弟子所錄；後由門下高僧灌頂整理編成三書。即日後天台宗所稱之「三大部」也。

智者門下五傳而至湛然，又為天台宗之重要人物；茲列智者至湛然之世系如下：

（陳隋）　　　　　　　　　　　　（唐）
智顗——灌頂——智威——慧威——玄朗——湛然。

湛然稱為「天台九祖」；平生著作甚多，與華嚴、法相、禪宗各支論辯，保衛天台教義，貢獻甚大。湛然後兩代，即遭會昌法難；天台宗從此大衰。直至北宋初知禮大師興起，天台方由衰再盛，然不久即有所謂「山家」與「山外」之爭。此為天台宗一大事，為略作記述。

天台宗雖言「止觀」並行，但所重者仍在理論建構一面；唐釋湛然著《摩訶止觀輔行傳弘決》（簡稱《輔行記》。「決」即「訣」），繁徵博引，大有注疏家意趣；尤足見其學風實偏重知識者。以此，會昌法難後，典籍佚散，其勢力便日衰；及錢氏割據江南，自號「吳越」時，方求遺書，而高麗方面所存之天台教義書籍，於此時

145 《續高僧傳·慧思傳》

重返中國。四明知禮大師遂力弘天台之教，成為此宗「中興」之人物。然知禮雖為當世所重（賜號「法智」），又被本派後學尊為「十七祖」，其在世時即已有派內分裂之爭。此即所謂「山外」問題。

案智者大師曾說《金光明經》，其講辭稱《金光明經玄義》，有「廣本」與「略本」。天台宗僧人晤恩乃著《發揮記》，主張略本，以廣本為後以所擅增，非智者義。其門下之源清、洪敏皆承師說，抨擊廣本。知禮則撰〈扶宗〉、〈釋難〉以答之；源清門下有慶昭、智圓再與知禮辯駁；如是反覆至於五次，共歷七年；其雙方辯駁之文，即所謂《四明十義書》也。此時知禮有權威地位，故此後持異論者，自源清、慶昭、智圓等以下，皆被稱為「山外宗」，即「外道」之意。

宋釋宗鑑曾仿史書體裁，作《釋門正統》，以天台為「正統」。釋志磐繼作《佛祖統紀》，則上溯釋迦，下迄知禮，皆立〈本紀〉；對山外諸師與知禮同時者，則列於旁出之〈世家〉中，對知禮後之山外諸師，則皆貶入〈雜傳〉；此種模倣儒生史筆之作法，遂使「山家」與「山外」之爭，益成為不可解決之問題矣。

《釋門正統》中有云：

> ……自茲二家觀法不同，各開戶牖，枝派永異。山家遂號清昭之學為山外宗。146

《佛祖統紀》則貶斥山外師尤甚，如論仁岳（淨覺）云：

> 天台宗謂學華嚴唯識者為他宗。淨覺初為山家之學甚篤，一旦師資小不合，遽為異說；至於十諫雪謗，抗辯不已。前輔之而後畔之，其為過也與學他宗者何異？父作之，子述之；既曰背宗，何必嗣法？故置之〈雜傳〉。147

146 《釋門正統・慶昭傳》

147 《佛祖統紀・淨覺仁岳傳》

此種口吻，直與儒生斥姦邪之語無異。可知此二書問世時，天台內部之分裂，已成定局。其後亦再未見真正統一局面矣。

天台宗內有二派之分，對外則與禪宗時有辯難，但所辯者乃禪宗《寶林傳》、《傳法正宗記》諸書所記統系問題，非關教理，茲不詳述。

以上為天台宗之簡史。

㈡天台宗之判教理論

判教理論即指分判佛教各種教義之地位高下之說。此種理論，在印度原已有之。如大乘經論中無不判大小乘為二教，又如《解深密經》立「三時義」，即以小乘、般若、唯識為佛教教義之三階段；此皆是判教理論。其後中國各宗論師亦有種種不同判法，如地論師慧遠立「大」、「小」、「深」、「淺」四義，分判四教，即最有名之實例也。但中國三宗中，天台及華嚴之判教理論，則遠較前人為精嚴，故後世學者特加重視。茲略述智者之判教理論。

智者以「五時八教」分判佛教之一切教義；在《法華玄義》中說之甚詳。其大旨如下所述。

先說「五時」。此即將佛教教義皆視為佛所說法，而分為五階段。此即：

1. 華嚴時：佛初成道時所說。
2. 鹿苑時：佛說小乘義。
3. 方等時：廣說各法門，斥小贊大。
4. 般若時：專說空義，所謂以空慧水，淘洗情執。
5. 法華涅槃時：此皆表究竟了義；會三乘歸一乘，立圓教，說真常，明佛性。

此種分判法，主要是依傳統立說；譬如以《華嚴》為記最早說法之經典，是據《華嚴經》本文，未作絲毫考訂。此自是守宗教立場使然，蓋佛教徒必尊經文（唯禪宗除外，見下），故不得不如此說。

但如此分判五時，其中顯有一問題，即《華嚴》說佛境界、法界等，其陳義顯然遠比小乘等義為高，何以先說高深義，後又轉說粗淺義？智者為自圓其說，乃以「日」喻之，謂「如日初出，先照高山」，是華嚴時；「次照幽谷」，是小乘時（或鹿苑時），其後再照「平地」，最後又還照「高山」云云（見《法華玄義》）。此即謂，佛說法先說無上義，然不為人所解，故為方便誘引，乃改說阿含等小乘義，然後逐步提高，最後，仍說無上究竟義。依此，則《華嚴》與《法華》、《涅槃》諸經地位相同，但一居說法之始，一居說法之終耳。

此說自與歷史不合；但智者雖用「時」字，不過為發揮其理論而借用，並非真談歷史，故學者於此亦不須多辯；視之為解釋各種教義之地位之說，即不致有誤會矣。

「五時」之說，主旨在說明各經之地位。此中有應注意者，即智者對唯識之學未特加重視。觀其以《楞伽》等經列入「方等時」，則固認為唯識理論淺於般若理論；蓋天台之教原自般若教義發展而成，故其有此說，亦不足怪[148]。

其次應觀所謂「八教」之說。

「八教」分為兩組；一組為「化法四教」，另一組為「化儀四教」。「化法」指教理說；「化儀」指教化過程或方式說。

所謂「化法四教」，即所謂「藏、通、別、圓」四者。

[148] 智者立說時，成唯識論一支雖尚未來中國，而《攝論》則已流行，不可謂智者不知有唯識理論也。但三大部中罕及唯識之義，亦是事實。此只表示智者偏重般若之學，且對歷史發展之先後，全不在意；即立教之意重於立學也

1.藏教：即三藏教。天台用語，以此名專稱小乘教義；故此教以「四諦」為主要教義；正化聲聞緣覺，旁化菩薩。換言之，即主要為小乘學人而設立。

2.通教：「通」指「共同」而言。此教為大乘之初門，為三乘所共，故稱「通教」。此教以說「因緣即空」為主要教義；正化菩薩，旁通二乘。

3.別教：「別」與「通」相對，指「不共同」而言。此教專為菩薩乘而立，不通二乘，故稱「別教」。此教以說「因緣假名」為主要教義。

4.圓教：「圓」有「不偏」之義，「究竟」之義。此教以「不思議因緣」、「二諦中道」或「中道實相」為主要教義；此但為最上利根之菩薩而立，亦即究竟了義之教。

此四教各明一義，但其劃分方式亦頗多問題。依智者之義，此四教皆不包括法華，則他宗殊難承認也。

次說「化儀四教」。

1.頓教：指佛成道初，直說無上法。即《華嚴經》所代表之教法。

2.漸教：漸次誘引，先小後大；即《阿含》、《方等》至《般若》等經之教法。

3.祕密：「祕密教」者，指可解為「漸」，可解為「頓」之教法；同一會中，聽者各隨機得益。

4.不定：頓中有漸，漸中有頓；亦隨聽者自悟。

此所謂「化儀四教」，當是由於智者時久已有「頓漸」之爭，故特建立者。其中「祕密」與「不定」二義，頗有可討論處。此處不及具說。

判教理論足以代表某宗對全部佛教思想之看法，亦可說是有批評性之理論。至其正面理論，則屬於本宗教義範圍，另屬一節。

㈢天台宗之教義

天台教義，基本上乃智者大師之理論，散見於《摩訶止觀》、《法華玄義》及《法華文句記》等。茲撮其要，分述如下：

1. 一念三千

所謂「一念三千」之義，乃由「百界千如」之說而來，故當先釋「百界千如」。《法華經》以十「如是」攝一切法，即所謂：如是性、如是相、如是體、如是力、如是作、如是因、如是緣、如是果、如是報、如是本末究竟等。智者釋之云：

……相以據外，覽而可別；名為相。性以據內，自分不改；名為性。主質名為體。功能為力。構造為作。習因為因。助因為緣。習果為果。報果為報。初相為本，後相為末，所歸趣處為究竟等。[149]

案此是對十如之通釋，即各就本義說明，不分別各界而言。據此，則十如可解為：

「性」——本性
「相」——表象
「體」——實體
「力」——功能
「作」——活動
「因」——主要先在條件
「緣」——輔助性先在條件

[149] 《法華玄義釋籤》，卷二下

「果」——直接後果

「報」——間接後果

「本末究竟等」——以上九者合成之全體過程

對此中「本末究竟等」一語，智者以「平等」釋「等」字；此則於文例不合，且於理論上亦無必要；蓋佛教經論之譯文中，凡在語末用「等」字，大致皆承上而言；為「人，非人等」、「譬如瓶等」之類，無只以一「等」字置於句末而表「平等」者，故十如中最後一項，應為「如是本末究竟」，「等」字乃附加也。又就理論意義看，智者以「等」為「平等」，不過欲說各義互攝，或所謂諸法究竟實相為「等」而已。然「十如」乃舉一切法之各面而言，「本末究竟」即指各項之全體過程；此處不必加一「平等」或「相等」之義也。十如之義既明，則「百界千如」即配「十如」於「十界」而得。

所謂「十界」即是將自我境界或生命之等級分為十層，其中最上四界為佛、菩薩、緣覺、聲聞，稱為「四聖」；以下六界為天、人、阿修羅、畜生、地獄、餓鬼等，稱為「六凡」；共稱「十界」。

此處天台宗提出一特殊理論，即每一界皆通往其他九界，於是一界有「十如」，十界互通乃有百界，遂成「百界千如」。智者云：

> 此一法界，具十如是；十法界，具百如是。又一法界具九法界，則有百法界，千如是。[150]

蓋每一界中之自我有十可能，即守本界為一可能，通往其他九界為九可能，故合而說之，每一界成為「十界」（此後一「界」字，詞義表活動領域，與前一「界」字稍異）。於是，「十界」遂顯現為「百界」。一界有「十如」，百界有「千如」。

---

150 《法華玄義釋籤》，卷二下

所謂「三千」者，乃再就「千如」加三世間觀念而得。三世間即「眾生世間」、「國土世間」、「五陰世間」[151]。此處所謂「一念」，最堪注意；蓋智者此說，實即謂自我在任何境界中，均可通往其他任何境界；其升降進退，悉歸「一念」。如此，乃顯二義。

其一是主體之絕對自由義。蓋不論自我到何境界，主體既是絕對自由，則永遠無限制亦無保證；凡可作聖，聖亦可墮為凡；念念之間，自我隨時升降。此是「一念三千」所顯之第一義。

其二是萬法之交互相融義。此就客體性而言，蓋若將百界、千如、三世間均看作客體，則「一念三千」即顯示每一客體性之法皆可通往其他各法。此即「一念三千」所顯之第二義。就一般解說天台教義者而論，所常言者每是此第二義；對第一義反常予忽視。實則此一觀念之最大特色，正表現於「主體之絕對自由義」，第二義反是依第一義而立也。

第二義為客體意義，可說是對「萬法」之描述；此描述之所以能成立，正由於萬法皆主體所生，故是依第一義而立。智者以下諸論師所以強調此點者，乃因此義與華嚴宗所言之「因陀羅網」相似；會昌法難以前，天台與華嚴，法相及禪宗均屢有辯論。在辯論時欲表明本宗之教義可包攝他宗之長，故強調此第二義，此亦時勢因緣，不可執為定理。

「一念三千」之說，既顯主體之絕對自由，於是，一方面眾生具佛性，皆可成佛等問題，均不再成為問題；另一方面則進德不息，一心自主，時時可聖，時時可凡，亦成顯然可知之理。此是佛教教義之一大進展，亦是天台宗吸收中國德性觀念之證據；最足以表明天台宗之為「中國佛教」。其重要性遠在所立他義之上，故首及之。

---

151 《大智度論》

2. 一心三觀

天台重「止觀」，然「止」與「觀」互不相離，即定慧互成之意也。茲述一心三觀之說，當先明「止觀」之意。《止觀輔行記》云：

發菩提心即是觀，邪僻心息即是止。[152]

又云：

若解此心，任運達於止觀；無發無礙即是觀，其性寂滅即是止。止觀即菩提，菩提即止觀。[153]

本以「發菩提心」為「觀」，又以「菩提」同於「止觀」，其重「觀」而以「止」附之，意不難見。故若能知「一心三觀」之義，則「止觀」大旨即明。智者云：

修從假入空觀時，先觀正因緣法。……是為用四悉檀，起從假入空觀，成一切智，發慧眼也。[154]

續云：

若從空入假觀，巧用四悉檀，取道種智，法眼，亦如是。若脩中道第一義觀，巧用四悉檀，取一切種智，佛眼，亦如是。[155]

此即指「空、假、中」三觀而言。案此三觀原屬般若教義所立；《中論》明確言之。但天台雖承般若而言「空、假、中」，又有一不同舊說處，即以為每一觀皆可統攝其餘二觀是也。

---

[152] 《摩訶止觀輔行傳弘決》，卷三

[153] 《摩訶止觀輔行傳弘決》，卷四

[154] 《法華玄義釋籤》，卷二上

[155] 同上

三觀互相統攝，即表示取「假觀」，則一切皆假，取「空觀」、「中觀」亦然；此說之宗旨實是掃除對概念之執著，又同時安立各概念於言說中。究其根本，則仍以主體之獨一性為據，蓋即由一心生萬法，而方便說萬法之相融相通也。

「三觀」乃就主體一面說，若就客體一面說，則稱為「三諦」，故「三諦圓融」與「一心三觀」實是一理之兩面說法。以下即略述「圓融三諦」之義。

《輔行記》云：

> 三界無別法，唯是一心作。[156]

又云：

> 次，根塵相對，一念心起，即空，即假，即中者，若根若塵，並是法界，並是畢竟空，並是如來藏，並是中道。[157]

其下再釋「即空」、「即假」、「即中」之義云：

> 云何即空？並從緣生；緣生即無主，無主即空。云何即假？無主而生即是假。云何即中？不出法性，並皆即中。當知一念即空，即假，即中，並畢竟空，並如來藏，並實相。[158]

如此，所謂「三」亦是施設方便；真實道理只是「一心生萬法」；就萬法之呈現言，是「假」；說萬法雖呈現而無自性言，是「空」，就此種無自性之呈現為一心所作言，是「中」。所說之重點不同，非有許多道理不同也。

---

[156] 《摩訶止觀輔行傳弘決》，卷四

[157] 同上

[158] 同上

故又云：

非三而三，三而不三。159

再設譬云：

譬如明鏡；明喻即空，像喻即假，鏡喻即中。160

此喻重要處在「鏡喻即中」一語，蓋「中觀」即就全幅實相說也。至此，可知三觀三諦，皆攝歸一心；「三諦圓融」，正見此「心」之主體性。由此乃說：

此一念心，不縱不橫，不可思議。非但己爾，佛及眾生，亦復如是。華嚴云：心佛及眾生，是三無差別。當知己心，具一切佛法矣。161

己心即具一切佛法，此亦表示最高主體之自由，同時肯定當前之自覺即通往此絕對自由之境界；於是，三觀、三諦又與「一念三千」之義合為一體矣。

但此是揭示究竟實相；若說法則或「舉空為言端」，或「舉有為言端」，或「舉中道為言端」；本義則是圓教，立說有偏重，乃隨機施設耳。《摩訶止觀》中曾說此意，茲不贅論。

3. 六　即

由以上所述，天台教義之大端已明；若論工夫次第，則有「六即」之說。《輔行記》云：

……為此事故，須知六即；謂：理即、名字即、觀行即、相似即、分真即、究竟即。162

---

159 《摩訶止觀輔行傳弘決》，卷四

160 同上

161 同上

其下分釋云：

理即者，一念心即如來藏理。如故即空，藏故即假，理故即中。三智一心中具。不可思議。……是名理即，即是菩提心。[163]

此謂「理即」者，言眾生在「理」上本與「佛」不離（案此處「即」字即「不離」之意），非言已圓滿得正覺；只說有此「理」而已。

其次云：

名字即者，理雖即是，日用不知；以未聞三諦，全不識佛法，如牛羊眼，不解方隅。或從知識，或從經卷，聞上所說一實菩提，於名字中通達解了，知一切法皆是佛法。是為名字即菩提。[164]

案此指未能實證覺境，但通過名言知識而知此理者；此就覺境言，乃最遠於正覺之階段。

次云：

觀行即（是）者，若但聞名口說，如蟲食木，偶得成字；是蟲不知是字非字；既不通達，甯是菩提？必須心觀明了，理慧相應；所行如所言，所言如所行。……此心口相應，是觀行菩提。[165]

此即謂能在實踐中守此理者，為進一步之境界。

次云：

---

[162] 《摩訶止觀輔行傳弘決》，卷四

[163] 同上

[164] 同上

[165] 同上

相似即（是）菩提者，以其逾觀逾明，逾止逾寂，如勤射鄰的，名相似觀慧。[166]

此境又進一步，乃止觀日益有得，接近正覺者，故名為「相似」。

次云：

分真即者，因相似觀力，入銅輪位，初破無明，見佛性，開寶藏，顯真如，名發心住，乃至等覺；無明微薄，智慧轉著。[167]

此已是已悟之境界，所謂「銅輪位」指「十住」而言（見《本業瓔絡經》）。但尚未至圓滿無上境界，只得部分之真，故名之為「分真即」。最後又云：

究竟即菩提者，等覺一轉，入於妙覺；智光圓滿，不復可增。名菩提果；大涅槃斷，更無可斷，名果果。……故名究竟菩提。[168]

案此是佛境界矣。「六即」之說如此。本節述天台宗之教義，亦即於此結束。

以下觀華嚴宗之教義。

二、華嚴宗

(一)華嚴宗簡史

「華嚴宗」立教，自依《大方廣佛華嚴經》。關於此經本身，前文論印度佛教諸經中「真常之教」一系，已

---

[166] 《摩訶止觀輔行傳弘決》，卷四

[167] 同上

[168] 同上

有說明。有關此經之印度論籍極少。世傳龍樹曾作《大不可思議論》，然其書不傳，其言未必可信。即鳩摩羅什所譯之《十住毘婆沙論》，亦未必出於龍樹；蓋《華嚴經》屬有宗一系，龍樹為空宗領袖，何故作此論，殊不可解。至世親《十地經論》，則確是印度佛徒依《華嚴經》所造之唯一論著，但其內容未能包括《華嚴》經義之主要特色，反借題以談唯識之義，故此書可造成一「地論宗」，而非「華嚴宗」所依之理論。

華嚴理論皆屬自造。真正完成此宗理論者，為賢首法師。賢首以前則有杜順及智儼兩大論師。

杜順原稱「法順」，以俗家姓杜，故稱「杜順」；生於公元五五八年，雍州人；公元五九三年，隋開皇十三年，杜順依《華嚴》立說，得弟子甚眾；其時天台智者已正式開宗矣。隋唐間，杜順講經著論不倦。唐太宗時，賜號「帝心尊者」。貞觀十四年，公元六四〇年，杜順逝世，年八十餘。著有：《法界觀門》、《五教止觀》、《說十玄門》等，皆為日後賢首理論之初基。然此中《五教止觀》，或疑為後人託名所作；亦如天台宗之《大乘止觀法門》，乃後人託名慧思法師者，因此二書中均有後出之語也。

其次，智儼，俗姓趙，生於公元六〇二年（或說六〇〇年），十二歲出家，從杜順學；二十餘歲時，於《華嚴》義有悟，即疏解經義，成《搜玄記》五卷；日後賢首之《探玄記》即祖述此書之作也。公元六六八年，智儼逝世。另著有：《孔目章》、《五十要問答》、《一乘十玄門》等。華嚴教義，至此已漸臻完備。

正式立宗之賢首法師，本名「法藏」；其祖先原為康居人，後至中國，遂以「康」為姓。賢首十七歲，即往雲華寺聽智儼講經；以師禮事智儼，得習《華嚴》經義。二十六歲時，智儼逝世，二十八歲方削髮。賢首生於公元六四三年，即唐貞觀十七年；削髮時為公元六七〇年（二十八乃虛歲）；其後四年，賜號「賢首」。公元六八〇年，日照攜梵本《華嚴經》來長安，賢首乃據其梵本，補足晉譯《六十華嚴》中之缺文。公元六九五年，與實叉難陀再譯《華嚴》；五年功畢，譯本稱《八十華嚴》或《唐譯華嚴》。公元六九九年，賢首在佛授記寺講

《華嚴》，聽者數千人。公元七一二年，賢首逝世，年七十歲。賢首著作甚多。主要者有：《華嚴探玄記》、《華嚴一乘教義分齊章》、《華嚴旨歸》、《華嚴義海百門》、《妄盡還源觀》、《華嚴文義綱目》、《金獅子章》，此外尚有零星疏注或解音義之作多種。

除本宗教義之建立外，賢首又致力於其他經論之疏解；著有：《密嚴經疏》、《大乘起信論疏》、《法華經疏》、《十二門論宗致義記》等等。

賢首在華嚴宗之地位，猶如智者在天台宗之地位；但智者弟子皆承師說，而賢首弟子慧苑則在賢首逝世後不久，即另立異說。

案慧苑，京兆人；《宋高僧傳》有傳，曾著《新譯華嚴經音義》，流傳於世。賢首晚年，著《華嚴經新疏》，未畢而逝世，慧苑整理其稿，稱為《續華嚴略疏刊定記》，自立異說，其要點有二：第一，改賢首之判教理論，不用「五教」而用「四教」；第二，改「十玄」之理論，分所謂「德相十玄」、「業用十玄」。

《刊定記》今雖在《續藏》中，文已不全；其理論亦不能詳知；然其後澄觀大師，重倡賢首之義，駁斥慧苑之說。此後，慧苑之說即衰息，對日後華嚴宗亦更無大影響。

澄觀法師，俗姓夏侯氏，越人；生於公元七三七年，即唐開元二十五年，公元八三八年始逝世，壽至一〇二歲。澄觀在華嚴宗之地位，頗似天台宗之湛然；但湛然平生主要工作在於與他派辯論，故《佛祖統紀》擬之於孟子之闢楊墨；澄觀之主要工作則在於清除派內之異說，而重新統一理論標準；故其主要著作，為《華嚴大疏鈔》，亦即以駁斥慧苑之說為宗旨也。

澄觀曾於公元七九六至七九八年間，參與《四十華嚴》譯事；賜號「清涼」；後為僧統，蓋最有政治勢力之僧人。其主要著作除《大疏鈔》外，尚有《華嚴行願品疏》，即解《四十華嚴》者。此外《法界玄鏡》等，亦皆述賢首教義。總之，澄觀乃賢首之理論繼承人，故被尊為「四祖」，當之無愧。

但澄觀早年，據傳曾與天台宗有所交往，或且謂澄觀曾受湛然指點，故澄觀日後昌大華嚴之教，頗為天台宗論師所不滿。《金剛錍》一書，據說即為澄觀而發；故澄觀時之華嚴宗實與天台宗極為不和。可謂「圓教」與「圓教」之衝突矣。

澄觀後輩中又有宗密。宗密居於圭峰，故或稱「圭峰大師」；此與澄觀之稱「清涼」，法藏之稱「賢首」不同，非賜號也。宗密四川西充縣人，本姓何；生於公元七八〇年，即唐德宗建中元年，卒於公元八四一年，年六十二。

宗密於公元八〇七年出家，初讀《圓覺經》，有所感悟；後二年，讀澄觀《華嚴大疏》，屢為眾宣講；遂通書澄觀，執弟子禮。其實宗密之學半由自悟，非得自澄觀者。宗密後謁澄觀，則得澄觀印可其說。澄觀雖長宗密四十餘歲，但享高壽，故澄觀逝世後三年，宗密亦逝世；二人說法實同時之事也。

宗密被尊為華嚴宗之「五祖」；著有《華嚴論貫》，至宋即失傳；此外曾注《法界觀門》，疏《金剛經》、《起信論》等。此外又有論禪之作。

宗密逝世，乃在公元八四一年，即唐武宗會昌元年；其後唐武宗禁止佛教及其他外國宗教，遂有所謂「會昌法難」。此後，華嚴宗亦隨他宗而俱衰。至宋初，方有子璿。

子璿法師，嘉禾人，或謂錢塘人；生於公元九六五年，初從天台宗洪敏習《楞嚴經》，後又參禪宗之慧覺，欲皈依座下。其先，子璿已講《華嚴》，故慧覺勸之重振華嚴宗；於是子璿遂居長水，講《行願疏》、《法界觀》等。公元一〇四〇年，子璿逝世，年已七十六。所著有《首楞嚴義疏》，即以賢首義解《楞嚴》之作。

子璿門人中有淨源。淨源生於公元一〇一一年，曾事數師習《華嚴》教義；後師子璿。淨源曾主泉州清涼寺、蘇州報恩觀音寺、杭州祥符寺等，聲望甚隆。宋神宗時，淨源在錢塘慧因寺，弘揚《華嚴》教義；適高麗僧人義天，持流傳高麗之《華嚴大疏鈔》來，遂詣淨源，執弟子禮。其時中國《華嚴》典籍早已散佚；義天除持《疏鈔》外，又於歸國後遣使送《華嚴》三種新舊譯本至。於是，公元一〇八八年，淨源改慧因寺為華嚴教院。華嚴一宗又稍振興。

淨源於是年逝世。其後高麗義天在海外兼講天台華嚴二宗之義。中國則淨源門下，雖有不少著作，然華嚴宗終未能大盛，蓋淨源實為力興華嚴之最後人物。

淨源曾編《華嚴經疏注》，共一百二十卷，即錄澄觀之疏以注經文；此外著有《華嚴妄盡還源觀疏鈔補解》、《華嚴原人論發微錄》及《金獅子章雲間類解》等。

以上為華嚴宗簡史，以下述其教義。

(二)華嚴宗之判教理論

華嚴判教之說，大成於賢首。賢首與智者在判教方面之主要不同處，在於賢首不分「時」，只就「義」而分判；故有「五教十宗」之理論。

先述五教之說。賢首云：

聖教萬差，要唯有五：一、小乘教；二、大乘始教；三、大乘終教；四、頓教；五、圓教。[169]

茲分別解釋如下：

1. 小乘教

此即天台宗所謂「藏教」；依賢首分判方法，「四阿含經」、《發智論》、《雜心論》及《俱舍》、《成實》諸論

[169] 《華嚴一乘教義分齊章》，卷一

均屬之。此等經論乃劣根者所受持，故即是「愚法二乘教」。其教義專重說「人空」一邊，對「法空」之理尚不能盡說。

2. 大乘始教

此教為由小乘始入大乘者設立。賢首認為「始教」中包括般若之學及瑜伽唯識之學；故般若諸經、《中論》、《百論》及《十二門論》等均屬此教，另一面則《解深密經》、《瑜伽師地論》、《唯識》諸論亦屬此教。為分別此二支，又有「空始教」及「相始教」之名。相始教之教義中立「無性有情」之觀念，故一部分眾生永不得得無漏智、立五位百法等；唯於生滅處說「阿賴耶」。空始教則只立空義，以破迷執。二者皆未盡大乘義，故只稱「始教」，表明是「大乘之初門」。

此處最可注意者，是賢首眼中空有二輪之教義，皆判歸「始教」，則華嚴宗義所肯定者，自是在於「真常」。換言之，不能確立「主體性」，即非大乘究竟義；此是華嚴宗旨。

3. 大乘終教

此教說一切眾生皆可成佛，皆有佛性；談「真如」時亦不說「凝然不動」之法性，而立「真如隨緣」義，即「真如」能生起萬法。經論中如《楞伽》、《密嚴》、《如來藏》、《勝鬘》諸經，《大乘起信論》、《法界無差別論》等均屬之。

案此即「真常之教」，事理不隔，是其要旨；然所以不隔者又因同出於一「心」之故，即所謂「真常」也。

4. 頓　教

「頓」與「漸」相對而立義。大乘始教及終教，皆有階位次第，故皆是「漸教」；今所說頓教，乃不說法相，不立法門，無階位次第之限制。一念覺即佛，一念迷即眾生。案此應相當於「禪宗」義；但賢首自己則每舉《淨名經》為例。

頓教即不講階位，故只能是「一乘教」。

5. 圓 教

此教即指《華嚴經》言。教理行果，圓融無礙；說一攝一切，一切攝一，重重無盡之義。因經文有「圓滿因緣修多羅」之語，故稱「圓教」。「圓教」自是「一乘教」。

此處應注意者，是賢首於五教中不立「別教」，故與智者之分「藏、通、別、圓」有異；而賢首自身亦用「別教」字樣，其用法則是與「同教」並舉互別。賢首以為「一乘教」中又有「同教一乘」與「別教一乘」之分。如列舉五教後云：

> 初一即愚法二乘教，後一即別教一乘。[170]

此所謂「後一」，即指「圓教」，而以為是「別教一乘」，便是說，《華嚴》屬「別教」，因只對最上根者說也。然則「同教一乘」何所指乎？觀賢首論「三乘」與「一乘」問題之言，可知實指《法華經》。賢首論「建立一乘」義時云：

> ……由此鎔融，有其四句：一、或唯一乘，謂如別教；二、或唯三乘，如三乘等教，以不知一故；三、或亦一亦三，如同教；四、或非一非三，如上果海。[171]

此處所說「別教」，即單說一乘之華嚴義。其下論「教義攝益」，則明說「同教」即法華義。其言云：

> 初中有三義。一者，如露地牛車，自有教義，謂十十無盡，主伴具足，如《華嚴》說。此當別教一乘。

[170] 《華嚴一乘教義分齊章》，卷一

[171] 同上

二者，如臨門三車，自有教義，謂界內示為教，得出為義。……此當三乘教，如餘經及《瑜伽》等說。

三者，以臨門三車為開方便教，界外別授大白牛車東方為示真實義。此當同教一乘，如《法華》說。[172]

此依《法華經》中「火宅」之喻，謂《法華》言及「三乘」，但為方便誘引，最後皆引歸一乘；故其教義可為三乘人說，因此為所謂「同教一乘」。《華嚴》則只說佛境界，故根本不立「三乘」之說，故是所謂「別教一乘」。

依此，《華嚴》與《法華》俱屬一乘教義，唯或別或同，有殊異處。然則《法華》是否亦屬「圓教」？依前引之語看，「圓教」若「即別教一乘」，應是《華嚴》而非《法華》，然則五教之中，竟不能判《法華》一經矣。此點至少在賢首自說諸義中，是一問題。倘以「圓教」為包括「同」與「別」者，則問題似可解決；但如此則「後一即別教一乘」一語，便應修改。此亦賢首立論在小處每多疏漏之一例。若專就理論本身看，則學者亦不必重視此問題；只稍將《法華》及《華嚴》同視為「圓教」即可。

其次，是十宗之說。

賢首又專據各教義之理論要旨，分判為「十宗」；所謂「以理開宗，宗乃有十。」[173]「十宗」之名稱如下：

1. 我法俱有宗——如小乘犢子部。
2. 法有我無宗——如一切有部。
3. 法無去來宗——如大眾部等。
4. 現通假實宗——如法假部。《成實論》亦屬之。
5. 俗妄真實宗——如說出世部等。謂「出世法」皆實。

---

172 《華嚴一乘教義分齊章》，卷一

173 同上

6. 諸法但名宗——如說一部等。

7. 一切法皆空宗——謂大乘始教，如般若等。

8. 真德不空宗——謂如終教諸經，說一切法唯是真如。

9. 相想俱絕宗——如頓教。

10. 圓明具德宗——如別教一乘。

依此，十宗中既無瑜伽唯識之學，亦無《法華經》；此一分判亦屬大有問題。

以上為華嚴宗之判教理論，以下觀其正面教義。

(三) 華嚴宗之教義

華嚴教義可分數點，撮述其要。

1. 法界觀

「法界觀」可分兩步說明，第一步為「法界」本身之意義，第二步為「法界」之劃分。

欲觀所謂「法界」之意義，應由「界」之意義下手。所謂「界」乃就領域說。諸法在一領域中，遂成「法界」；由此，觀「法界」時，即觀此領域之全體；此與觀一一個別之法，有理論差異。一一法本身之性質，無論繁簡如何，皆與眾法間之「關係」不屬同一理論層次。許多分子間之關係所決定之屬性，根本不是一一分子之屬性；此不待詳辯。

因此，華嚴宗觀「法界」時，其著眼點與通常論「一切法」時所取立場大異。譬如，般若觀緣生空義，是就一一法講；緣生是每一法之屬性。唯識觀百法等，亦是就一一法說。現華嚴宗則著眼於眾法合為一界域時所顯現之屬性；此屬性並非一一法各有，而是界域所有。

因取整個界域為「觀」之對象，故有「法界緣起」之說；即對萬法之領域（即整個界域）之現起，作一解說。華嚴宗之理論，亦可說皆以作此種解說為基本宗旨也。

賢首立所謂「四法界」，此是就四層意義，說此領域。四法界依次如下：

第一、事法界，即專就現象本身看。此以差別為特色。

第二、理法界，即就現象所依之理看。此以無二無差別為特色。此所謂「理」，非經驗之理，故亦非認知意義之法則，而指實相或真象說。

第三、理事無礙法界。此處「無礙」一詞，更顯然是法與法間之關係，不是一一法之屬性。所謂「觀理事無礙法界」，即是觀「現象」與「實相」（真如）之不離。現象雖不是實相，但由實相而生。實相雖不是現象之一，但在現象上即在在顯現。用華嚴習語表之，此即是說，理與事不一不異，融通無礙。

此實相可稱為「真如」，亦可稱為「真如心」（或「心真如」），若標明「心」字，則主體性大顯；不標明則可能被誤認為形上學意義之「體」。華嚴本旨自是說「主體性」，但只用「真如」一詞；此點順便說明。學者不可以為此「真如」有客體性，否則，則大失原意，徒增誤解矣。

第四、事事無礙法界。再進一步說，不僅現象與實相不離，而且一一現象彼此間，由於皆由同一真如所生，故雖現差別，亦是彼此融攝。且任取萬法之一看，皆可顯真如本身；亦可顯其他萬法。此即所謂「一攝一切，一切攝一」；亦即賢首所謂「因陀羅網，重重無盡」之義。

此一理論似距常識甚遠；但其旨亦不難說明；蓋所謂「事事無礙」等，即一事理可通至其他事理之意；若就主體性一面講，亦即每一境界可通至其他境界之意。此實與天台之「一念三千」義甚近。不過天台立教，主體性較顯；華嚴宗之說，則不如此顯著而已。賢首說明主體性之語，亦見於《華嚴義海百門》；如云：

觀無相者，如一小塵圓小之相，是自心變起，假立無實；今取不得，則知塵相虛無，從心所望，了無自性，名為無相。[174]

此所謂「心」，自可有不同層次之意義，然既說一切由真如現起，又說從心所生，則亦可見「心」即「真如」矣。

賢首論「一切攝一，一攝一切」時，則用「卷舒」說之，而云：

……經云：以一佛土滿十方，十方入一亦無餘。今卷，則一切事於一塵中現；若舒，則一塵徧片一切處。即舒常卷，一塵攝一切故；即卷常舒，一切攝一塵故。[175]

此即「事事無礙」之本旨也。以上為「法界觀」。

2.「十玄」之義

賢首立「十玄門」之義，以說法界緣起云：

一者，同時具足相應門。此上十義，同時相應，成一緣起，無有前後始終等別。……二者，一多相容不同門。此上諸義，隨一門中即具攝前因果理事一切法門。……然此一中雖具有多，仍一，非即是其多耳。……三者，諸法相即自在門。此上諸義，一即一切，一切即一，圓融自在，無礙成耳。……第四者，因陀羅網境界門。此但從喻異前耳。此上諸義，體相自在，隱顯互現，重重無盡。……五者，微細相容安立門。此上諸義，於一念中具足。始終，同時，別時，前後，逆順等一切法門，於一念中，炳然同時齊頭顯現，無不明了。……六者，祕密隱顯俱成門。此上諸義，隱覆顯了，俱時成就也。……第七，諸藏純襍具德門。此上諸義，或純或雜，如前人法等。若以入門取者，即一切皆入，故名為純。又即此入門，

[174]《華嚴義海百門．緣生會寂門》

[175]《華嚴義海百門．鎔融任運門》

具含理事等一切差別法，故名為襍。……八者，十世隔法異成門。此上諸襍義，遍十世中，同時別異，具足顯現，以時與法不相離故。……九者，唯心迴轉善成門。此上諸義，唯是一如來藏為自性清淨心轉也。但性起具德，故異三乘耳。……此上諸義門悉是此心自在作用，更無餘物，名唯心轉等。……十者，託事顯法生解門。此上諸義，隨託之事以別顯別法，謂諸理事等一切法門。176

案文中所謂「諸義」，指先舉之「因果」、「理事」等十義而言。茲皆從略。

賢首為武則天說法，以金獅子為喻，後著《金獅子章》；此論中對所謂「十玄門」有較淺近之解說。其言云：

一、金與獅子，同時成立，圓滿具足。名同時具足相應門。

二、若獅子眼收獅子盡，則一切純是眼；若耳收獅子盡，則一切純是耳。諸根同時相收，悉皆具足，則一一皆雜，一一皆純，為圓滿藏。名諸藏純雜具德門。

三、金與獅子相容成立，一多無礙；於中理事各各不同；或一或多，各住自位。名一多相容不同門。

四、獅子諸根，一一毛頭，皆以金收獅子盡；一一徹遍獅子眼，眼即耳，耳即鼻，鼻即舌，舌即身；自在成立，無障無礙。祕諸法相即自在門。

五、若看獅子，唯獅子無金，即獅子顯金隱；若看金，唯金無獅子，即金顯獅子隱。若兩處看，俱隱俱顯。隱則祕密，顯則顯著。名祕密隱顯俱成門。

六、金與獅子，或隱或顯，或一或多，定純定雜，有力無力；即此即彼，主伴交輝。理事齊現，皆悉相容，不礙安立；微細成辨。名微細相容安立門。

---

176 《華嚴一乘教分齊章》，卷四

七、獅子眼耳支節，一一毛處，各有金獅子。一一毛處獅子，同時頓入一毛中。一一毛中皆有無邊獅子，又復一一毛帶此無邊獅子，還入一毛中。如是重重無盡，猶天帝網珠。名因陀羅網境界門。

八、說此獅子，以表無明；語其金體，具彰真性。理事合論，況阿賴識，令生正解。名託事顯法生解門。

九、獅子是有為之法，念念生滅；剎那之間，分為三際；謂過去，現在，未來。此三際各有過，現，未來，總有三三之位；以立九世，即來為一段法門。雖則九世，各各有隔；相由成立，融通無礙，同為一念。名十世隔法異成門。

十、金與獅子，或隱或顯，或一或多；各無自性，由心迴轉。說事說理，有成有立。名唯心迴轉善成門。177

案此所舉「十玄門」，次序與《一乘教義分齊章》不同；大致乃臨時說法，隨意定其先後之故。然以「金」與「獅子」為喻，較為易解。總之，所謂「十玄門」者，即由十個論點說明「法界緣起」之理。其所以為數有十，亦不過依《華嚴經》文而來，並非理論上必需如此。學者但觀其意，亦不必拘守其言也。

觀十玄中「唯心迴轉」一義，即可知華嚴宗旨畢竟在於立「最高主體性」；雖用語異於天台義，所強調之理論角度，又與天台教義稍有不同，然大旨則相類也。

3. 六相圓融

此據〈十地品〉及《十地經論》而立。賢首舉「六相」云：

初列名者，謂總相，別相，同相，異相，成相，壞相。178

此所謂「總、別、同、異、成、壞」即六個概念，分為三對而言。賢首論「六相」時，其主要論旨在說明一概

---

177 《金獅子章》

178 《華嚴一乘教義分齊章》，卷四

念之意義，皆與其他概念之意義互為條件。換言之，概念之意義只在一種關係中成立。因此，一一「法」皆在「界」中獲得意義。就一法依待他法而有意義說，即是「相即相融」。「六相」不過作為例示而已。

賢首論「六相」，以屋舍為喻。設為問答云：

> 問：何者是總相？
>
> 答：舍是。
>
> 問：此但椽等諸緣。何者是舍耶？
>
> 答：椽即是舍。何以故？為椽全自獨能作舍故。若離於椽，舍即不成；若得椽時，即得舍矣。[179]

案此謂部分與全體交互決定；「椽」為「舍」之條件（或「緣」），則當一木真能稱為「椽」時，必是「某舍之椽」，故「椽」成為「椽」時即必決定有「舍」。就此義說，「椽」獨自即能作「舍」。但如此說時，似與通常「眾緣和合」的佛教觀念不同，故其下再設問答云：

> 問：若椽全自獨作舍者，未有瓦等亦應作舍。
>
> 答：未有瓦等時不是椽故不作，非謂是椽而不能作。[180]

此即是說，「椽」必須是「某舍之椽」，但「舍」因無其他條件而不成，則此木亦未能成為「椽」，故說「不是椽」。又云：

> 椽是因緣；由未成舍時非因緣故，非是椽也。[181]

---

[179] 《華嚴一乘教義分齊章》，卷四

[180] 同上

[181] 同上

此處強調之問題，即在於「因果」互為條件；「果」未生時，亦無所謂「因」也。其下乃言，若不如此了解椽舍之關係（即總別互依之理），則即或犯「斷過」，或犯「常過」。故結論云：

是故一切緣起法，不成則已，成則相即鎔融，無礙自在；圓極難思，出過情量。[182]

「別相」不必再述。其義由上已可見之。

就「同異」而言，則云：

第三，同相者，椽等諸緣和同作舍，不相違故，皆名舍緣；非作餘物，故名同相也。[183]

此謂一切決定某物之條件，就其皆是「條件」說，則彼此相同，換言之，同與某物有因緣關係即是「同」之意義。

其下再說「異相」云：

第四，異相者，椽等諸椽，隨自形類相望差別故。[184]

此謂各條件若彼此比較，則顯其「異」。然則，「同相」與「異相」之關係又如何？原文續云：

問：若異者，應不同耶？

答：祇由異故，所以同耳。若不異者，椽既丈二，瓦亦應爾；壞本緣法故，失前齊同成舍義也。今既舍成，同名緣者，當知異也。[185]

---

[182] 《華嚴一乘教義分齊章》，卷四
[183] 同上
[184] 同上
[185] 同上

「舍」如不成，即無所謂「舍」之「緣」。今以椽、瓦等為「舍緣」，即已假定「舍」成；然「舍」成既由於各種「緣」，則此各種緣自應有不同功用，否則何必由此各緣方生出「舍」？由此，正因為各緣彼此互「異」，所以方能「同」為一「舍」之緣；此即表示「同異」一對概念，亦互相涵攝也。

其下論「成壞」云：

第五，成相者，由此諸緣，舍義成故；由成舍故，椽等名緣。若不爾者，二俱不成。今現得成，故知成相互成之耳。[186]

此言「成」則一時俱成。其言論「壞相」云：

第六，壞相者，椽等諸緣，各住自法，本不作故。

問：現見椽等諸緣作舍成就，何故乃說本不作耶？

答：祇由不作，故舍法得成；若作舍去，不住自法，有舍義即不成。何以故？作去失法，舍不成故。[187]

此大旨亦與論「同異」相近。蓋今如有一組條件決定一「舍」，則一方面，此各條件本身必有一定性質（即「自法」），另一方面，又必依於其所決定之「舍」而使自身成為「舍之條件」。就各條件本身有「自法」而論，則各條件均未「變成舍」，故說不是「作舍」也。賢首最後結語云：

又總即一舍，別即諸緣，同即互不相違，異即諸緣各別，成即諸緣辦果，壞即各住自法。[188]

總之，每一概念均在某一限定意義下成立，而亦必在某一意義上依其他概念。此即「六相」之說，其目的在於

---

[186] 《華嚴一乘教義分齊章》，卷四

[187] 同上

[188] 同上

顯示所謂「一乘教義」之圓融，故章末頌云：

唯智境界非事識，以此方便會一乘。[189]

「非事識」故本非經驗認知，其目的在於立「一乘」耳。

華嚴宗之理論，大致如此。以上述天台及華嚴二宗教義，即中國佛教教義中兩大理論，一承般若，一承妙有，而皆歸於真常。此外尚有號為「教外別傳」之禪宗。

三、禪　宗

論「禪宗」之教義，首先須明「禪悟」與「禪定」之分。禪宗向以菩提達摩為「初祖」；然達摩本人之學後世不詳，後世論者所據不過道宣《續高僧傳》中所記耳。但不論禪宗前代五祖師之說究竟如何，六祖慧能之教義，則面目顯然，乃「禪悟」之教，非「禪定」之教，而所謂「禪宗」實即持「禪悟」教義之宗派也。

分別「禪定」與「禪悟」，可分數點說之。

首先，就歷史傳承說，「禪定」自早期佛教即有；乃收斂意念、鍛鍊意志之修持工夫。中國東漢末年，安世高便譯《陰持入經》、《安般守意經》等，皆所謂禪數之經，即講「禪定」工夫者。中國僧人之習禪定，亦不限於某宗某派。「禪宗」之所以慧能獨成一宗，自不是依此「禪定」義而立教。禪宗之教，自以慧能為代表人，縱向上推溯，亦不過推至達摩，則其歷史甚短；故禪宗之教與「禪定」不同。今以「禪悟」一詞標指此種教義，則可說「禪悟」後起，「禪定」則釋迦時代已有之教義。

其次，就教義分判說；禪定乃小乘之修持工夫，「禪悟」乃大乘中之一乘教。其差別亦不待言。

---

[189] 《華嚴一乘教義分齊章》，卷四

且慧能之教，自稱「教外別傳」，即謂不依一定經論也。「禪定」則早有小乘諸經為所依；甚至羅什所講禪法，亦皆與般若宗派有關。總之，就「禪定」言，則不能說「教外別傳」，可知慧能自身亦知所立教義非「禪定」也。

且慧能以前之習禪定者，或與律部相混（因生活方式與意志鍛鍊有關）；故如北魏玄高，即被稱為精禪律者。至於習禪定而又混以淨土宗之念佛求往生者，亦比比皆是。此種風氣至南北朝末年及隋時，仍屬極盛，故唐初道宣作《續高僧傳》時，曾慨然言之。其語云：

> 頃世定士，多削義門；隨聞道聽，即而依學。……或復耽著世定，謂習真空，誦念西方，志圖滅惑。肩頸掛珠，亂搯而稱禪數；衲衣乞食，綜計以為心道。[190]

可知習「禪定」而又「誦念西方」之俗僧，在道宣時仍甚多。而六祖以後講「禪悟」者，則依教義不能與律宗、淨土宗等相混。此亦一明顯分別也。

以上略說禪宗立場與傳統之「禪定」不同。以下再述禪宗之歷史及教義。

㈠禪宗簡史

禪宗以達摩（或作「達磨」）為初祖。達摩事跡，後世傳說多不可信。道宣在《續高僧傳》中有〈菩提達磨傳〉，為考達摩生平之主要依據，此外，則《洛陽伽藍記》亦有可參考之資料。

據《續高僧傳》，菩提達摩為南天竺人，先至中國南方，或言在劉宋時，或言在梁時。其後，乃至北方，傳禪教之學，又以《楞伽》四卷授從學者。約在公元五三四至五三七年間，在洛陽附近逝世。

達摩，其年歲亦不詳；遊南方當以梁時為正，亦皆不能詳考。然其教法，則觀傳文尚可得其端倪，非比《寶

---

190 《續高僧傳・習禪篇》

林傳》、《傳燈錄》等書之故作詭說也。

道宣述達摩之不合於時論，則云：

於時合國盛弘講授，乍聞定法，多生譏謗。[191]

可知達摩所傳，與當世之講授大異，故不為眾所重。又述其教慧可等之法門云：

……感其精誠，誨以真法。如是安心，謂壁觀也，如是發行，謂四法也；如是順物，教護譏嫌；如是方便，教令不著。[192]

案此引曇林所傳「菩提達摩入道四行」之語；此文收入日本《續藏》中，為記達摩教義之最早文件。《續高僧傳》又引述達摩之教，謂分為「理」與「行」二門，即所謂「理入」與「行入」。其釋「理入」則云：

藉教悟宗，深信含生同一真性；客塵障故。令捨偽歸真，凝住壁觀，無自無他，凡聖等一，堅住不移，不隨他教，與道冥符，寂然無為。名理入也。[193]

此即「如是安心」之說，可注意者是：如此說「理入」，全廢思辯，與他宗大異。而所謂不隨他教，亦即指不重各種言說之教。故《楞伽師資記》引此段，即改作「更不隨於言教」，大抵此所謂「他教」，本即指言說思辯之教法而言。

其釋「行入」，則云：

行入者，四行；萬行同攝。初，報怨行者，修道苦至，當念：往劫舍本逐末，多起愛憎；今雖無犯，是

[191] 《續高僧傳・齊鄴下南天竺僧菩提達磨傳》
[192] 同上
[193] 同上

> 我宿作。甘心受之，都無怨訴。……二，隨緣行者，眾生無我，苦樂隨緣，縱得榮譽等事，宿因所構，今方得之；緣盡還無，何喜之有？得失隨緣，心無增減。……三，名無所求行，世人長迷，處處貪著，名之為求。道士悟真，理與俗反，安心無為，形隨運轉。……四，名稱法行，即性淨之理也。[194]

案此四行，皆曇林所述；蓋是修心實踐之法，其主旨在於意志工夫。不為苦而怨，不為有得而喜。無所貪求，心歸清淨。即「四行」之義。顯與施設言說之教不同。

但專就此言，尚難知達摩之禪，與小乘大乘諸教之同異；必再加一條件，即觀達摩之傳《楞伽》，然後方能有較明確之結論。達摩傳《楞伽經》於慧可，亦見道宣續傳之文，且慧可又以此經授人。傳文云：

> 從學六載，精究一乘。……初達摩禪師以四卷《楞伽》授可曰：我觀漢地，唯有此經，仁者依行，自得度世。[195]

此處可注意者乃「精究一乘」之語，此所謂「一乘」何所指乎？道宣記法沖從慧可門下習《楞伽》云：

> ……又遇可師親傳授者，依南天竺一乘宗講之。[196]

則此所謂「一乘」即指「南天竺一乘宗」而言；其說與純依唯識義解《楞伽》者不同。故〈法沖傳〉中述及曇遷疏《楞伽》，尚德律師之《入楞伽疏》等，乃云：

> 不承可師，自依《攝論》。[197]

---

194 《續高僧傳・齊鄴下南天竺僧菩提達磨傳》

195 《續高僧傳・慧可傳》

196 《續高僧傳・法沖傳》

197 同上

可知達摩慧可所傳之《楞伽》義，非依《攝論》之唯識義。然則此「南天竺一乘宗」之義，究屬何種立場？

此應自《楞伽經》本身斷之。《楞伽》雖言「八識」，然乃偏於真常之唯識經典，故地論師皆取《楞伽》「真識」觀念助成其說。達摩以為「含生同一真性」，明屬「真常之教」，所謂「南天竺一乘宗」之稱「一乘」，正以其立「真常」義也。故達摩之傳《楞伽》，取其「真常」之義；則再配以理行二門，達摩實已立日後禪宗教義之規模，固可稱為「初祖」矣。

湯用彤先生在《漢魏兩晉南北朝佛教史》第十九章中，論及達摩禪法，力謂達摩所持乃性空之義，出於《般若》，蓋是未注意在空有之外，印度本有真常之教，又未深解《楞伽》之立場所致。實則，所謂「一乘」之教，必屬真常一支，若據性空宗義，則《般若》經論皆主「三乘」之說，何得立「一乘」乎？湯書之誤，誤於不明佛教思想之大源流耳。

又湯書同章曾提及「達摩但說心」（宗密語），以為「心性」即實相，即真如，即涅槃；其實「說心」又是「真常之教」，非空宗也。至於湯書舉六證以明「達摩玄旨，本為般若法性宗義」[198]，則所舉者不過是三論宗諸師與達摩後裔間常有契合處。此何足為證？大乘佛教中各宗之義，每有相合處，亦不礙其終分為三支。《楞伽》本文偏於「真常」，「南天竺一乘宗」又明說「一乘」；內在證據顯然無疑，多所揣想，亦何益於論斷乎？

知達摩所立，基本上乃「真常之教」，則可知其說實與日後禪宗之教有一定關係。慧能不僅因出弘忍門下，而遂奉其法統，以達摩為「初祖」，實因立教大方向同於達摩也。

達摩至慧能之傳承如下：

達摩——慧可——僧璨——道信——弘忍——慧能

---

198 《漢魏兩晉南北朝佛教史》，第十九章

此據禪宗自身之說。依《續高僧傳》則無「僧璨」之名；慧可弟子中亦未記此人。弘忍稱為「五祖」，門下有神秀及慧能；後分為南北二派。南以慧能為首，北以神秀為首。其後北派衰息，慧能一派成為禪宗正統。若就「禪宗」理論而言，則慧能顯然為獨立教義之建立者；故雖稱為「六祖」，實與天台智者之為「四祖」，華嚴賢首之為「三祖」相類，皆完成一宗教義之人物也。

慧能所代表之「禪宗教義」，見下文。茲先略述慧能身後禪宗之演變，以結束本段之「簡史」。

慧能弟子中神會獨能昌大宗義，自為影響最大之人物；但就日後禪宗之分派言，則大抵皆出於行思（青原）及懷讓（南嶽）二支。

懷讓弟子有馬祖道一，道一弟子有懷海，懷海弟子有靈祐，居溈山，靈祐弟子慧寂，居大仰山；遂開「溈仰宗」。靈祐同門有希運，亦承懷海之教；在黃蘗山傳法，門下有義玄。義玄後於鎮州滹沱河畔建「臨濟院」，自成一大宗派，即稱「臨濟宗」。故「溈仰」、「臨濟」二宗，皆出於南嶽懷讓。

行思弟子有希遷，稱石頭和尚，與馬祖齊名。希遷門下有道悟及惟儼等。道悟一支經數代而有文偃，文偃住韶州雲門山，遂開「雲門宗」。文偃同門有師備，師備傳桂琛，桂琛傳文益。文益住金陵清涼寺，開「法眼宗」。又行思再傳弟子惟儼一支，經數代傳至本寂。本寂在撫州曹山傳法，以其師良价居洞山，故立「曹洞宗」。

故慧能一支，日後分為五支，所謂「禪宗五家」也。

此外，四祖道信弟子，除五祖弘忍外，有法融，法融入金陵牛頭山坐禪，後門下頗盛，稱為「牛頭禪」，此則是慧能以前旁出之宗派，不久即絕。

禪宗五家中，溈仰、曹洞二家先絕。立「曹洞宗」之本寂有同門道膺，其後代流傳甚遠。法裔中有正覺（或稱「宏智」），與臨濟宗之宗果同時。宗果倡「看話禪」，以話頭機鋒為教法；正覺則倡「默照禪」，以寂靜靈照為法門。亦後世禪宗之公案也。

法眼宗至宋代中葉而絕。雲門宗則至南宋漸衰。臨濟宗日後宗杲一支獨盛；故明清至今，禪宗弟子大抵皆主「看話禪」，承臨濟宗下宗杲之教法也。

以上為禪宗之簡史。

(二)慧能之教義

慧能，本姓盧，南海新興人，生於公元六三八年，唐貞觀十二年，卒於公元七一三年，唐先天二年（是年改元為「開元」）。曾在弘忍門下，後在韶州曹溪寶林寺開宗說法；記述其教義者，為《六祖壇經》，舊傳為弟子法海所記。然其中可能有後學增補之處。且慧能本不解文字，則縱是記其語，亦不免有記者之潤色處。但其立教大旨，則由此經可見。

慧能立教，直揭主體自由之義，一掃依傍，且不拘說法；故《壇經》所記各章，其義皆交疊互明，表同一宗旨。但為解說方便，亦可依所涉問題，以四義說之：

1. 見性成佛

《壇經》云：

善知識，小根之人，聞此頓教，猶如草木根性小者，若被大雨，悉皆自倒，不能增長。……般若之智亦無大小，為一切眾生自心迷悟不同；迷心外見，修行覓佛；未悟自性，即是小根。若開悟頓教，不執外修，但於自心常起正見；煩惱塵勞，常不能染；即是見性。[199]

此處所謂「悟自性」與佛教習用語義大不相同。佛教所謂「自性」，乃指個體之「實有性」說，故自原始教義至

---

[199] 《六祖壇經・般若品》

大乘諸宗，皆言「諸法無自性」。慧能所說「自性」，乃「自己之性」之意，即指主體自由或純粹主體性而言；故自見其主體性，即是大覺。所謂「佛」即指此已悟之主體境界，反之即是眾生。故云：

> 不悟，即佛是眾生；一念悟時，眾生是佛。[200]

又云：

> 世人終日口念般若，不識自性般若；猶如說食不飽。[201]

此即謂：般若智慧原是主體自有，能見此性，則立即是佛；不見此性，則立即是眾生。迷悟之間，全在自己。即所謂：

> 若識自性，一悟即至佛地。[202]

如此，則眾生或佛，皆主體之不同境界；並非另有一主體可名為「佛」。同時迷妄煩惱，與六慧解脫，亦皆是同一主體之不同活動，並非離此「煩惱」之主體，而另有「菩提」。故又說此義云：

> 善知識，凡夫即佛；煩惱即菩提。前念迷即凡夫，後念悟即佛。[203]

所謂「即」，指屬同一主體言，非迷覺不分也。前念後念二句，表明自我之升降，永在一不息之努力過程中；並非一「成佛」即永不迷。自己迷時，立成墮落；自己悟時，即得解脫。是以「見性成佛」之義，須扣緊一「悟」字講。「悟」或「不悟」即主體升降之總關鍵，然所悟所見者並非別事，仍是此主體性自身，故說「自性」。又

---

200 《六祖壇經・般若品》

201 同上

202 同上

203 同上

云：

自性迷，即是眾生，自性覺，即是佛。[204]

由此，可知慧能之教，以「悟」為中心；此「禪悟」所以別於「禪定」也。此義說明，即可引至「定慧」之論。

2. 定慧不二

慧能言「禪悟」，故不謂「禪定工夫」有獨立意義，進而將「定」與「慧」視為一體。其言云：

我此法門，以定慧為本。大眾勿迷，言定慧別。定慧一體不是二。定是慧體，慧是定用；即慧之時定在慧，即定之時慧在定。若識此義，即是定慧等學。[205]

此以體用關係釋「定」與「慧」之不二。六祖之旨蓋謂：「定」是主體境界，「慧」即主體之功能。在此境界，有此功能。非離境界而可說功能，亦非離功能而可說境界。「即慧之時定在慧」，即「由用顯體」；「即定之時慧在定」，即「在體攝用」。「如是之體有如是之用」，本可作為一普遍性之陳述看；但慧能此說，卻只就主體說「體用」。若推之於外，則非慧能之本旨，亦即遠離禪宗之立場矣。

若作進一步詮釋，則慧能言「定慧」不二時，是將「意志」與「理性」統一；蓋意志至純粹狀態，即成為「理性意志」；而另一面，理性之能發用，必表現自身於意志中。定慧不二之義，亦即對「實踐理性」之肯定。此處「理性」或「慧」是一定方向之自覺能力，然此能力所決定之「方向」，即是意志之方向，並非他物之方向也。於是，定為慧體，慧為定用，其實不二。

慧能又設喻云：

---

[204] 《六祖壇經・決疑品》

[205] 《六祖壇經・定慧品》

定慧猶如何等？猶如燈光。有燈即光，無燈即暗；燈是光之體，光是燈之用。名雖有二，體本同一。此定慧法，亦復如是。[206]

如是說「定慧」，實即否定離「慧」而言「定」之工夫，故慧能云：

> 迷人著法相，執一行三昧，直言坐不動，妄不起心，即是一行三昧。作此解者，即同無情；卻是障道因緣。……心若住法，名為自縛；若言坐不動是，只如舍利弗，冥坐林中（「冥」原誤作「宴」，今正），卻被維摩詰訶。……如此相教，故知大錯。[207]

徒以「不動」為「定」，是修習「禪定」者之通常說法，故慧能譏之。案神秀北宗，稱為漸教，亦常以此種「禪定工夫」教人，《壇經》中記慧能與神秀弟子志誠之問答云：

> 師曰：汝師若為示眾？對曰：常指誨大眾，住心觀淨，長坐不臥。師曰：住心觀淨，是病非禪；長坐拘身，於理何益？聽吾偈曰：生來坐不臥，死去臥不坐，元是臭骨頭，何為立功過？[208]

此不獨批評神秀，實批評一切「禪定」之修習法。坐臥原是形軀之事，何關於自我之迷覺？故云「元是臭骨頭，何為立功過」，蓋此處無功過可說也。

觀此可知慧能完全否認鍛鍊意志之修習法門，只明主體性之真悟，不談過程。此是「禪宗」之真面目，亦即所謂「頓教」之本旨所在。

3. 無念，無相，無住

[206]《六祖壇經・定慧品》

[207] 同上

[208]《六祖壇經・頓漸品》

頓教之修習，亦有法門，即此三「無」是。慧能云：

本來正教，無有頓漸。人性自有利鈍；迷人漸契，悟人頓修。自識本心，自見本性，即無差別。善知識，我此法門，從上以來，先立無念為宗，無相為體，無住為本。無相者，於相而離相；無念者，於念而無念；無住者，人之本性。[209]

此乃禪宗之工夫綱領。「於相而離相」，謂雖萬相現前，心行萬相之中，不為所累；肆應自如，自體常保清淨。即主體性不自繫於客體性中。「於念而無念」，就主體自身之活動說；主體雖有一切經驗活動、經驗意識，而不失其超越性及自由。故遂有念仍不為念所染。「無住」指於諸法上無所留滯；此是主體性本有之能力，故言「人之本性」[210]。

如此，可知慧能立禪悟之教，非無工夫，但工夫只在念念不失主體自由上，而不在外界之活動，故與「禪定」之修習不同，亦大異神秀之說也。

4. 不依經論

佛教各宗立教，例依某經某論；有權威主義及傳統主義之色彩。慧能以「悟見自性即能成佛」為教，故視一切經論皆為餘事，施教之時，可以方便運用，然不應反為文字名言所拘，失本求末也。故云：

三世諸佛，十二部經，在人性中，本自具有。不能自悟，須求善知識指示方見。若自悟者，不假外求。若一向執謂須他善知識，望得解脫者，無有是處。[211]

---

[209]《六祖壇經・定慧品》

[210] 案「人之本性」一語，若連下文讀，則不可解

[211]《六祖壇經・般若品》

此即否認師法之地位：認為「悟」不必由他人所教。此與《成唯識論》一支之說頗異。

由此，不唯不必求師，且不可依賴文字，故慧能與無盡藏（尼名）談《大涅槃經》時，有如下之問答：

尼乃執卷問字。師曰：字即不識，義即請問。尼曰：字尚不識，曷能會義？師曰：諸佛妙理，非關文字。[212]

案此記慧能開宗以前事。開宗以後，與法達之言，則益能明此意趣。《壇經》記法達事，謂法達七歲出家，誦《法華經》，謁慧能問經意。慧能乃為說「開佛知見」之旨。法達又問，是否不須誦經。慧能乃答言，誦經無過。但若不能自悟，則根本不能運用經義，反為經義所困。遂說偈云：

心迷《法華》轉，心悟轉《法華》。誦經久不明，與義作讎家。無念念即正，有念念成邪。有無俱不計，長御白牛車。[213]

「心迷」則反被《法華》所「轉」，「心悟」則能轉《法華》。一心迷悟是根本義，用何種經文，皆不關重要。此意慧能始說白，後世禪宗諸僧依此種教義而薄經論之研究，故後世有「禪門」與「義學」之爭。實則慧能所說，自是正理；學問知識與悟境本非一事。專言聖境佛境，固應是一心為主，不必依傳統師法，反受拘限。若後世流弊，自又是另一問題。

慧能立教之旨，大致如上。中國佛教之三宗，雖面目頗為不同，然其共同處亦甚顯然；蓋無論天台之教，華嚴之教或禪宗之教，皆以透顯最高主體性，肯定主體自由為宗旨，故皆稱「一乘」，皆立「真常」，皆掃除「一闡提」之傳統觀念；與印度大部分教義皆有殊。若只就理論方向說，不就歷史具體關聯說，則亦謂三宗教義，皆近於儒學心性論之旨，而漸離印度各宗之說法。然在基本立場上，捨離渡化，仍是三宗承自印度佛教教義之

[212] 《六祖壇經・機緣品》

[213] 同上

大觀念。此所以三宗之說，終屬「佛教」之教義也。

×　×　×　×　×

附記：關於禪宗之重要著作

除《六祖壇經》外，關於禪宗史之著作，有以下各種，較為重要：

第一、《寶林傳》。唐釋智炬撰。此書在元末以後即不傳；近人於一九三四年在山西趙城縣廣勝寺，發現金初刻本，然已不全，僅得一、二、三、四、五、八等六卷，配以日本所存第六卷寫本，共得七卷；原書為十卷，則仍佚其三卷。此書為最早之禪宗史籍，然其記述，舛誤實甚，故宋代天台諸僧深譏此書。書中紀年代，十有九誤，蓋智炬乃不具歷史知識之僧人；其著此書，原只為本宗作宣傳，非有意於學術也。但此書作為史料，亦有其價值。如書中所載禪宗世系，與《壇經》全同，可知《壇經》內容並非後人（如契嵩）所追改，如胡適所說（參閱胡著：《荷澤大師神會傳》）。而實係中唐時一般說法也。《景德傳燈錄》及《傳法正宗記》多取材於本書。

第二、《傳法正宗記》（附〈正宗論〉）。宋釋契嵩撰。契嵩稱「明教大師」（賜號），乃北宋禪宗之主要人物，屬雲門一支。本書出《景德》、《天聖》二燈錄之後，對禪宗二十八祖之說，據《寶林傳》而多加解釋。其〈正宗論〉乃與他宗辯駁之文，因已往禪宗談世系，最為所譏也。契嵩史學不精，書中選擇史料，大成問題。如《寶林傳》中之慧可大師碑文，題「唐內供奉沙門法琳撰」；案法琳乃唐初人，「內供奉」之制乃唐肅宗後始有；法琳自不能有此職。且碑文本身亦舛謬甚多，明係偽作。契嵩則仍採用此碑，反據之以攻《續高僧傳》，實可笑也。

第三、《景德傳燈錄》。宋釋道原撰。

第四、《天聖廣燈錄》。宋李遵勗撰。

第五、《建中靖國續燈錄》。宋釋惟白撰。

第六、《聯燈會要》。南宋釋悟明撰。

第七、《嘉泰普燈錄》。南宋釋正受撰。

案以上五燈錄，皆記言之書。《景德》一錄，乃創始之作；《天聖錄》則只就《景德錄》稍加擴充，故名為《廣燈錄》。《續燈錄》作者惟白，屬雲門宗，與道原之屬法眼宗，李遵勗之屬臨濟宗者派別有殊；然其書續道原作，立論尚無偏私處。

至於《聯燈》一書，則是合北宋三燈錄為一，稍有補充而已。《普燈》之作，所收範圍較廣，不專限於僧人，此其所以標明「普」字也。此五燈錄是記禪宗言論之重要書籍。

其後，普濟合編五燈錄，予以刪除整理，乃成所謂《五燈會元》。此書最為流行，亦談禪宗者之基本資料也。

伍　返歸印度之佛教思想運動

上文已論「中國佛教」三宗之教義。茲應略作敘述者，乃唐代另一支佛教思想。即以玄奘為首之成論一系之理論。

《成唯識論》（簡稱《成論》）依世親之《唯識三十論》而立說。此在前文論印度之教義時，已作簡述。玄奘遊學印度，承護法後學之戒賢之教，回國即大倡《成論》之說，成為一大勢力；然此一支教義純以印度已有之教義為依歸，故不能稱為「中國佛教」。而中國佛徒弘揚此種教義者，亦實是提倡返歸印度之思想運動，與三宗立教之旨皆不同，故本書以專節述之。

《成論》理論，成於所謂「十大論師」，而以護法為集大成之人物，故玄奘實承護法之說。玄奘譯《唯識三十論》，乃標明：「護法等菩薩約此三十頌造成唯識」。足知「成論」一支，雖宗世親晚年之學，然玄奘以下屬此派之佛徒，實以護法為依歸也。

玄奘受「唯識」之義於戒賢，回國又編成《成唯識論》一書，故中國之言《成論》者，以玄奘為開宗之人。此宗稱「法相宗」，或竟稱「唯識宗」；似瑜伽妙有之學，只此一宗，每令世人誤解。本書就廣義言「唯識」，故以「成論」稱此宗，以與「攝論」、「地論」二宗互別。

一、《唯識三十論》要旨

世親《十地經論》，為較早之作品。《唯識三十論》乃《百法明門論》同時之作品。此論為頌體，故又稱《唯識三十頌》，「三十」者，因原文分三十行也。

《唯識三十論》首先點明「我」與「法」皆是「假說」，但假說中即有種種「相」；而一切「相」皆識變所生；故「相」為「所變」，「識」為「能變」。此即表示世親自己確以此理論為一「現象論」也。論云：

> 由假說我法，有種種相轉；彼依識所變。此能變唯三；謂異熟思量，及了別境識。[214]

此將「能變」之「識」先分為三類：第一為「異熟識」——即第八識，即阿賴耶識；第二為思量識——即第七識，即末那識；第三為了別境識——即前六識。

此中以「阿賴耶」最為重要，「末那」次之。本論說「阿賴耶」云：

> 初阿賴耶識，異熟一切種，不可知執受，處了常與觸，作意受想思，相應唯捨受，是無覆無記，觸等亦

---

[214] 《唯識三十論》

如是，恆轉如暴流，阿羅漢位捨。[215]

此文雖譯為五言一句，其實並非可如此斷讀者。其論「阿賴耶識」，實分十點：

1. 異熟——即藏有過去業習，包括善惡。有「果」義。

2. 一切種——即發起一切現行。有「因」義。

3. 不可知——即非認知對象。

4. 執受處——此識本身能執能受一切種子。是「被動」義。

5. 了——此識能了別現行。是「主動」義。

6. 常與觸，作意、受、想、思相應——即此識與此五心所相應。

7. 唯捨受——此識不別苦樂，只相應於「捨受」。

8. 是無覆無記——即謂此識本身不可說善惡，且不可說為染汙。

9. 觸等亦如是——乃一補充語，謂如其相應之五心所之為「無覆無記」；即「亦如觸等」之意。

10. 恆轉如暴流——即謂此識無始以來，念念生滅。

依此，「阿賴耶」持一切種子，故有漏及無漏種均可含於此識中；但此識本身仍表生滅中之自我。

第八識無覆無記，則迷妄煩惱由何而生？於此，世親乃說第七識。論云：

次第二能變，是識名末那，依彼轉緣彼，思量為性相，四煩惱常俱，謂我癡我見，並我慢我愛，及餘觸等俱，有覆無記攝，隨所生所繫，阿羅漢滅定，出世道無有。[216]

---

[215]《唯識三十論》

[216] 同上

此論「末那」，即以為個別自我意識；故依第八識而生起，又執第八識為「我」。本身之功能即「思量」。且此識一動，即與四煩惱相應（因是「我」執也）。由此，末那識為「有覆無記」，蓋即是迷妄之源也。

前六識以「了別」對象為性，可善可惡，亦屬「無記」。茲不備論。

《三十論》中又分別說各心所與前六識如何相應，然後謂前六識皆依第八識為根本識，其中唯「意識」常現起，餘五識則待緣而現。

其下即作結語謂：

是諸識轉變，分別所分別，由此彼皆無，故一切唯識。[217]

此處隱含之理論，即是將對象與主體兩面，均以「識」解釋之；並無「識」外之任何條件。又云：

由一切種識，如是如是變，以展轉力故，彼彼分別生。[218]

此謂現象之生起，全以第八識為根源；種子與現行交互影響，是「展轉」之義；故「如是如是變」，皆由種子決定識之活動而來。

其後再說明悟入之過程，即所謂「唯識行位」。

其一為「資糧位」，指求住唯識性之階段。

其二為「加行位」，指初觀唯識之理之階段。

其三為「通達位」，指見道見真之階段。

其四為「修習位」，指步步實踐，伏斷諸障之階段。

---

[217]《唯識三十論》

[218] 同上

其五為「究竟位」，即指住無上正等菩提。其義不須詳說。

以上為《唯識三十論》之大意。然玄奘立宗，雖依此論，其理論特色，大部由十論師之解說中來，故下文當述玄奘及「法相宗」之特殊觀點。

二、玄奘及法相宗

(一)簡　史

玄奘，洛州緱氏人，生於公元五九六年，卒於公元六六四年，即隋開皇十六年，即唐麟德元年。

玄奘十三歲出家，先習涅槃攝論等，後遍習毗曇、成實、律部、俱舍等大小乘之學；蓋在未西行之前，即已是一博學僧人。玄奘於貞觀初赴西域，入印度，最後至摩揭陀國王舍城，謁戒賢於那爛陀寺，習瑜伽論；又取般若及唯識諸論，與戒賢一一研討，歷時數年。

其後玄奘漫遊南北印度各地，重返那爛陀寺，即受戒賢命為眾講授《攝論》等。時寺中有師子光論師，持中百二論義，力破瑜伽說，玄奘乃造《會宗論》，融合空有之義。然此論不傳，未知其義旨如何也。

後戒日王在曲女城設大會，大小乘僧及各外道數千人集會：玄奘為論主，揭「真唯識量」，經十八日無人能破，至此，玄奘在印度已成為一大家矣。

貞觀十九年，玄奘返長安；遂重譯經論多種。高宗時，居慈恩寺，專事譯務，並講經論。曾來往洛陽長安各地。晚年譯出《大般若經》全文，空宗之經典以此為最。

玄奘弟子中最有名者為窺基，生於六三二年，卒於六八二年，曾助玄奘譯《成唯識論》，並作《述記》，為此宗要籍。此外有神昉、嘉尚、普光，與窺基合稱玄奘門下「四哲」。又有新羅國僧圓測，曾於玄奘回國時謁見，玄奘深重其人。圓測後作《成唯識論疏》，與《述記》之說有異；故稱為法相宗之「異流」。

此宗唐末以後漸衰。宋時即少有治此學之僧徒。但近代支那內學院創立後，又轉興盛。今日中國言唯識之學者，大抵皆屬成論一系，承玄奘窺基之說者也。

㈡判　教

法相宗之判教，基本上取《解深密經．無自性品》之說，立所謂「三時」之義。即以「有教」為第一時，指小乘法；以「空教」為第二時，指般若之學；以「中教」為第三時，指唯識經典。實以《解深密經》所代表之唯識理論，作為「了義」。此所謂「三時」之判教理論，其說簡明，然所遺者多，似不如天台、華嚴二宗之判法也。

㈢理論特色

玄奘一系之學，在立場上全宗印度十大論師，故其理論特色，亦即十大論師思想之特色。茲舉其最重要者，稍作析論。

凡屬前文已有評論者，此處皆略。如《攝論》與《成論》同有之若干觀點，此處皆不再說。

1.「阿賴耶識」問題

依《成論》之說，阿賴耶之主要作用，在於承受或攝藏作用，故云：

> 初能變識，大小乘教名阿賴耶；此識具有能藏，所藏，執藏義故。謂與雜染互為緣故，有情執為自內我故，此即顯示初能變識所有自相；攝持因果為自相故。此識自相，分位雖多，藏識過重，是故偏說。

此即謂「攝持因果」為第八識之主要功能，亦即是「藏」義，即是「持種」義。換言之，自我之所以成為如此之自我，悉由種子決定，而種子則藏於此識中。依此，則阿賴耶識應指個別自我而言；蓋眾生彼此有種種差異，則甲之種子自與乙之種子不同。如此說時，是眾生各有一「阿賴耶識」，此義即與「靈魂」觀念甚為近似。觀玄奘云：

> 浩浩三藏不可窮，淵深七浪境為風，受熏持種根身器，去後來先作主公。[219]

分明說「去後來先」以此識為「主」，而去來即指生死；皆只能在說個別有情時方有意義。於是，「阿賴耶識」顯有「個別性」矣。然則，何以能說「阿賴耶緣起」之義？

立「阿賴耶緣起」時，此識必是「普遍性」，否則此識只能變為個別自我或生命之「境」，不能生起眾多自我間之「境」；但此「普遍性」與上文所證之「個別性」如何統一？此是一理論上不可避免之問題。

案印度佛教，自原始教義以降，皆常以個別心識分攝一切現象；此不能成立一「現象論」之系統。今唯識之說，發展至世親後學手中，原以建立「現象論」為主要目的，但若只能說一一個別生命說「阿賴耶緣起」，則「現象論」之基本條件不具，其理論即不為成功也。

《成論》之解答乃取「共相種」一詞，以說「阿賴耶」之「普遍性」一面，故云：

> 由共相種成熟力故，變似色等器世間相，即外大種及所造色；雖諸有情所變各別，而相相似，處所無異，如眾燈明，各遍似一。[220]

此處顯然表示，基本上《成論》以「阿賴耶識」為「個別性」之識；故承認「諸有情所變各別」，但取「相似」

219 《八識規矩頌》

220 同上

一義，以說明共同之「對象界」之呈現，以明「阿賴耶識」之「普遍性」一面；然依此說，「阿賴耶識」根本上是「個別性」，其「普遍性」不能真正建立，但由個別性發用間之「相似」勉強說之而已。

但「個別性」本身原只在經驗意義上成立；《成論》以此說第八識，又不在八識外另有所立，則其說即全落在經驗意義之領域中。此所以《成論》之說，大體皆就「凡夫位」著眼，只能描述現象界，而未能建立超越肯定也。

以上乃取純哲學理論立場，觀察此問題。若在持《成論》之人看來，自亦可堅持其說，以為「普遍性」一問題為不必要；然客觀言之，此問題實現象論中之根本問題，未可忽視。

2.「末那識」問題

由於成論一支，以「阿賴耶識」為一承受能力，故本身不能說染淨善惡，成為「無覆無記」，則迷妄之源須另有說，故《三十論》中立「末那識」，作為「有覆」。如此，一切迷妄皆由此「自我意識」而生；而此「自我意識」自只能是經驗義、個別義，不能同於「最高主體」，否則，「轉識成智」即無由說起。且如《楞伽》所舉之「誰證誰解脫」亦將成為不可解答之問題。

如此，末那執第八識為「我」（個別我），故有迷妄；此說仍頗精細，蓋將「經驗自我之意識」作為一獨立功能看，自較泛說迷執為妥。然如上文所說，若「阿賴耶識」本即具「個別性」，則其涵有「經驗自我之意識」即屬當然，何待末那之執乎？

對此問題，《成論》之論師必於「念念相續」等觀念中求解答；意即所謂「執以為我」者，乃是將「無自性」之種子暴流誤當作「有自性」之「我」。但此只是將問題推一步看，並未解決問題。因基本問題乃是：「個別自我」究竟是第一序之觀念，抑或是第二序之觀念？是由末那識之活動而呈現？抑或是阿賴耶識本即如此？此不可從尋覓「執」與「未執」間之其他差異而得解答，實屬根本設準之問題也。

3.「悟入」問題

佛教教義萬千法門，總宗旨自是破迷顯覺，所謂度化眾生；然則「覺悟」如何而可能，便是最大問題所在。《成論》承《三十論》說五位之義，但五位乃言「覺」之過程，是第二序之問題，根本問題是如何能「覺」。《成論》云：

如是所成唯識相性，誰於幾位如何悟入？謂具大乘二種性者，略於五位漸次悟入。何謂大乘二種種性？一、本性住種性，謂無始來依附本識，法爾所得無漏法因。二、習所成種性，謂聞法法界等流法已，聞所成等熏習所成。要具大乘此二種性，方能漸次悟入唯識。

案此乃世親之理論而《成論》依此發揮，亦其最大特色所在。試析論如下：

第一、悟入唯識，須具二條件；此即表示不承認最高主體自由之義。由此，亦不肯定眾生皆有覺悟之義。

第二、二條件一屬自身，一屬交互影響。就自身而言，須有「無漏種子」；就彼此間之影響言，則有「聞」熏習。換言之，自身有無覺悟之能力，乃就「無始」以來本有之「種子」看；此能力能否發用，又以無漏之熏習為緣。

第三、依此，吾人可用一雙軸線表示此理論：

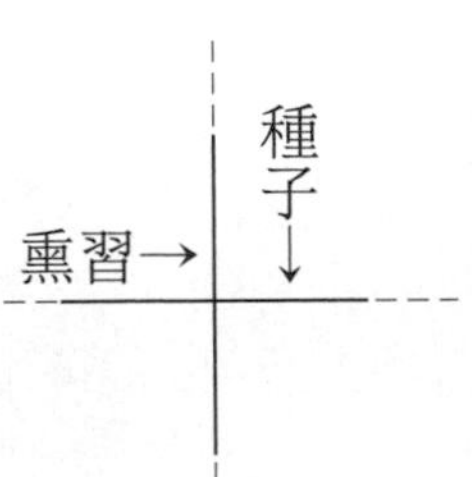

此即是說，對任何一覺悟者講，如問：何以有此覺悟能力，則答云：本來有此能力。如問：此能力何以能發用？則答云：因已有其他生命先此覺悟，故能影響此一生命所具之覺悟能力，使其發用。再說清楚，即是：本來有覺悟能力，而且又已有別人先覺悟，故此人之覺悟成為可能。

此說用於辯論，似可應付一切問題，因對任何一具體討論對象，均可依此一雙軸線予以安頓。但就理論本身說，此解答實同於無解答；蓋既不能說明自身何以「悟」，亦不能說明何以會有人「先悟」。只是兩度運用「無窮後退」之觀念，以推開每一問題而已。

《成論》所以有如此之辯論方式，主因在於《成論》不肯定真常義、自由義之主體。若從純理論觀點看，則主體自由如未肯定，則根本上一切價值命題、德性標準，均將喪失意義。此在古人或未深究，今日之從事哲學理論者則不可不知此義也。

《成論》在析解問題時，遠較他宗為精細；但在基本理論上，則對現象界之說明及覺悟之解釋，均有理論問題；然其直承印度之教義，則無可疑。故此類問題，亦可說是印度教義中本有之問題，非玄奘或其後學之過也。

然以思想史之進程論之，《成論》如此構造，殊難推動中國之哲學思想之演進。此所以玄奘之學雖盛，在中國哲學史上之影響力則遠不及中國三宗；蓋返歸印度之宗旨，基本上即不能與中國哲學之進展要求相配合也。

後記

當我為本書第一卷寫〈後記〉的時候，以為第二卷很快就會出版；不料今天寫第二卷的〈後記〉，竟然已是一九七一年，距上次寫〈後記〉的日子已是三年有餘了。這樣一段長時間中，世界有許多變化，我自己當然也「變」了一點。

人們在觀察到一種「變」的時候，如果看得出這種「變」的正面意義，便會想到談《易》者所讚歎的「不息」，如果看不出什麼正面意義，則會興起佛教所宣說的「無常」之感。畢竟我自己在這三年中的「變」，是否有正面意義，我自己不能判定，我所確知的只是自己真是「變」了一點而已。

不過這種「變」在這本書中還是表現得不多，因為「哲學史」原是以清理表述前人思想成績為任務，在這種工作中，我的「變」很少會表現出來。其次，我的思想和感受雖有變化，關涉中國哲學史的地方則很少。第二卷的寫法基本上仍和第一卷相同；唯一的差異是我不曾處處明顯地標出各家或各學派的「基源問題」——儘管我所用的方法並無大改變。

說到這裡，我想談談我對某些批評意見的感想。

不說「答覆」，而說「感想」，因為，要說「答覆」，就必須先有人提出「真問題」。而在我所聽到和見到的評論本書第一卷的一些意見中，我實在並未發現有誰提出了真正值得討論的問題；因之，我就只能談談我對這些意見的「感想」了。

有人曾評及我所說的「基源問題研究法」，但並未提出一個有確定意義的論證來否定我這個方法，只是很含糊地表示他認為這種方法不能用於哲學史的寫作。對於這種意見，我的感想是：論者似乎根本不明白我所說的「理論的還原」的意思，也不明白何謂「基源問題」。任何一個理論，都是對某一個或某一組問題的「解答」；因此，當我們想了解一個已成的理論時，我們必須先弄清楚立論者所要面對的是什麼問題。又因為建立理論的人，並不常常很清楚地說明他要解決的問題是：一、二、三、……等等，因此，我們就得從代表這個理論的著作（或文件）中清理出它所關涉的問題；更重要的是：一個理論每每牽涉多層的問題，而立論者又不一定提綱列目地擺出來，因此，我們每每在努力了解一個理論的時候，發現它所關涉的問題竟有許多。於是我們須作進一步的工夫，從這些問題的「理論關聯」著眼，將它們組織起來，看看是否大部或全部問題，可以一步步地繫歸某一個或某幾個最根本的問題。這樣，我們就是在揭示這個理論的內部結構。我們所發現的最根本的問題，即是在理論意義上最能統攝其他問題的「基源問題」了。一個理論的基源問題可能不止一個，但只要我們找到一個基源問題，具有統攝大部或全部問題的理論功能，我們就不必多列基源問題；這是所謂「精簡原則」。稍有解析訓練的人大約都知道，不必多說。自然，如果一個理論實在內容雜亂，含有好幾個基源問題，各不相關，我們也只好多列幾個基源問題，作為我們的「理論還原」的結果。但如此雜亂的理論，在哲學史上並不多。通常的情況是：一個理論大部分的內容都涉及可以繫歸某個「基源問題」的一組問題；此外小部分不能如此繫歸的，可以當作旁枝論點。這樣，我們從事了解已成的學說時，就常常可以通過「理論的還原」，而找出這個學說的「基源問題」，依此展示其理論結構。再補上旁枝論點，便可以顯出一個學說的真面目了。

這就是我所說的「基源問題研究法」的大意。能不能明白這種方法究竟是怎樣一回事，就得看人們自己是否懂得「理論關聯」的意義，是否懂得它與「心理關聯」、「歷史關聯」有何不同，又是否明白什麼是「理論結構」，它與「文字結構」、「語法結構」有何分別。一個人倘若不具備此類基本了解，則不明白「基源問題研究法」就是很自然的事了。

至於這個方法是否可以研究哲學史呢？我想，它只能用來研究哲學史，因為它的功能只是清理前人已成的理論；正與哲學史的工作密切符合。如用來研究哲學問題，就根本無效了。

另一種批評意見涉及本書第一卷的體裁或形式。論者以為我未依照目前流行的西方學人寫論著的方式，將一切小註編成一大串，附在書末，不合乎「規格」。對這個說法，我想申明的是：我寫這本書時，用的是中國人寫書的方式，一切引用資料，出處都直接注在引文下面的括弧中，而不是只加個號碼在引文下面，而將注文列在書末。這是中國學人慣用的老方式，或許確實有些不合「時尚」。但所謂"Notes"本來主要為了記明引文的出處，我用老方式直接作注，也可以滿足這個要求；我不覺得這裡有什麼嚴重問題。當然，用老方式有一個明顯的缺點，就是不能讓不讀本文的人看出來書中引用資料的多少。這一點我多年前也就注意到了；所以我的舊作中（如《哲學問題源流論》）頗有每章後列注數十條的。不過這次我寫《中國哲學史》，卻用了老方式來直接作注（可能這是不自覺地受了馮友蘭哲學史的影響，因為馮書即是用這個方式作注）；對於那些不想看全書本文，卻又急著要評估一本書的先生們，只好深表歉意。更抱歉的是：第二卷的注仍是用這個方式，因為我一直如此寫下來，不想半途更改。如果日後三卷出齊，要把注文改編一下，弄成流行的形式，自然也沒有什麼困難。

以上這兩點批評意見，算是多少有些內容的，因此我也談了以上的感想。此外，還有些零星而沒有內容的意見，我只想略提一下。

有人說我在第一卷中未給「哲學」下「定義」，我覺得這個想法實在奇怪。一本「哲學史」並非討論「哲學」的「特性」的書，而只是整理敘述已成的一些哲學理論的書；它並不需要有自己立出來的「哲學定義」。而且「哲學定義」本身還是一個大問題；一個哲學工作者可以對這個問題有一定的意見，但也不必在寫「哲學史」時提出來。事實上，我對「哲學定義」的看法，早在《哲學問題源流論》分章發表時提出；沒有什麼好理由，要在我的《中國哲學史》中談這個問題。至於《中國哲學史》中所涉及的「中國哲學」，則是通過「實指意義」來界定；有這些中國的理論作品，是我們用「中國哲學」一詞去稱呼的一類作品，寫《中國哲學史》就是處理這些作品，並不涉及一個特殊的「哲學」的「定義」的問題。

又有人說，我在第一卷中論孔子思想時，「不該」替孔子「辯護」；這真是一種情緒過多的批評。寫「哲學史」是在整理敘述前人的思想，不論工作者能做到什麼程度，他要考慮的只是理論的「真」與「偽」的問題，「嚴謹」與「不嚴謹」的問題，「有據」與「無據」的問題，而不能依照另一種好惡標準來立論。一本書說到孔子思想的內容時，只有「正」或「誤」的問題可供評論。如果某一有力論點確是孔子所說，則如此敘述不能算是「辯護」，反之，敘述孔子思想的缺點，或正或誤，也不能看作「攻擊」。說我為孔子「辯護」的人，似乎根本以為說孔子思想的優點，或者表明別人解釋孔子思想時有誤解，都是「不該」的。這已經近乎作政治宣傳的口吻，全非討論學術是非的態度。我除了一笑外，還能說什麼呢？

一本書照例有毀有譽，我的《中國哲學史》自然也不例外。關於屬於「譽」一面的意見，我不想談。關於反對意見，我則覺得有內容的太少，本來不值得多說。今天寫〈後記〉不過順便提幾句而已。希望第二卷出版後，能看到值得討論的反對意見。

第一卷中大部分是十年前舊作；日後再版時或者會有些增補。第二卷則是兩年前完成的，可代表近年來我的一部分工作。但現在第二卷付印，我自己看看全文，又覺得有些地方可以再擴大，再加強，但我並未立刻動手增補，因為我知道我自己永遠會有這種感覺，不會對自己寫的東西滿意。現在先將已成之稿印出來，增補甚至修改，還是醞釀一個時期再說。

第二卷的內容，包括漢代哲學，魏晉玄學，隋唐佛學；其中魏晉部分較簡。漢代部分則涉及《禮記》及《易傳》等等問題。我對〈大學〉、〈中庸〉及《易傳》的看法，與宋儒頗有不同，因此與當代為我敬重的儒學名家所持理論也大有距離。學術是非，無法強人同己，也無法屈己從人。我想申明的只是我提出的論點，確代表我所知所信；決無故意立異的意思，更不代表什麼「爭執」。至於涉及這一系問題的許多未盡之義，在第三卷論宋明儒學時，當再加發揮，作進一步的析證。只不知道第三卷完成時，我會以什麼心情再寫一篇〈後記〉，那時的世界，那時的我，又會有多大變化。

一九七一年二月，於香港

書目略錄

第一章 漢代哲學

1 史記・秦始皇本紀。
2 漢書・藝文志。
3 史記・孟子荀卿列傳。
4 漢書・儒林傳。
5 漢書・夏侯勝傳。
6 漢書・夏侯始昌傳。
7 漢書・董仲舒傳。
8 董仲舒：春秋繁露。
9 鄭玄：六藝論（孔穎達禮記正義引）。
10 隋書・經籍志。
11 孟子。
12 禮記・學記。
13 禮記・祭統。
14 禮記・大學。
15 荀子。
16 黃宗羲：明儒學案。
17 朱熹：大學章句。
18 禮記・中庸。
19 朱熹：中庸章句。
20 淮南子。
21 禮記・樂記。
22 易經。
23 許慎：說文解字（段註本）。
24 郭沫若：兩周金文辭大系圖錄攷釋。
25 詩經（毛傳）。
26 漢書・淮南王傳。
27 史記・太史公自序。
28 揚雄：法言。
29 揚雄：太玄。
30 王充：論衡。
31 後漢書・王充傳。
32 馮友蘭：中國哲學史。

第二章 魏晉玄學

33 三國志・魏書・鍾會傳。
34 三國志・魏書・劉劭傳。
35 劉劭：人物志。
36 三國志・魏書・曹爽傳。
37 列子。
38 邢昺：論語正義。

39 老子（王注）。
40 王弼：易略例。
41 晉書・郭象傳。
42 晉書・向秀傳。
43 莊子注疏。

第三章　中國佛教哲學

44 木村泰賢：原始佛教思想論（歐陽瀚存譯）。
45 長阿含經。佛陀耶舍，竺佛念同譯。
46 中阿含經。僧伽提婆譯。
47 *Sanyuthan*。巴利協會出版。
48 *Majiimanikaya*。同上。
49 本事經。
50 彌鄰陀問經。
51 大般若波羅蜜多經。玄奘譯。
52 龍樹：中論。鳩摩羅什譯。
53 無著：攝大乘論。真諦譯。
54 世親：唯識三十論。玄奘譯。
55 世親：百法明門論。玄奘譯。
56 楞伽經（楞伽阿跋多羅寶經）。求那跋陀羅譯。
57 玄奘：八識規矩頌。
58 決定藏論。真諦譯。
59 圓測：解深密經疏。
60 世親：十地經論。勒那摩提，菩提流支同譯。
61 慧遠（北齊）：大乘義章。
62 印順：大乘起信論講記。
63 妙法蓮華經。鳩摩羅什譯。
64 南本大般涅槃經。曇無識譯；謝靈運再治。
65 大方廣佛華嚴經。八十卷本。實叉難陀譯。賢首整補。
66 後漢書・光武十王列傳。
67 僧祐：出三藏記集（簡稱「祐錄」）。
68 慧皎：高僧傳。
69 元康：肇論疏。
70 吉藏：中觀論疏。
71 安澄：中論疏記。
72 湯用彤：漢魏兩晉南北朝佛教史。
73 宗性：名僧傳抄。
74 世說新語。
75 新維摩詰經。鳩摩羅什譯。
76 鳩摩羅什：大乘大義章。
77 僧肇：不真空論。
78 僧肇：物不遷論。
79 僧肇：般若無知論。
80 道宣：廣弘明集。
81 慧遠：沙門不敬王者論。
82 慧遠：大智度論抄序。
83 劉遺民：寄僧肇書。

84 竺道生：維摩經義疏（存今本注中）。
85 竺道生：妙法蓮華經疏。
86 宗和尚（日本）：一乘佛性慧日抄。
87 慧達：肇論疏。
88 慧叡：喻疑論。
89 慧觀：三乘漸解實相（載「名僧傳鈔」）。
90 寶亮：大涅槃經集解。
91 定賓：四分律疏。
92 道宣：續高僧傳（或稱「唐高僧傳」）。
93 馬鳴（偽託）：大乘起信論。
94 曇鸞：略論安樂淨土義。
95 志磐：佛祖統紀。
96 智顗：法華玄義（灌頂編）。
97 智顗：摩訶止觀（灌頂編）。
98 湛然：摩訶止觀輔行傳弘決（簡稱「輔行記」）。
99 宗鑑：釋門正統。
100 杜順：法界觀門。
101 智儼：華嚴搜玄記。
102 賢首：華嚴探玄記。
103 賢首：華嚴一乘教義分齊章。
104 賢首：華嚴旨歸。
105 賢首：華嚴義海百門。
106 賢首：妄盡還源觀。
107 賢首：金師子章。

108 澄觀：華嚴大疏鈔。
109 慧能：六祖壇經（法海記）。
110 胡適：荷澤大師神會傳。
111 智炬：寶林傳（存七卷）。
112 契嵩：傳法正宗記。
113 普濟：五燈會元。
114 窺基：成唯識論述記。

中國哲學史

周世輔 著　周玉山 修訂

本書探究中國哲學的起源與演進，並與西洋哲學對照比較。書中四十餘萬言，分論中國古代、中古、近代、現代的哲學思想，綱舉目張，言必有據，立論公允，而皆本原典。本書出版後，即風行海內外，廣受好評。今全面修訂，推出新版，盼有助於大學之教學，並有利於讀者之自修。

中國哲學發展史

吳怡 著

本書由每位哲人的中心思想入手，由此貫串其哲學體系，探索其思想的發展和影響，看看先哲們是如何前後相承地傳續智慧的聖火。作者始終堅持，中國哲學不應空談觀念，玩弄術語；必須由內聖通向外王，實際的解決社會人生問題。希望讀者們能藉由本書的幫助，更進一步去研讀原典，直承先哲們的思想精神。

中國哲學史話

吳怡、張起鈞 著

作者以特有的路數來詮釋中國哲學，並深入淺出地介紹中國哲人的思想。全書以思想家為單元，在橫向面勾勒出各思想家和學派的中心理論，以及與當時其他思想家和學派的相互關涉；縱向面則剖析各思想、理論的流演及發展，理出中國思想首尾連貫的統序。期盼使讀者對中國哲學的本來面目，有正確的認識。

中國百位哲學家

黎建球 著

以往讀哲學史最大的困難，就是不知如何能從卷帙浩繁的著作中，快速掌握該時代、該學派或哲學家的中心思想。本書即針補時弊，從哲學家的觀點來介紹每一位哲學家的生平、著作與學說。期望藉由對各個不同哲學家思想的整理，以及系統的規劃，有助於哲學教育的廣泛推展。

中國人性論

臺大哲學系 主編

「人性論」是中國哲學的主要研究課題。中國哲學中，天、道、性命等重要哲學觀念，皆以「人性論」之論證為主要思想內容或證成之者。本書的文章可謂是中國哲學界有關「人性論」研究的代表作，也是哲學思想的精華，理應獲得社會的肯定和迴響。

魏晉南北朝時期的道教

湯一介 著

本書介紹魏晉南北朝時期道教的起源、發展，以及與其他宗教相互比較後所發現的特徵。由於道教滋長於中國本土，因此這方面的研究，對我們考察自己的民族文化、民族心理和思考方式，都有很大的幫助。本書將道教提昇到學術層面來探討，為道教思想體系的重建，做出了重要的貢獻。

魏晉清談

唐翼明 著

本書為中外各種文字中，獨立而全面地研究魏晉清談的第一本專著。作者以辛勤細心的態度，犀利獨到的眼光，分肌擘理、刮垢磨光，為我們重新展示了魏晉清談之內容、形式，及其形成與演變的輪廓。全書材料豐富，條理分明，分析深入，文字雅潔，凡研究魏晉時期學術、思想文化及文學者，皆不可不讀。

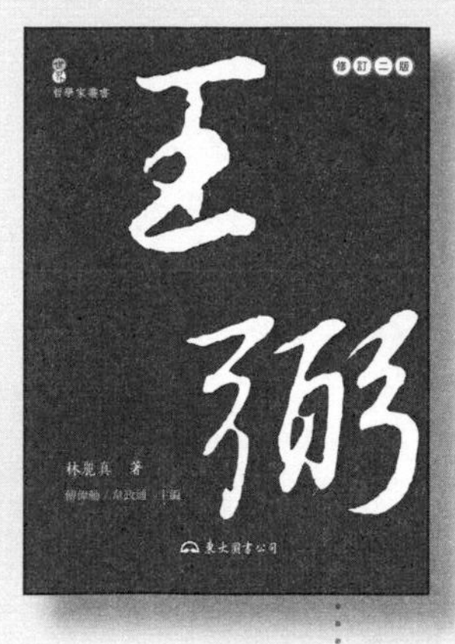

王弼

林麗真 著

本書第一、二章概述王弼的生平與家學，略及王弼研治老學的心得，及其思想綱領之「崇本息末」觀的產生背景。第三、四、五章分治王弼《老》、《易》、《論語》三注，旨在展現「崇本息末」觀的思理內涵及其應用與發揮。第六章則總結全書，綜論王弼的思想特徵、學術成果及哲學地位。

禪思與禪詩：吟詠在禪詩的密林裡

楊惠南 著

本書分成兩大部分：第一部分簡要的介紹禪宗的思想；第二部份則將禪詩加以分類並賞析。所有的禪詩皆錄自《指月錄》、《續指月錄》、《禪林類聚》等禪宗典籍，不同於一般討論禪詩的作品只作知識性的舖陳和解析，作者在書中隨興闡述每首禪詩中的思想內涵，並討論其玄妙深奧的悟境。